コロナ下での芸能実践

場とつながりのレジリエンス

吉田ゆか子◆増野亜子 編

春風社

三味線の棹を磨く（2020 年 7 月 31 日、株式会社 東京和楽器）

諏訪御柱祭・上社前宮の「コロナ特務班」（2022 年 5 月 4 日）

ガムラン・スタジオ音の森でのコロナ下での演奏の様子。
メンバーの結婚を祝う会を開き、距離を保ちながら、衣装を着て演奏した（2020 年 10 月 18 日）

広島第一劇場で踊る牧瀬茜（2020 年 8 月、撮影協力 広島第一劇場）

感染対策に十分に留意した上での開催を決めた「合唱の会」。1年生にとっては初めて友達と一緒に舞台の上で歌う貴重な経験となった（2021年12月10日、写真提供 宮城教育大学附属小学校）

寺に掲げられた「保持社交距離　請戴口罩勤洗手（ソーシャルディスタンスを保ちマスク着用と手洗いをお願いします）」（2023年3月）

チェンナイの自宅の一室をオンラインレッスン用に整備した古典音楽の指導者（2019 年）

火葬儀礼での影絵芝居の上演。奥に見える電飾が、特設の火葬場
（2024 年 3 月、シエムリアプ）

バリ島のコロナ下、自身の声を多重録音する「口《くち》ガムラン」のパフォーマンスで人気を博したチアーット氏。
写真はデモンストレーションの様子（2022 年 8 月 1 日）

ハルまちフェスティバルで上演された《Musical 地下鉄 1 号線 The new world》
（2021 年 3 月 21 日、撮影 井上嘉和）

エッセイ3

丹波市いそ部神社拝殿での《アマビエ》
（2020 年 10 月 22 日、© 株式会社 伝楽舎）

※撮影者の記載がないものは当該章の執筆者撮影による

コロナ下での芸能実践——場とつながりのレジリエンス

目次

第Ⅳ部　拡大するつながり

〈凡例〉

特に注記のない写真は当該章執筆者の撮影による

引用文中の〔　〕は引用者による注釈・補足である

序章　コロナ下の芸能研究

吉田ゆか子

1. コロナ下の芸能の危機と希求

新型コロナウイルス感染症（COVID-19）のパンデミックのもと、人々は行動変容を促され、社交や移動が制限され、人間関係に変化が現れた。また、オンライン会議、マスクやパーティションの使用、密閉された空間の回避など、身体を取り囲む物理的な環境も再編された。ウイルスの存在を前提として生きるというこうした状況（本書ではこれを「コロナ状況」と呼んでいる）は、世界中の音楽、舞踊、演劇などの芸能（パフォーミング・アーツ）にどんな影響を与えたのだろうか。また、世界の芸能実践者たちは、こうした状況にどのように応答したのだろうか。そして、そのような芸能の姿を通じて我々は芸能や芸能する身体についての理解をどのように更新してゆけるだろうか。本書は、このような問いのもとに集った音楽学、文化人類学、民俗学、舞踊学などを専門とする、芸能研究者たちによる共同研究の成果である。*1 地域的には、日本を含む東アジアと東南アジアを主な対象としている。

一般的に芸能活動は、人々の身体的かつ密接な関わりを旨としている点で、感染症の防止策と相いれない。また生命や社会システムの維持に欠かせないいわゆる「エッセンシャル・ワーク」ではなく、多分に娯楽というイメージで捉えやすいことから、その活動が規制や自粛や修正の対象となりやすい。そのため、演奏や踊りや演劇といった芸能は、コロナ下においてもっとも継続が難しかった活動の一つであろう。音楽研究者の岡田暁生は、「音楽の危機」であるとして、コロナ下の日本における音楽実践の窮状について早くから警鐘をならしていた［岡田 2020］。

他方で芸能は、厄除けや疫病退散の上演など、危機に対して応答するという役割も伝統的に担ってきた。筆者の専門であるバリ島では、憑依を伴う舞踊サンヒャンや、村の守り神である聖獣バロンの舞がそれにあたる。日本では、悪魔祓いや疫病払いにルーツをもち現在も無病息災を願い上演される獅子舞や、かつて天然痘が流行した際に、その治癒や流行収束を願って踊られた疱瘡踊りがある。*2 今回のCOVID-19の流行に際しても、東北地方をはじめ、日本の各地で疫病退治を謳った郷土芸能の上演イベントが開催された。*3 このように、危機だからこそ芸能への要請が高まるという面もあるのだ。

また文化人類学では、そうした宗教的あるいは呪術的役割を担わない「世俗の」上演も、非日常的な場を開きカタルシスをもたらすこと、そして秩序に縛られた閉塞的な日常から人々をひと時解放する、儀礼と類似した機能を果たしてきたことが指摘されてきた［e.g. Turner 1982; 山口 1983］。*4 実際、東日本大震災の時には多くのコンサートが開かれ、歌をはじめ芸能のもたらす回復力が期待された。芸術社会学の中村美亜は、新聞記事の分析から、東日本大震災を契機に「音楽の力」と「復興（支援）ソング」という言葉が頻繁に用いられるようになったと指摘している［中村 2014: 17-22］。再び今回のパンデミックに目を転じれば、ロックダウン下のイタリアでは、自身を慰め、あるいは近隣住人と励まし合うために、窓際やバルコニーから歌や楽器演奏を披露する「バルコニー・コンサート」が流行し話題となった［NHK 二〇二〇年三月一五日］。日本では、伴奏や踊りやコーラスなどをつけることを呼びかけてオンライン上に公開された星野源の《うちで踊ろう》の動画が人気を集め、人々を楽しませた。旅行、会食、人とのふれあい等、多様な楽しみの機会が奪われた閉塞感のある生活のなかで、芸能が人々のしんどさや悲しみなどの感情に寄り添い、なぐさめや安らぎを与えた例は多々あった。そして制限された状況下でも、形を変えながら芸能の実践を継続しようと試行錯誤する人々の姿があった。本書の各章からも明らかなように、芸能は、コロナ下で忌避され、活動が抑制される側面と、希求されたり活性化したりする側面の両方を持っていたと考えられる。

2. コロナ下の芸能を考える

中国の武漢で原因不明の肺炎患者が確認されたのは、二〇一九年一二月のことであった。日本では、二〇二〇年一月に国内初の感染者が確認されている。翌月二月上旬には、集団感染がおきたクルーズ船「ダイヤモンド・プリンセス号」が横浜沖に到着。国内の感染が次第に増え、初の死亡例も確認された二月中旬を経て、二月下旬、当時の安倍首相がスポーツや文化イベントの大規模開催の自粛や、学校の臨時休校を要請した。こうした状況をうけて芸能実践者のみならず多くの人々の生活が次第に様々な変化を被ることになった。三月一一日にはWHOがパンデミックを宣言している。二〇一九年に生まれたこの新しい感染症は、COVID-19や新型コロナウイルス感染症と呼ばれるようになった。本書では、特に表記の統一をしていないが、単に「コロナ」と記載する場合、基本的にこのCOVID-19あるいは、それを引き起こす新型コロナウイルスを指すこととする。

筆者の専門であるインドネシアのバリ島の芸能界は、二〇二〇年三月頃からCOVID-19の影響で急激に変化していた。観光客が次々と帰国し、観光客向けの芸能公演がなくなった。踊りや楽器演奏で賑やかなはずの宗教儀礼は、規模が制限され、芸能の多くは省略されるようになった。閑散とした町の様子や、キャンセルになった上演のお知らせがSNSで届く。上演機会を失ったバリの友人たちからは、日々の閉塞感や経済的苦境も伝えられた。楽器や衣装や仮面を手放していくばくかの現金を得ようとする芸能家もおり、SNSではそれらを買わないかと呼びかける投稿も目にするようになった。*5

こうした芸能の窮地や日常の大きな変化は、筆者にとって他人事ではなかった。当時の筆者は、研究会や出張の予定が次々と延期となり、講義もオンライン化して対応に追われていた。毎週通っていた都内のガムランスタジオでのレッスンは休止になり、演奏会などのイベントも皆無になった。自宅にこもる日々が続いたため、オンラインでのバリの友人たちとのやり取りはむしろ頻度が上がった。そんななか、バリの彼らとコロナ下における苦境を（少なくとも部分的には）共有しているという感覚があった。芸能活動がままならない閉塞感や、自身や家族や友人が感染することへの不安、急激な変化への戸惑い、人との交流が限られることによるストレスや孤独。これらは自身もまさに抱えている問題であったからだ。こうした共有の感覚は、コロナ下の筆者自身と調査地との関係の一つの特徴だったように思う。

そのようななか、この時期にしか捉えられない芸能の姿をまずは記録しておきたいと考え、パンデミック下の芸能実践や芸能家たちの様子を記録したり、他の研究者たちと情報交換を始めたりした。そうして生まれたのが本書のもととなる先述の共同研究プロジェクトである。メンバーのほとんどは、普段から芸能を研究するだけでなく、自身も演者として芸能を実践したり、調査対象者である芸能者たちと長年の親密な関係を築いたりしていた。そのような我々にとってコロナ下の諸々の動きや状況は、研究上「興味深い」対象でもあったが、同時に、自分もまさに今巻き込まれている喫緊の問題でもあった。ある人は、危機的状況にある芸能をどうにか支援したいと奮闘し、ある人は研究者として何ができるかを模索した。我々の研究はそうした切迫した思いを熱源にしながら始まった。

この共同研究、そして本書の目的は（1）COVID-19感染拡大下の芸能や芸能家たちの状況と実践の様子を記録・記述すること、（2）新型コロナウイルスの登場とその感染症流行が、芸能の上演と伝承のあり方をどのように変えるのか、あるいは変えないのかを明らかにすること、（3）この特殊な状況下における芸能の様々な実践や状況を考察することで、芸能や芸能をする身体についての我々の理解を深めること、の三つである。いうまでもなく、この三つの課題は互いに深くかかわっており、重なる部分もある。この第2節ではまず（1）と（2）について説明してゆこう。

2-1 コロナ状況を記録する

コロナ下で生み出される様々な困難やそれに対応する人々の実践を記録に残しておくことは、後世の芸能研究に寄与する重要な課題である。コロナは、ほぼすべての芸能活動に何等かの影響を与えていたため、それを網羅的に記述することは難しい。執筆者たちはそれぞれのテーマを持ち、特定の対象を選びだして記述・記録している。

初期には、パンデミック前に企画されていた芸能上演が次々と中止となった。本書の執筆者の一人である前原恵美は、国立文化財機構東京文化財研究所において、コロナ下の日本国内の伝統芸能について上演の中止や再開の情報を広く集め、量的な推移を把握・分析した。また類似の試みには、早稲田大学演劇博物館による演劇を中心とした調査がある［後藤編 2021］。この調査報告は、中止になった演劇公演の数々や、そこで働いていた演劇人たちの戸惑い、その中で紡がれた思考などについての貴重な記録となっている。前原のほか同じく本書の著者である大田美佐子もこのプロジェクトに参加している。

コロナ下で何が失われ、何が規制され、中止されたのか、ということだけでなく、ウイルスが恐れられ、移動や集会が忌避され、人やモノへのアクセスが限られた状況のなかで、人々がどのような新たな試みを生み出していたのかについての記録も重要であろう。COVID-19の蔓延がある種の常態となってゆくと、それに適応した新たな上演形態や、活動様態があらわれた。例えばYouTube、Instagram、FacebookやTikTokなどにあげられた多様なパフォーマンス、劇場からの配信、別々の箇所にいる上演者をオンラインで繋いでの共演、オンラインレッスンも試みられた。こうしたなか、どのような表現や実践や議論が触発されたのかの記録は大変重要である。本書で鈴木が着目するアマビエ能や筆者（吉田）が論じるバリのコメディ・ソングのように、コロナ下の状況や経験そのものを題材とした作品も生まれてくる。そうした作品の分析からは、芸能者や観客たちがこの危機をどのように理解し、またどのように乗り越えようとしたのかを窺い知ることができるであろう。

なお、記録といってもその方法は様々である。上述の前原の調査のように、あるジャンルの状況を概観するような記録もあれば、特定のグループや共同体に密着し、芸能者の微細な心の動きにまでもせまるような民族誌的でミクロな記述もある。

コロナ下においては調査という営みに特別な制約や困難があったことも付言しておきたい。海外渡航はほぼ不可能となり、海外での現地調査ができない時期が二、三年続いた。また国内調査の継続も容易ではなかった。感染状況が悪化すれば県境を越える移動の自粛要請がなされたし、現地に行けたとしても、自身にも調査対象者にも感染リスクがゼロではない以上、どのような方法で調査することが可能なのか、そもそも対面の調査をすべきでないのか、といった悩みもあった。調査対象者や調査者の体調によって急に訪問が叶わなくなるなど、調査の予定が平常時よりも立ちにくい部分もあった。*6

一方、ネット配信やオンラインレッスンなど、インターネットを用いた芸能実践が以前よりはるかに増え、Zoomなどを用いたオンラインコミュニケーションも世界各地で浸透したことから、オンラインでの情報収集は以前よりもスムーズに行えるようになった。本書でも、SNSでの情報収集や、Zoomを用いたグループ・インタビューや、インターネット電話でのインタビューなどの成果が豊富に含まれている。ただしこうした遠隔調査に特有の難しさもあった。増野は、バリ島の音楽家へのオンライン・インタビューを行った経験からこの方法の問題点について、相手のネット環境の脆弱さと、相手の微細な心の状態までを把握することは難しい点を挙げている［増野 2024: 96］。また、SNS上の情報を追いかけるだけでは、つかみにくい事柄もあった。コロナ下では（少なくとも筆者の専門とするバリ島では）、批判を恐れて、撮影やSNSへの書き込みを禁止した上で開催される「内緒の」集会や上演があった。こうした情報の一部は、後日の現地調査や親しい人との個人的なやりとりで明らかになることもあったが、そうでなかった部分もあるであろう。*7 このように、現地調査にも、オンライン調査にも限界を感じながら、しかし調査対象者と合意できる範囲で、方法を模索しながら、調査を進めていった。本書の読者は、そうした調査者側の戸惑いや試行錯誤の一端が浮かび上がるような記述にも出会うであろう。

2−2　コロナ下の芸能の変化と連続性

コロナが芸能に何をもたらし、芸能の表現や伝承のあり方をどのように変化させていったのか、またその個々の変化が、中長期的に芸能のあり方にどのように作用するのか、を問うことも重要である。例えば、新たに生まれた芸能のオンライン学習は、学習や伝承において何を可能にし、何を不可能としたのか。無観客上演やその後のライブ配信は、上演者にとってどのような経験なのか、また観客との関係をどのように変えるだろうか。身体的距離を保ちながら行われる合奏や合唱は、実践者にどのような感覚をもたらし、表現をどのように変えただろうか。本書ではそのほかの多様な問いのもとに、コロナ下の芸能の変化が考察される。

本書で扱うのは、古典芸能、郷土芸能、現代的な演劇作品、ストリップまで様々である。プロによる劇場上演だけでなく、学校での音楽教育、市民の趣味的な活動や地域の共同体の生活に根付いた活動、そしてマイナーなジャンルの芸能コミュニティの状況も取り上げ、コロナ下の芸能を多面的に考察している。この先の議論から明らかになるように、そういった多様性にもかかわらず、広く共有された問題もあるし、またプロとアマ、定期的な上演機会があるか否か、宗教儀礼と関わるものか否か、上演は室内か屋外か、といったジャンル横断的な条件によって、コロナ下での活動への影響やその対応に共通性があることもあった。

研究会を重ねるなかで、コロナ以前とコロナ下、そしてポスト・コロナで芸能実践にどのような違いがあるのか、その差異に注目するのと同時に、変わらない部分や連続性に注目することも必要である、ということも明らかになった。変化していればどのように変化したのかを問い、変化していなければ、なぜ変化せずにいられるのか、変化しないために、それを保つための営為の部分が変わっているのではないかと問わなければいけないだろう。例えば社会的な補償の対象から外れたこともあり、コロナ下でも店を開け続ける必要があったストリップ劇場を調査した武藤大祐の報告からは、上演が続けられる背後で、感染リスクを軽減するための様々な実践が、経営側だけでなく客たちによってもなされたことがわかる（本書第4章）。変わったことと、変わらなかったこと、いずれに着目するにしても、我々はそれから学ぶことになるであろう。

なお、連続性の観点から言えば、コロナ下に新たに注目された現象であっても、その萌芽は実はその以前にあり、今回のパンデミックを機にそれが表面化した、あるいはより鮮明に立ち現れたというケースがあることにも留意が必要である。感染拡大初期の日本では、有名な三味線メーカー東京和楽器の窮地が報道され、注目を集めた。前原恵美によれば、日本の伝統音楽の継承の危機自体はむしろコロナ前から存在していたものの、「コロナ状況下だからこそ人々がコロナ前よりも格段にインターネット情報に敏感になっていた」（本書：p.49）という事情があり、和楽器産業の衰退が人々の意識にのぼるようになったのだ。もう一つ別の例を挙げよう。獅子舞が家々をまわる伊勢太神楽の回壇では、コロナ下にその来訪が拒否されることがあった。しかし、民族音楽学者の神野知恵によれば、そもそも以前から一部で受け入れ接待する人々の側に関心の薄れや負担感がみられた。そうした家にとっては、新型コロナウイルスが回廊の受け入れを断る理由を提供したという面もあったのであろう［神野 2021］。

ところでコロナによって顕在化したのはそうした芸能の抱える「困難」だけではない。インドネシアのバリ島では、最大の産業である観光が壊滅的となったために一時多くの人が失業や勤務時間短縮を経験したが、仮面舞踊劇トペンについての筆者の調査からは、こうして生まれた時間を活用し、むしろ芸能を学び始めたケースがあったことも明らかになっている（Yoshida in press）。パンデミックが落ち着いた現在では、以前にも増してトペン演者が増えている。コロナ下に学び始めた者たちに話を聞くとCOVID-19が騒がれる以前から、トペンの習得に関心があったという人は少なくない。もともと潜在的には存在していた人々の芸能熱が、コロナ下に生じた空白の時間を契機として、練習や上演という行動に結実したといえる。そこにはやはり連続性があるのである。

以上のことから、コロナ下には、それまでに進行していた変化が顕在化したり、加速したりする側面があったといえる。その「変化」の伏線は「コロナ前」からすでに用意されていた部分もあるのだ。よって、コロナ下の芸能を考える上では、その変化を促している背後の潮流について、より長い時間的スパンでみることが有効である。本書の執筆者たちの多くは、長年にわたり各人の専門とする地域や芸能ジャンルや芸能実践者たちについてのフィールドワークを継続してきた。そうした経験に基づいた考察は、コロナ下の芸能をより広い視野から捉えることを可能としているであろう。

3. コロナ状況をとおして芸能について考える——場所・つながりのレジリエンス

コロナ下といういわば非常事態のなかで、通常とは異なった条件下にある芸能の動態を検討することをとおして、芸能や芸能を実践する身体に対する我々の理解を深めること、これがプロジェクトで取り組んだ３つ目の課題であった。

『災害の人類学』と題した論集のなかで、Ａ・オリヴァー＝スミスとＳ・Ｍ・ホフマンは、以下のように述べている。

> 災害は、ある社会における社会的機構の本質、たとえば親族関係やその他の協力関係の紐帯や回復力（resilience）といったものを明るみに出す。それは、社会的諸集団が統一したり凝集したりするのを、また対立する集団同士が各所で争うのを促す。〔中略〕災害は、ある社会が混乱に直面した場合のその社会の抵抗力や回復力を見ることのできる類いまれな機会である。ある社会の、基本的な社会組織の形態や行動の教えは、ストレス状況下で姿を現し、真価が問われる。［オリヴァー＝スミス＆ホフマン 2006: 14］

このようにしてオリヴァー＝スミスらは、人々が災害に応対するプロセスのなかで、普段明るみに出ない諸相が、社会や緒集団の紐帯、階級や階層間の関係性、土地とのつながり、ローカルな社会とより大きな機構との関係、世界観、慣習等において観察できるのだと主張する［オリヴァー＝スミス＆ホフマン2006: 14-15］。

本書の著者たちも、災害のそのような特性に着目している。パンデミックという非常事態においてこそみえる芸能の有り様や芸能をする人々の姿に触発されながら、（非常時および平時の）芸能とそれを巡る人々の身体、実践、関係性への理解を深めるということを試みた。そして議論を重ねる中で、芸能を支える「場所」そして「つながり」が重要な論点として浮かび上がってきた。

災害のなかでも感染症に特有の事情として、身体接触の回避や、身体間の距離の確保や、換気が必要になるという点を挙げることができるだろう。また関連して、移動が制限されたり、ホームに留まることを余儀なくされたりすることも特徴的であろう。先ほどのオリヴァー＝スミスとホフマンは、災害によって人と土地のつながりが明らかになると指摘していた。しかし上記のパンデミックの特性に起因して、今回のコロナ下では、芸能実践者たちと土地のつながりにくわえ、芸能や芸能をする身体と場所や空間の関係、そして芸能に関わる人々同士の身体的・物理的な距離と空間的な配置についても、理解を深める契機となった。

劇場や劇場文化へのインパクトについて考察した大田美佐子は、コロナ下で集客が困難となるなか、劇場という場所の社会的意義や価値が問い直されていたことを指摘している（本書：pp.305-306）。また第3章で増野亜子が注目している日本のジャワ舞踊やバリ舞踊の教室の例のように、どちらかといえばマイナーな芸能ジャンルにおいては、活動が停滞したことで練習場や活動を維持することが（経済的な面で）困難になった個人や団体もあった。第3章におけるこうした経験についての実践者の語りからは、彼らにとっての活動拠点とは単に練習や道具の保管のために必要な空間というよりも、社会における〈居場所〉であり、人と人のつながりを生み出す重要な拠点であることが理解される。コロナ下で存続が難しくなり、人々のつながりが脅かされたからこそ芸能実践にとって場所が持つ様々な重要性が浮かび上がってきたといえる。

そうした物理的な空間に代えて、コロナ下で重要性を増し活用されたのがオンラインという場所である。本書でも実に様々なオンラインでの上演や、伝承、コミュニケーションが取り上げられるが、それらは芸能や伝承の形に大小の影響を与えており、またそのことが逆に、対面的な上演や伝承やコミュニケーションの特徴と意義を逆照射してもいる。例えばシンガポールのインド系住民の間で行われていたインド舞踊の分析をした竹村嘉晃は、オンラインレッスンにおいて結ばれる師弟関係と、対面レッスンを基本とする師弟のそれの違いについて述べ、対面学習が育むコミットメントや、ある種の強制性、師と弟子の密接な関係性などを浮かび上がらせている（本書第6章）。

次に「つながり」についても短く述べたい。コロナ下での隔離や感染対策により、社会活動が停滞し、対面コミュニケーションの機会が減り、人と人が距離を置くようになって、つながりは「弱まる」と思われたし、実際に相当弱まった部分もあるであろう。しかし、これまでの議論からも明らかなように、コロナ下にもかかわらず、あるいはコロナ下であったからこそむしろ、普段あまり意識されることのない様々なつながりが可視化された。またこの困難を乗り越えるべくつながりが強化されたり、新たに生まれたりもした。

オリヴァー＝スミスらも指摘するように、「災害は、ある社会が混乱に直面した場合のその社会の抵抗力や回復力を見ることのできる類まれな機会」［オリヴァー＝スミス＆ホフマン 2006: 14］である。コロナ下におけるそれらのつながりの変化や生成を見てゆくことによって、芸能や芸能家を支える関係の網の目を明らかにし、そしてそのつながりによって発揮される芸能やそれを取り巻く社会の回復力《レジリエンス》について検討することができる。例えば第2章の鈴木正崇によるコロナ下での御柱祭についての論考からは、多様な決断と創意工夫によって通常とは違うやり方で祭りを成し遂げることを可能にした人々の「社会的基盤の強靭性」（本書：p.74）もまた浮かび上がってくる。

ところでコロナ下であらためて可視化されたつながりのなかに、国や地方自治体とのそれがある。日本の例でいえば、芸能家やそのマネジメントに関わる人々は国の通達する活動・営業の禁止や自粛要請の通達に従い、要求される書類を埋めて補償や支援金を受け取った。コロナ下で推進されたビデオ作品の作成の呼びかけに応え、その対価としての支援を受け取るということも行われた。*8 こうした国や地方自治体からの支援は、芸能関係者たちの経済的な問題の一部を助けた。そしてシンガポールの例にみられるように、積極的な援助が芸能家たちの経済状況の改善のみならず、国やその文化政策への信頼を高めるように働くこともあった（本書：p.226）。また逆に、そのような補償の対象から除外された日本のストリップ劇場のケースは、補償を与えることの妥当性をめぐる社会的な議論が盛り上がるなか、その周縁性が際立った（本書第4章）。そのほか、地方自治体の運営する公民館等の公共施設の閉鎖や感染対策のポリシーも、特に公共施設を上演や練習に使っている芸能家やグループに大きな影響を与えた。平時に生業あるいは趣味として、芸能を実践しているなかではあまり意識されない、公民館を運営する自治体といった大きな組織とのつながりが実感される局面でもあっただろう。

他方、クラウドファンディング等の草の根の支援の活性化もあった。寄付や購買行動による支援は、芸能家とそれを支える人々のつながりを可視化した。コロナ下ではこうした支援が主にオンライン上で行われたことから、国境を越えた支援もみられた。本書で福富友子が論じる、日本の市民らによって行われたカンボジアの大型影絵芝居への支援もその一つである。

そのほかにも、この災害を乗り越えようと新たに生まれたつながりはたくさんあった。大田によれば、コロナ下の危機を乗り越えるべく開かれた、オンラインの研究会では、舞台の裏方に従事する人々の交流がみられ、組織を超えて知見を交換し議論した（本書：p.309）。対面の舞踊練習が困難になるなか、オンラインのトークイベントなどを通じて、インドの舞踊実践者とシンガポールのインド系移民の指導者や学習者の間のコミュニケーションも活発化した（本書第4章）。分断を生んだコロナ下、しかし芸能やそれを支える人々はつながりながら、芸能実践を紡いだ。そこに人と人のつながりの意外な強さとしなやかさ、コロナ下の先にある未来へ向かうポジティヴなパワーを見出したい。本書では、それを社会のレジリエンスとして捉えている。

4．本書の構成

本書ではこの序文に続き、八本の論文と三本のエッセイを収録している。それらは以下の五つのテーマのもとに構成されている。といっても、それぞれのテーマは互いに関連しており、複数のテーマにまたがるような議論をしている論文／エッセイも多い。それぞれの章は基本的に独立していて、読者の関心に応じてどの章から読んでいただいても構わない。以下に各論文とエッセイの概要を紹介しよう。

第Ⅰ部　伝承の危機

COVID-19感染拡大をうけ、伝統芸能やその芸能の舞台となる伝統行事は中止、延期、規模縮小を余儀なくされた。そのようななか伝統の継承者やそれを支える者たちは、どのような危機に直面し、またそれにどのように応答したのか。

第1章「コロナ状況で見えてきた日本の伝統芸能の新機軸」において前原恵美（保存文化研究）は、感染拡大初期、公演が次々と中止や延期へと追い込まれていった伝統芸能の危機を記録・分析する。またこの論考は、調査者としての前原自身が、その危機の只中で試行錯誤しながら状況を把握し、学び、あるべき支援・文化行政について思考したその軌跡でもある。コロナ下に顕在化した三味線製造の危機は、伝統芸能の実演者だけでなく、それを支える「文化財保存技術」も含みこんだ包括的な議論と支援の必要性を浮かび上がらせる。

第2章「コロナを飼い慣らす――諏訪御柱祭2022」において鈴木正崇（文化人類学・民俗学）は、「七年に一度」とされる諏訪御柱祭の開催に尽力した人々に密着した。その時々の感染状況を考慮しながら、儀礼の多様な要素一つ一つに関して実施の可否やその実施方法が検討された。数々の決断と創意工夫によって通常とは違うやり方で祭りを成し遂げ、「コロナを飼い慣らす」ことを可能にした、現地コミュニティの強くしなやかな紐帯も浮かび上がってくる。

第Ⅱ部　場所と居場所

移動が制限されたり、密になる屋内での活動が避けられたりするなか、逆に芸能と場所の強い結びつきが意識された。練習場や劇場を開け続けるか、「自粛」するのか。その場所が奪われたとき、当該の芸能や、その芸能を実践したり鑑賞したりする人々はどうなるのか。こうした問いが切実なものとして立ち現れた。

第3章「芸能の場所を維持する――コロナ下日本におけるインドネシア芸能の活動」において増野亜子（民族音楽学）は、日本でインドネシアの芸能を実践する個人や団体の経験を取り上げる。コロナ下では通常の活動拠点や舞台を利用することが難しくなったケースが多々あった。実践者へのインタビューでは、集うことや、集う場所を確保することへの人々の強い思いが語られる。また身体的距離をとったり、オンラインを使ったりと、通常とは異なる人と物の配置でレッスンをした経験は、芸能や身体への様々な新たな気づきをもたらしたことも明らかになる。

第4章「ストリップ劇場の論理とCOVID-19――「本質的に不健全」な芸能の現場」では、武藤大祐（舞踊学）が、コロナ下でも営業を続けた／続けざるを得なかった、日本のストリップ劇場を取り上げる。先述のように、コロナ下ではストリップ劇場の社会的周縁性が際立ったが、そのような危機のなか、劇場を守ろうとする人々の様々な営みがあった。また、多くの芸能がオンラインへと実践の場を移すなか、オンライン化しては意味がない、ストリップ特有の身体とその交流のあり方についても議論される。

第Ⅲ部　学びを維持する

ここでは芸能が実践される場所の中でも、学校にフォーカスを当て、そこで実践された音楽教育を取り上げる。三年ないし六年という期間が過ぎれば生徒は去ってゆく。この、学校ならではの特殊な条件下で、可能な限り教育機会を失わせないために、また先輩から後輩へと受け継がれてきた技能やレパートリーを伝えるために、どのようなことが行われていたのだろうか。

第5章「コロナ下での学校における音楽活動――教員へのインタビュー調査に基づく報告」では、小塩さとみ（民族音楽学）が、日本の小中高の現場で何が起きていたのかを、教師たちの経験から明らかにする。教育行政、学校の上層部、現場の教員そして保護者の意向も受けながら、多様な実践が試されていた様子が浮かび上がる。

続くエッセイ1「コロナ下、台湾の学校の伝統音楽クラブは如何にしてつながりを保ってきたか」では、長嶺亮子（民族音楽学）により台湾の中高一貫校における伝統的な器楽演奏「北管」の部活動が取り上げられる。継続して対面で集っての練習ができないなか作られた練習用動画や人々の語りを分析しながら、クラブ活動の意義や、北菅の演奏グループの連帯と技術伝承に必要な要素は何かといった問いに迫る。

第Ⅳ部　拡大するつながり

コロナ下で対面的なコミュニケーションが制限される一方、オンラインを通じた新たなつながりもうまれた。物理的距離に影響されないこうした新たなつながりは、芸能や芸能実践に何をもたらしたのだろうか。

第6章「パンデミック下のシンガポールにおける芸能をめぐるコミュニケーション」では、竹村嘉晃（芸能人類学）が、シンガポールの主にインド系住民によって実践されてきたインド舞踊のレッスンや上演イベントをとりあげる。オンライン化したことで、上演が本国インドを含む諸外国にも観客を得たり、学習の内容が変わったり、新たな参加者が現れたりする。他方で対面的コミュニケーションの減少による弊害やそこから生じる違和感についても検討される。

続くエッセイ2「カンボジアの大型影絵芝居「スバエク・トム」が作りだす空間、人のつながり――コロナ下での危機と日本からの支援を通して見えたこと」は、福富友子（カンボジア地域研究・影絵の実践）による、自身が企画し実施した、カンボジアの大型影絵に対する遠隔支援の詳細な記録である。支援を受けて実施された上演が現地で引き起こした効果、現代のカンボジア大型影絵の抱える課題や実践者たちの希望も描かれる。

第Ⅴ部　新しい表現、新しい場所

多くの制限があったコロナ下、しかしその制限ゆえに新しい表現も生まれた。普段とは異なる場所、異なる状況下で、人々はどのような表現を生み出したのか。そしてそこで生まれた上演は、その場所や空間をどのように変えていったのか。

第7章「家からつながる――ステイホーム期のバリ島におけるコメディ」では吉田ゆか子（文化人類学）が、パンデミック初期のバリ島にてパフォーマーの自宅から発信されたコメディ劇と歌を取り上げる。その表現の分析からは、芸能家たちがこの危機に応答し、人々と共に乗り越えてゆくために社会的役割を果たそうとしていたことや、自宅もまた豊かな芸能空間であったこと等が浮かび上がってくる。

第8章「COVID-19ショックと舞台芸術――代替を超えて、進化への期待」において、大田美佐子（音楽学・音楽文化史）は、コロナ下で世界各地の劇場が危機を迎えるなか、劇場の意義が問い直され、劇場内にとらわれない新たな表現やプロモーションのあり方が模索されていたことを指摘する。そしてコロナ下の大阪の動物園や街中で上演・撮影されたミュージカル《地下鉄1号線》を取り上げた自身の大学の講義を振り返りながら、危機を経て浮かび上がる劇場文化の新たな課題についても議論する。

最後のエッセイ3「疫病退散の芸能化――新作能《アマビエ》の挑戦」では、鈴木正崇により、新作能という形でコロナに応答した能楽師上田敦史氏の試みが取り上げられる。鈴木は、作品の創作のプロセスや表現の分析をとおして、危機をたくましく乗り越えてゆく芸能の力をも描く。

コロナ下で芸能実践から遠ざかった人や、他界した芸能者もいた。コロナはしかしそうした喪失だけでなく、我々が芸能について立ち止まって考え、深く学ぶ機会も運んできた。COVID-19の引き起こした苦痛や悲惨な出来事を軽視すべきではないが、あの時期の経験は必ずしも常に「禍」であったわけでもないとの思いから、本書では「コロナ禍」ではなく「コロナ状況」や（その状況下を表す）「コロナ下」という語を主に使っている（ただし本書の各著者は、状況に応じてコロナ禍という語も用いる）。我々はかなりのスピードで、コロナ下の感覚や経験を忘却しつつあるが、本書が、コロナ下で編まれた思考、行われた試行錯誤を記憶し、芸能を育んだ場所やつながり、そして芸能が育む場やつながりについて考え続ける一助となるのであれば幸いである。

注

1 本研究は、東京外国語大学アジア・アフリカ言語文化研究所の共同利用・共同研究課題「新型コロナ感染拡大下における芸能に関する学際的研究」(jrp000274)(二〇二一－二〇二三年度代表：吉田ゆか子)、として実施された。また、科学研究費研費基盤研究(B)「「コロナ状況」下で育まれる芸能――危機への応答・身体性をめぐる交渉・社会との関係」(21H00643)(代表：吉田ゆか子)の助成を受けた。

2 本書にも執筆している鈴木正崇は、鹿児島県の疱瘡踊りにおけるコロナ下とその前後の活動状況について調査研究を行っている。

3 我々の共同研究者の一人であった阿部武司(東北文化財映像研究所長)は、コロナ下の日本の東北地方の民俗行事の取材を積極的に行い、数々の芸能上演を映像に残した。その貴重な記録は、YouTubeチャネル「Japanese folk performing arts 東北文映研ライブラリー映像館」に公開されている(https://www.youtube.com/@Tohokubuneiken、二〇二五年二月一四日アクセス)。

4 人類学者V・ターナーの言葉で言えば、リミナリティに似た、リミノイドである[Turner 1982: 32]。

5 余裕のある者たちが、こうした楽器や衣装を買ってやることで相手の芸能家を支援するような動きもあった[増野 2024: 104]。

6 コロナ下の伊勢大神楽を取材し、映像民族誌にまとめた神野知恵は、取材の過程を振り返り、通常とは異なり調査者だけでなくカメラマンからも挨拶をするなど、人々が警戒しているであろう当時特有の配慮が必要であったことや、意外にも許容された対面での交流の様子などについて記録している［神野 2023: 11, 2025: 140-142］。

7 類似の指摘は、増野によってもなされている［増野 2024: 98, 103］。

8 東京では「アートにエールを」と題してプロの芸能家によるビデオ作品のオンライン公開を募り、出演料を支払っていた。またバリ島ではバリ州文化局（Dinas kebudayaan provinsi Bali）が、オンライン作品の制作を呼びかけた。二〇〇以上の団体がこれに参加し、それぞれいくばくかの製作費を受け取った。

参考文献

〈日本語文献〉

岡田暁生 2020『音楽の危機――《第九》が歌えなくなった日』中央公論新社。

オリヴァー＝スミス、A＆S・M・ホフマン 2006「序章　災害の人類学的研究の意義」S・A・オリヴァー＝スミス、S・M・ホフマン編『災害の人類学――カタストロフィと文化』若林佳史訳、明石書店、pp.7-28。

神野知恵 2021「伊勢大神楽とコロナ禍の日本を歩く（後編）」Fieldnet　特設サイト『COVID-19とフィールドワーカー』https://fieldnet-aa.jp/covid19/伊勢大神楽とコロナ禍の日本を歩く（後編）（二〇二四年一〇月三日アクセス）。

神野知恵 2023「コロナ状況下の日本で伊勢大神楽を撮る」『Fieldplus』29: 10-11。

神野知恵 2025『旅するカミサマ、迎える人々――伊勢大神楽と「家廻り芸能」』大阪大学出版会。

後藤隆基編 2021『ロスト・イン・パンデミック――失われた演劇と新たな表現の地平』早稲田大学坪内博士記念演劇博物館監修、春陽堂書店。

中村美亜 2014「東日本大震災をめぐる「音楽の力」の諸相——未来の文化政策とアートマネジメントのための研究 1」『芸術工学研究』21: 13-29。
増野亜子2024「コロナ下バリにおける音楽家の活動と経験——6人の音楽家のインタビューから」『桐朋学園大学研究紀要』50: 97-107。
山口昌男1983「見世物の人類学へ」V・ターナー、山口昌男編『見世物の人類学』三省堂、pp.138-152。
NHK 2020「バルコニーで歌を披露し励ましあう感染拡大のイタリア」『NHK NEWS WEB』二〇二〇年三月一五日、https://www3.nhk.or.jp/news/html/20200315/k10012332461000.html（二〇二四年一一月一二日アクセス）。

〈外国語文献〉
Turner, Victor. 1982. *From Ritual to Theater: The Human Seriousness of Play*. New York: Performing Arts Journal Publication.
Yoshida, Yukako. in press. Impact of the COVID-19 Pandemic on the Balinese Masked Dance Theater Topeng: The Experience of Performers and Mask Makers. Patricia Matusky and Felicidad A. Prudente (eds.) Proceedings of the 5th Symposium: The ICTM Study Group on Performing Arts of Southeast Asia. The University of the Philippines.

第Ⅰ部　伝承の危機

第1章　コロナ状況で見えてきた日本の伝統芸能の新機軸

前原恵美

1．はじめに――目的・対象と方法

1-1　目的・対象

本章は、執筆者がこれまで行ってきた日本の伝統芸能[*1]におけるコロナ禍の影響に関する調査研究を取りまとめ、その概要を報告することを目的とする。具体的には、日本の伝統芸能にコロナ状況が与えた影響とその推移、見えてきた課題とその解決の糸口について述べる。

本章の対象は「日本の伝統芸能」だが、おそらく「伝統芸能」というと、多くの人は芸能の実演家（俳優、舞踊家、演奏家など）による公演を思い浮かべると思う。しかし、実際に伝統芸能の公演が成り立つには、それを支える様々な技術・技術者（楽器製作、衣裳・装束製作、大小道具製作などの技術やそれらの技術を持つ人々）が欠かせないにもかかわらず、その認識はいまだ十分でないと感じている。そこで本章では、日本の「選定保存技術の制度」[*2]に倣って、こうした伝統芸能を支える技術を「文化財保存技術」、それらの技術を持つ技術者を「文化財保存技術保持者」と呼び、広義の「伝統芸能」の枠に含め、調査対象とした。そして伝統芸能の実演に不可欠な「文化財保存技術」やその「保持者」を加えて「伝統芸能」を捉えなおし、コロナ状況と伝統芸能の関係性をより広い視野で捉えようと試みた。

「伝統芸能」の枠組みを文化財保存技術やその技術者にまで拡げた研究はほぼ皆無なので、本章は伝統芸能の公演を取り巻く文化財保存技術やその技術者の関係を「伝統芸能の基盤となる軸」として捉え直そうとする試みの記録と言える。同時に本章は、こうした新たな伝統芸能の枠組みでの「調査方法自体の模索」の記録でもある。

1-2 方法

本章では、まずコロナ状況直前に取り上げられた新聞記事を糸口に、コロナ前夜に伝統芸能が抱えていた課題とその受け止めについて整理する（本章第2節）。

その上で、伝統芸能におけるコロナ状況のはじまりを時系列で概観する（本章3-1）。続いて、執筆者が所属する所属する東京文化財研究所で実施した調査[*3]「伝統芸能における新型コロナウイルス禍の影響」調査[*4]をもとに、調査の経過と伝統芸能公演状況の推移を追う（本章3-2）。一方の文化財保存技術や技術保持者のコロナ状況に関しては、まとまった情報がほとんどない。そこでコロナ前夜の状況を前提としつつ、インターネット上の情報収集を経て対面調査を試み、その実態解明に努めた（本章3-3）。

このほか、伝統芸能の実演家、公演、文化財保存技術、技術保持者を対象とした支援や施策に関する情報も加えて、コロナ状況の伝統芸能について多角的に捉えようとした（本章第4節）。なお、本章はすでに公表されている調査研究の内容を含むので、末尾の注および参考文献も参照されたい。

2. コロナ前夜——すでに警鐘が鳴らされていた伝統芸能の課題

「コロナ状況下で、日本の伝統芸能に何が起こったか」を知るためには、まずコロナ状況前の日本の伝統芸能の状況を把握しておく必要がある。そのことによって初めて、コロナ状況前↓コロナ状況下↓コロナ状況後の比較が可能になるからだ。しかし結論から言えば、コロナ状況「前」の伝統芸能の公演状況や関連技術・技術者について経年的に調査した基礎資料はほぼ存在しない。*5 執筆者自身、こうしたデータの積み重ねがない中でコロナ状況に突入し、初めて「基礎データの不足」の重大さを認識した。とはいえ、過去の情報を遡って集積していくことは非常に困難である。また、今後の基礎データの収集に関しても、一個人や一機関の業務の一部として継続できることではない。このことは、3―2で報告しているような、コロナ状況下での伝統芸能の公演情報の収集を、限られたウェブ情報からではあるが三年間続けた経験から痛切に感じた。基礎データの集積を大きな課題として提起した上で、本章ではコロナ状況直前の様子を伝える一つの記事を今一度見直すことから始めたい。

それは、二〇一九年二月二五日にアップされた朝日新聞デジタルの「純邦楽、深刻な危機　箏の年間製造数はたったの３９００」という記事である［米原 2019］。*6 記事では、一般社団法人・全国邦楽器組合連合会（全邦連）がまとめた三味線、箏の年間製作数を挙げて危機を報じている。全邦連によれば、一九七〇年から二〇一七年の間に、三味線の製作数が一万八〇〇〇挺から三四〇〇挺に、箏の製作数が二万五八〇〇面から三九〇〇面にまで減少しているとする。つまり、四七年の間に、三味線の製作数が約一八％、箏の製作数が約一五％にまで激減していることになる。

記事では続けて、全邦連の理事長（当時）・光安慶太氏、文楽の義太夫節三味線奏者・鶴澤燕三氏、地歌箏曲奏者・藤本昭子氏、津軽三味線奏者・上妻宏光氏、近世邦楽研究者・野川美穂子氏、「邦楽ジャーナル」代表・編集長の田中隆文氏がそれぞれの立場からコメントを寄せている。以下で、そのうち二氏のコメントを取り上げる。

まず光安氏によれば、すでにコロナ前夜の時点で、全邦連が邦楽器需要の低迷に危機感を覚え、様々な試みを実施していたということである。具体的には、大学の邦楽サークルと体験・交流型の演奏会を催したり、経済産業省と羽田空港国際線ターミナルでイベントを開いたりして、普及活動に努めてきたという。当時は、まだ東京オリンピックの一年延期が決まる前で、これを機に日本の伝統文化をアピールしようという機運が高まっていた。伝統芸能にとっても空港でのアピールは世界につながる普及拡大の好機だったろう。全邦連は、邦楽器製作者だけでなく、邦楽器を作るメーカー、卸売、小売業、楽譜販売などが集まった全国組織なので、楽器製作の現場の危機感が組織を通じて関連業者にも直接的に伝わり、この製造数の激減の深刻さが共有されたと推察する。こうして共有された問題意識ゆえに、実演家とのネットワークを駆使して様々なイベントを工夫してきたのであろう。実演家や企画制作者ではなく、楽器製作者サイドがこのような様々な対策を講じて需要回復を目指していたことは、もっと認知されて良いと思う。[*7]

第二には、鶴澤燕三氏が、楽器製作技術について「連綿と続いてくれないと大変困る」と明言するとともに、「国立劇場の研修所に三味線志望者があまり入ってこないのも心配です」として、実演家の技の継承にも警鐘を鳴らしている点である。国立劇場や国立文楽劇場、国立能楽堂を擁する独立行政法人日本芸術文化振興会では、一九六六年の国立劇場設立当初から伝統芸能伝承者の養成事業に取り組んでいる。しかし近年は、その募集に対してなかなか応募が少なく、募集期間を延期することもたびたびある。楽器製作の現場だけでなく、その楽器を演奏するプロフェッショナルな実演家を目指す人たちも、コロナ前夜の時点ですでに先行きが不安な状態にあったということになる。燕三氏が深くかかわる文楽は、一九五五年に国の重要無形文化財に指定、二〇〇三年にユネスコにより「人類の口承及び無形遺産に関する傑作」として宣言、二〇〇八年に「人類の無形文化遺産の代表的な一覧表」に記載されており、日本の代表的な伝統芸能の一つである。その運営は国などによって設立された文楽協会が担い、文楽特有の舞台機構を備えた東京の国立劇場、大阪に国立文楽劇場を構えるなど、その継承は盤石であるようにも見えるだけに、燕三氏の言葉は重い。また文楽をしてこの状況なのだから、ほかの伝統芸能にも同様にコロナ前から楽器製作などの芸能を支える技と芸能を継承していく人材の課題が生じていたことは想像に難くない。全邦連が示した楽器製作数の激減は、このことの一つの裏付けであろう。

なお燕三氏の指摘している、「楽器製作技術が連綿と続く」ことの大切さは、その技術の習得にかかる年月を思うと大いに納得がいく。教則本等があるわけでもないので、技を伝える「人」の連鎖が一度途絶えてしまうと、それをゼロから繋ぎ直すことは非常に困難だ。実演家のように映像や音源、譜面等が存在しないことを鑑みれば、楽器製作技術の継承の重みは一層現実味を帯びる。

実際には、記事掲載の一年後に、コロナ状況に突入することになった。つまり、コロナ前夜から抱えていた楽器や人材の減少の課題に抜本的な対策を打つ前に、さらにコロナ渦が押し寄せた。ただしこれは裏を返せば、伝統芸能界はコロナ状況になる以前に、すでに需要回復の重要性をある程度認識し、製作者を中心とする団体では需要開拓の試みも実施するなど、回復への道を探っていたとも言える。こうしたコロナ前夜の伝統芸能の現状や課題を踏まえた上で、コロナ状況下、さらにコロナ状況後を一連の流れで捉える必要があろう。

3. コロナ状況下と伝統芸能――何を見るか、どうやって見るか

3‐1　伝統芸能におけるコロナ状況のはじまり

日本で新型コロナウイルス感染症が話題に上るようになったのは、ダイヤモンド・プリンセス号でコロナ感染事例の発生についてニュース等で報じられはじめた二〇二〇年二月頃だったと思う。そしてその影響がはっきり伝統芸能を含む文化芸術活動に表れることになったのは、二〇二〇年二月二六日、安倍晋三首相（当時）からスポーツ・文化イベント等の二週間の自粛要請が出されて以降であろう。この発表は同日、総理大臣官邸で開かれた第一四回新型コロナウイルス感染症対策本部での議論を踏まえたもので、首相官邸の発表*8によれば以下のような文言であった（傍線は執筆者による）。

今が正に、感染の流行を早期に終息させるために、極めて重要な時期である。こうした考え方の下、昨日、政府として、対策の基本方針を決定しました。その中で、イベント等の開催について、現時点で全国一律の自粛要請を行うものではないものの、地域や企業に対し、感染拡大防止の観点から、感染の広がり、会場の状況等を踏まえ、開催の必要性を改めて検討するよう要請したところです。その上で、政府といたしましては、この1、2週間が感染拡大防止に極めて重要であることを踏まえ、また、多数の方が集まるような全国的なスポーツ、文化イベント等については、大規模な感染リスクがあることを勘案し、今後2週間は、中止、延期又は規模縮小等の対応を要請することといたします。感染拡大の防止に万全を期すため、引き続き、今後の感染拡大の動向を注視しながら、万全の対応を行ってまいります。

〔中略〕

各位にあっては、引き続き、基本方針を踏まえ、地方自治体、医療関係者、事業者、そして国民の皆様と一丸となって、新型コロナウイルス感染症対策を更に進めていくよう、お願いいたします。

対策本部が開かれたのが昼過ぎで、前掲の発表は一三時過ぎに報じられた。するとインターネット上ではさっそく伝統芸能公演の中止・延期情報がアップされ始めた。筆者が把握している最も早い公演中止・延期情報は、同日の二月二六日に主催者のウェブサイトと演奏家のFacebookより発信されたもので、翌二七日の公演を中止するというものである。

伝統芸能の公演の場は、野外の場合もあるが、多くは劇場やホールで、その予約は通常一年前から、早ければ二年前に開始することが多い。また公演のチラシは通常二ヶ月前に印刷・配布、チケットも少なくとも一ヶ月前には販売開始される。こうした公演スケジュールを考えると、この時のように前日や二日前になっての公演中止・延期がいかに異常な事態であったかは明白である。「一丸となって、新型コロナウイルス感染対策を更にすすめていく」ために、イベント等はいきおい中止・延期に踏み切らざるを得なくなった。当然伝統芸能においても、実演家や観客、会場関係者はもとより、舞台や照明に関わる様々な関係者が急速にこの対応に巻き込まれていった。この発表では、イベント等の開催について一律の自粛要請ではないとしながらも、「今後二週間は、中止、延期又は規模縮小等の対応を要請」しているのだから、現実問題として伝統芸能の公演はほぼ中止・延期せざるを得なかった。そして、少なくとも私自身にとっては、このような形で文化芸術活動が中止・延期されるのを目の当たりにするのは初めてのことだった。また、それが「自分たちの命を守るために一丸となってすべきこと」として設定されることを想像したこともなかった。筆者は研究とともに、条件が許す範囲で細々ながら常磐津節の三味線演奏活動も行っているので、こうした初めて尽くしの状況下での対応がどれほどの混乱を招くのかを、一層肌身に感じた。

さらに二〇二〇年三月二五日、小池百合子東京都知事が「屋内・屋外を問わずイベント等への参加も控えていただきたい」との外出自粛要請を行い、二〇二〇年四月二八日に首相官邸・厚生労働省が「三密（換気の悪い密閉空間、多数が集まる密集場所、間近で会話や発声をする密接場面）を避けましょう」の標語を掲げると、いよいよ伝統芸能の公演は中止ないし延期の一途をたどり（延期を繰り返すことも増えた）、「お稽古」は再開の目途が立たなくなっていった。急激な公演情報の変更は、そもそも種類が少ない上に月刊や季刊の紙媒体がほとんどの伝統芸能においては、実態に情報誌のスピードが追い付かず、今起こっていることの経緯が追えない状況になった。

3－2　インターネット情報を精査しながら公演状況の変化を捉える

当時の伝統芸能界の状況の目まぐるしい変化に直面して、この経緯を客観的データとして記録することが必要だと考えたのは自然なことであったと思う。そして本章3－1で述べたように、実際、急な公演中止・延期の通達は紙媒体の情報誌では間に合わなかったため、ウェブサイトやFacebook、Twitter（現・X）などを通じてインターネット上で発信された。したがって研究資料としてのインターネット上の情報収集に早急に取り掛かる必要があった。インターネット上の情報は、発信する側が思い立てばすぐに発信できる一方で、発信された情報は時を待たず次々に更新され、過去に埋もれて消え去ってしまう。しかも情報量は膨大なので、的を絞り込んで情報収集せざるを得ない。つまり常に変化する状況下で、情報源の選択を迫られ続ける。こうして模索しながら行ったのが、本章1－2で挙げた「伝統芸能における新型コロナウイルス禍の影響」の調査（東京文化財研究所）である。

1	（公）公立文化施設協会 HP の正会員情報
2	『邦楽の友』FB
3	（公）芸団協 HP の正会員情報
4	国立劇場 HP
5	国立演芸場 HP
6	国立能楽堂 HP
7	国立文楽劇場 HP
8	国立劇場おきなわ HP
9	伝統芸能情報館
10	（公）能楽協会 HP の能楽堂サーチ
11	紀尾井ホール HP
12	（株）松竹 HP の公演情報
13	（公）落語芸術協会
14	（一社）落語協会
15	講談協会
16	（一社）日本浪曲協会
17	（公）上方落語協会
18	（公）浪曲親友協会
19	(一社)日本演芸家連合
20	新宿末廣亭
21	新宿末廣亭公式 Twitter
22	鈴本演芸場
23	池袋演芸場
24	浅草演芸ホール公式 Twitter
25	東京かわら版 HP
26	お江戸上野広小路亭
27	お江戸日本橋亭 HP
28	お江戸両国亭 HP
29	らくごカフェブログ
30	オフィスまめかな HP
31	株式会社　米朝事務所
32	神田連雀亭
33	（一社）全邦連の HP・Twitter
34	東京邦楽器商工業協同組合 HP
35	和楽器イベント .com
36	お得な公演チケットサイト Confetti（カンフェティ）
37	伝統芸能 LIVE! Japanese Traditional Performing Arts Live!
38	能　狂言　ビラくばり

その他の団体 HP 情報
その他の実演家 HP 等情報

表 1　主なインターネット情報収集源
※特に記載がなければウェブサイトを参照。
※ Twitter は現・X（エックス）

1	公演日時
2	変更情報発信日（ツール）
3	延期／中止／条件付
4	日付・条件等追記
5	公演名
6	形態
7	主催
8	出演者
9	主たる分野 1
10	主たる分野 2
11	主たる分野 3
12	他の分野
13	国指定重要無形文化財 （総合／各個／未指定）
14	会場
15	会場都道府県
16	会場キャパ
17	入場料（最低）
18	入場料（最高）
19	入場料（平均）
20	情報
21	備考
22	入力日
23	入力者
24	メモ

表2　収集した項目

この収集がいつまで続くのか、コロナ状況がいつまでどのくらい伝統芸能に影響を与え続けるのか、見当もつかないまま始めた作業だったので、今振り返れば当初やろうとしたことをいくつも断念した。また、情報源を限定しても情報をまんべんなく収集し続けることは非常に困難だった。[*9] 情報が現れては消えるスピードに、マンパワー（情報収集に携わる人数だけでなく、仕事量、対価を含めて）が付いて行かなかったことは認めざるを得ない。その反省も含めて、今後の同様手法を用いる研究のために以下、振り返る。

当初は、伝統芸能だけでなく、地域の芸能や祭礼、伝統行事の情報も集めようとしていた。しかし、そもそもこれらの数はあまりに多く、全国津々浦々の広範囲におよび、かつ情報を公に発信する割合やタイミングが掴めなかったため、ごく初期に断念せざるを得なかった。伝統芸能の公演に情報を限ってもなお、情報発信の頻度や情報の密度などに照らして、情報源をさらに絞り込まざるを得なかった。結果的に参照することになっ

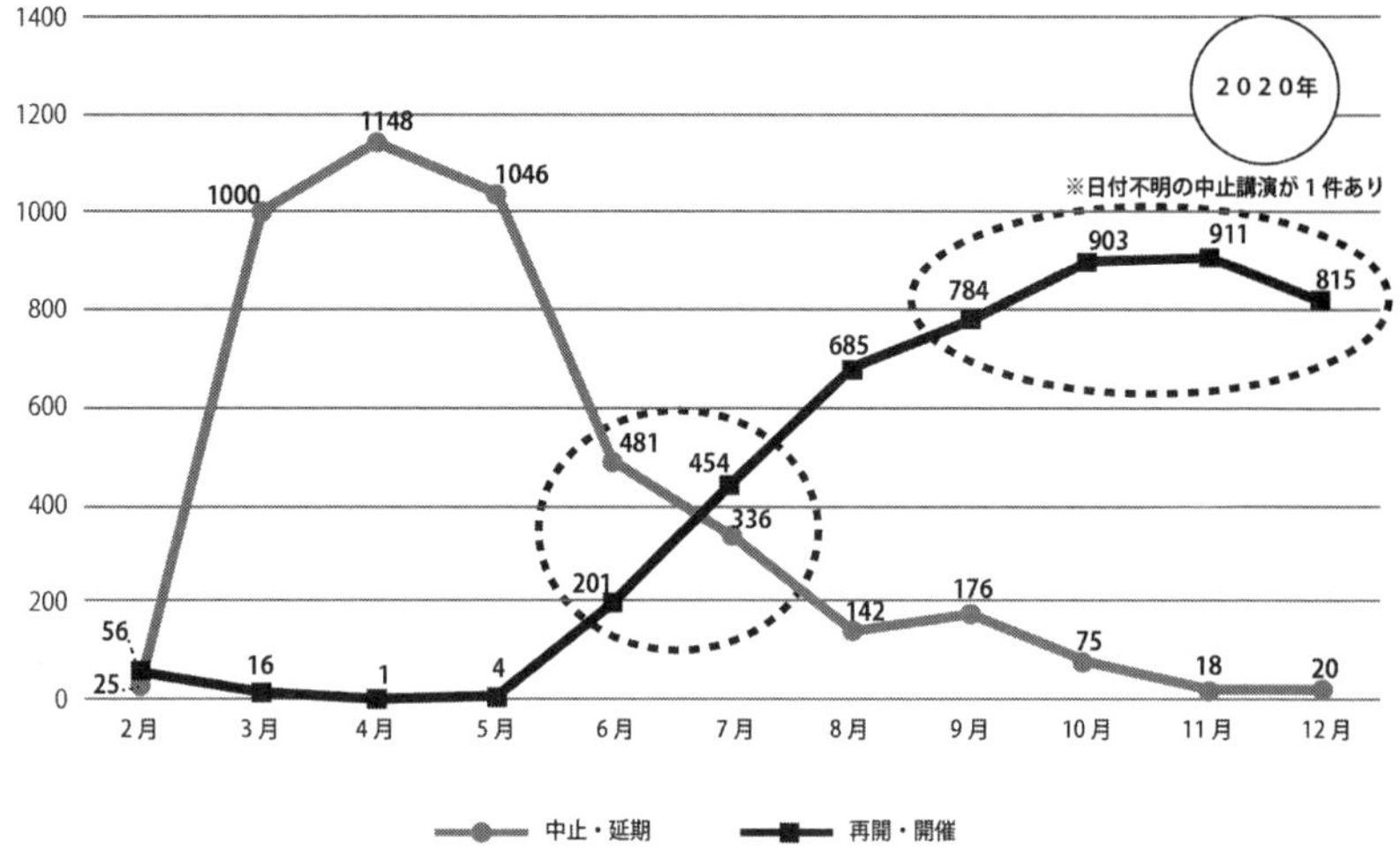

図 1-1　伝統芸能公演数の推移（2020 年）

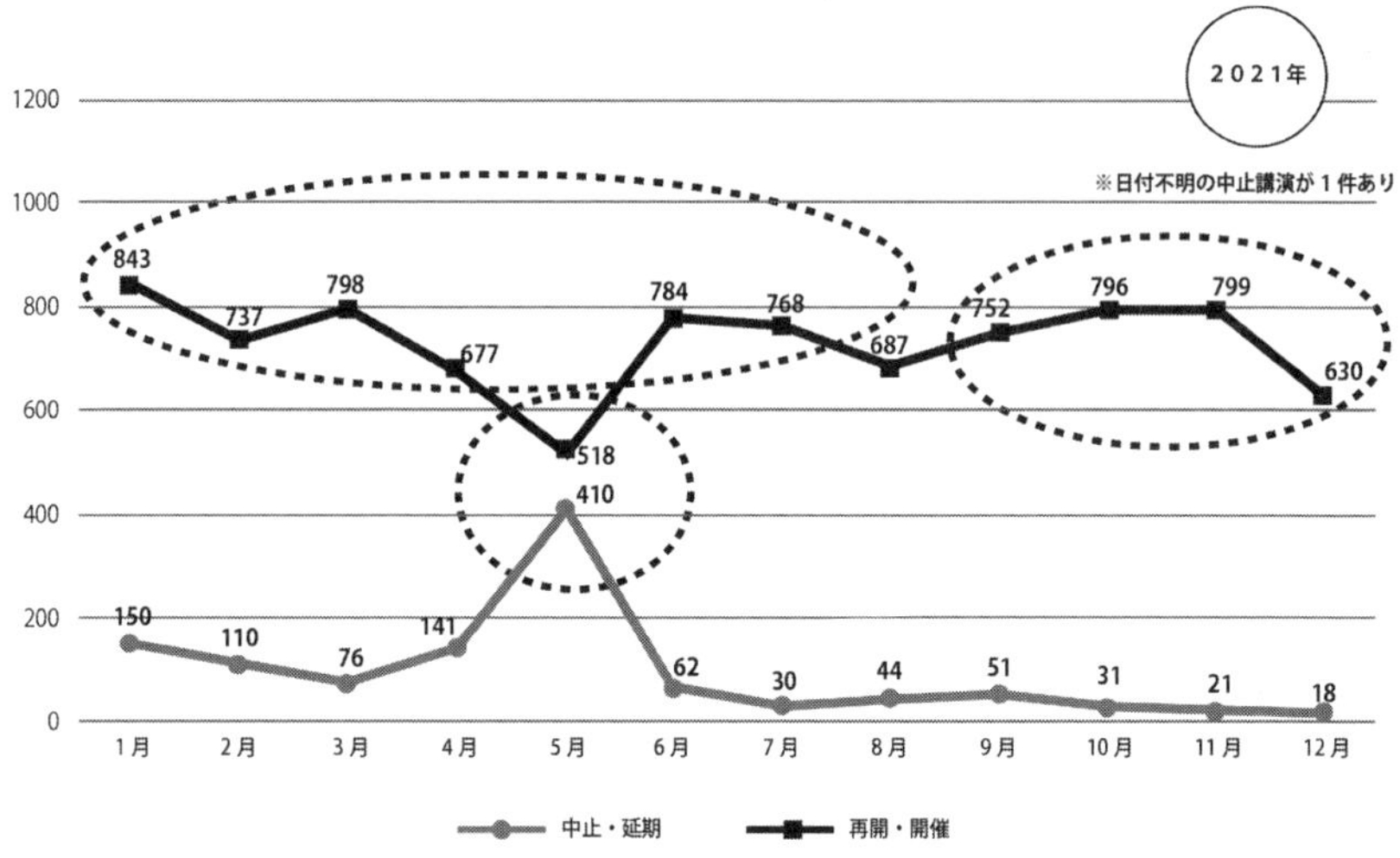

図 1-2　伝統芸能公演数の推移（2021 年）

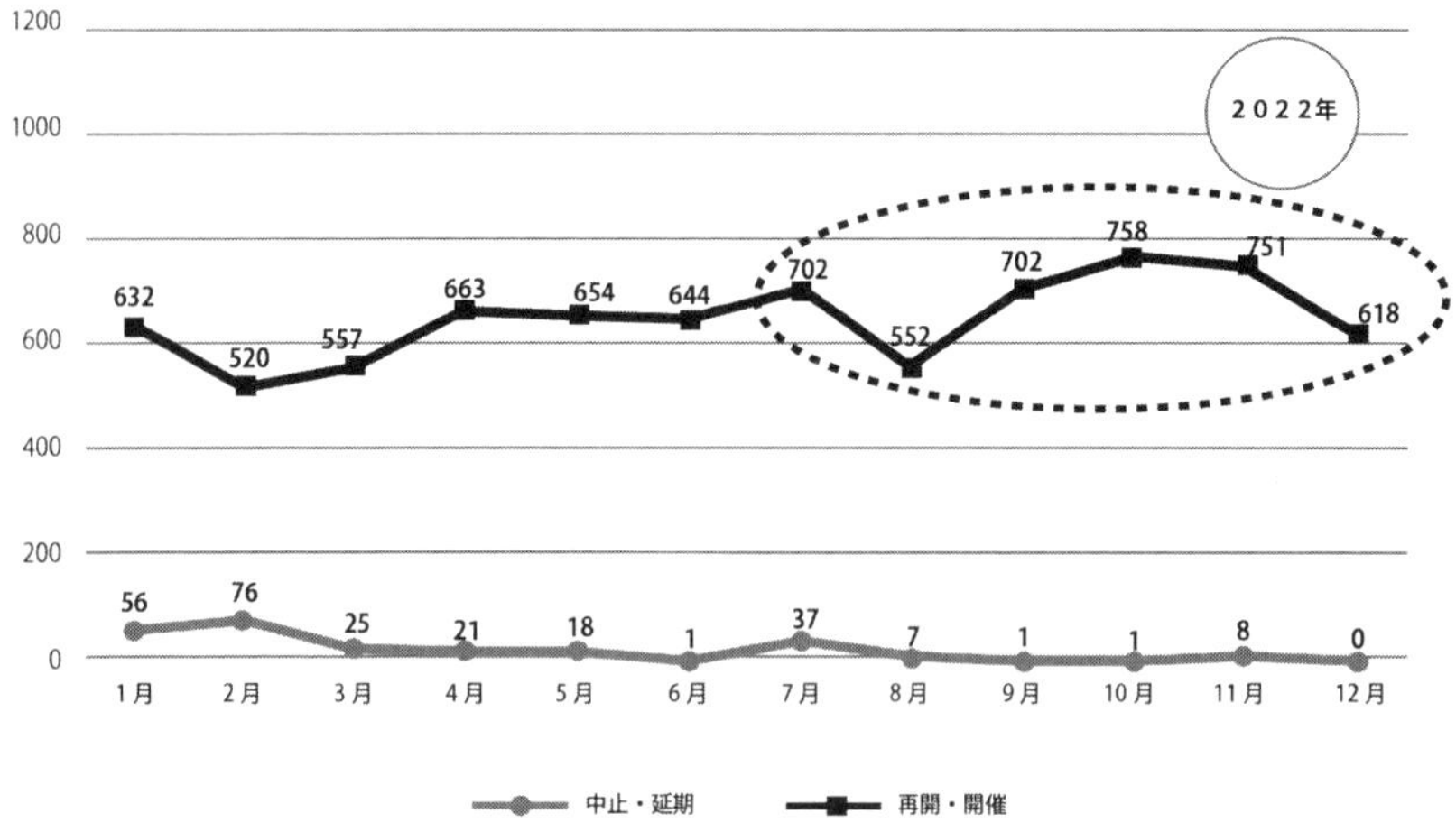

図 1-3　伝統芸能公演数の推移（2022 年）

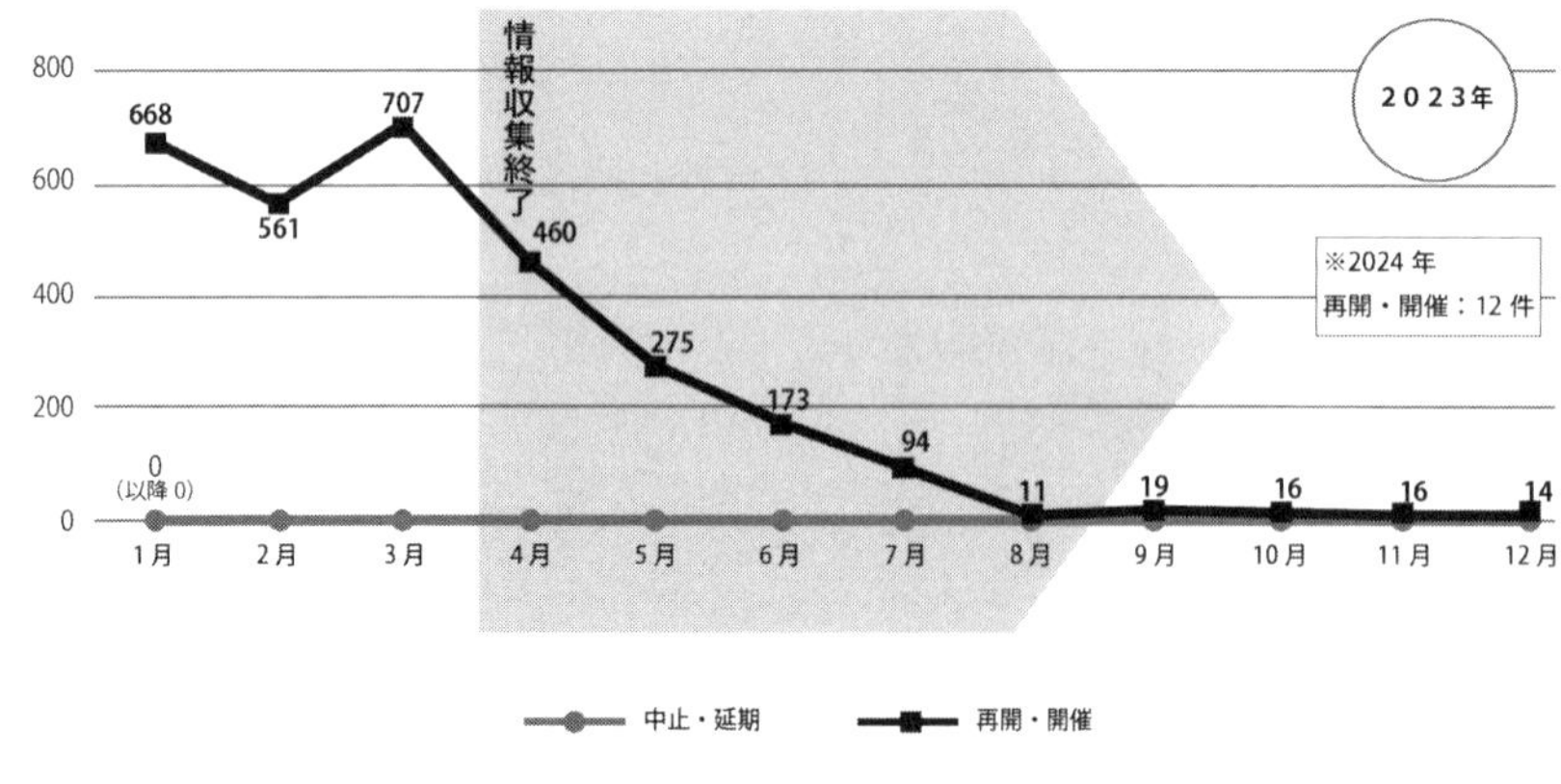

図 1-4　伝統芸能公演数の推移（2023 年）

た主な情報源については**表1**をご覧いただきたい。

また、これらの情報源からどのような情報を「項目」としてピックアップするかも精査を要した。紆余曲折あったが、最終的に立項したのは**表2**の二四項目である。ちなみに、これらの項目は、公演の「中止・延期」情報と「再開・開催」情報に分けて整理し、コメントを付した概要を、当研究所のウェブサイト上で二〇二〇年六月から一ヶ月に一度、二〇二三年三月まで更新しながら公開した（過去の情報を含めてアーカイブされており現在も閲覧可能）。項目の詳細な説明や分析目的・方法については、『無形文化財の保存・継承に関する調査研究プロジェクト報告書「伝統芸能における新型コロナウイルス禍の影響」をめぐる課題』［東京文化財研究所 無形文化遺産部 2021: 5-7］を参照されたい。

図1-1〜図1-4は、こうして検討を重ねながら収集したインターネット上の公演情報収集した情報の一部を用いて、二〇二〇年三月から二〇二三年三月までの伝統芸能の中止・延期件数（-●-）と再開・公演件数（-■-）の推移を月毎のグラフにしたものである。前提として、二〇二〇年三月以前の情報が存在しないので、コロナ状況以前との件数比較ができないことは残念であるが、それ以降の推移を検証することはある程度可能だ。

図1-1の冒頭、二〇二〇年三月から四月にかけて中止・延期件数が爆発的に増えているのは、本章3-1で触れたように、二〇二〇年二月二六日の安倍首相（当時）発表への敏感な反応の表れである。加えて同年三月、文化庁が文化関係団体の長などに向けた三月二〇日付け事務連絡（「各種文化イベントの開催に関する考え方について（令和二年三月二〇日時点）」）として、全国な大規模イベント等については十分に注意してリスクへの対応を行い、仮にリスクへの対応が整わない場合には中止および延期するよう依頼したことも、具体的な公演中止・延期に拍車を掛けたであろう。その後の公演数推移について、注目すべき三点を指摘する。

最初に注目したいのは、**図1―1**二〇二〇年六月から七月にかけてである。この時期、それまで急増していた中止・延期と公演が交差して、コロナ状況下でも伝統芸能の公演を復活させようとする兆しが明確になった。このきっかけとしては、四月に日本で最初に発出された緊急事態宣言が五月になって全面解除になったことが考えられる。そしてその後は、大まかにはコロナ対策を講じながら伝統芸能の再開・開催件数が盛り返していくことになった。

ちなみに、この折れ線グラフは伝統芸能公演の中止・延期件数と再開・開催件数の推移をそれぞれ示したものだが、中止・延期ないし再開・開催件数を足し上げると、本調査の範囲内で把握できた「インターネット上に情報公開された予定公演件数」になる。例えば、二〇二〇年六月に開催予定情報をインターネット上で公開していた件数は六八二件が確認できる。そのうち四八一件（約七〇％）が中止ないし延期を表明し、二〇一件（三〇％）が再開ないし開催された。同じく七月について見ると、七九〇件の公演予定が公表されていたが、そのうち三三六件（約四二％）が中止・延期を表明、四五六件（約五八％）が再開・開催に踏み切ったと見られ、この間に中止・延期から再開・開催へと流れが変わったことがわかる。

第二の注目点として二〇二一年五月がある（**図1―2**）。この時期に、中止・延期件数と再開・公演件数が接近し、あわや中止・延期件数が再開・公演件数と逆転するかという局面を迎える。つまり、回復傾向より自粛傾向が上回り、伝統芸能の公演全体の流れが逆戻りする可能性もあったと考えられる。当時の日本では、四月末から七月にかけて地域を拡大・縮小しながら継続的に緊急事態宣言が公示されており、伝統芸能関係者は新型コロナ流行の波への細かな対応を迫られていた。このことが一定の公演自粛の傾向として表れたと見ることができる。しかし実際には、中止・延期件数と再開・開催件数の逆転状況は回避された。これは、この頃にはガイドラインに則ったコロナ対策や公私の支援が整えられつつあり（本章4―1、4―2で後述する）、その後押しを受けて、対策を講じた公演開催の流れができつつあったことを示しているのではないか。

この二〇二一年五月についても「予定公演件数」に占める割合を見ておくと、以下のようになる。当該月に開催予定情報をインターネット上で公開していた件数は九二八件、そのうち中止・延期の表明が四一〇件（約四四％）、再開・開催の表明が五一八件（約五六％）であり、両者は件数的にも割合的にも接近していたとわかる。

二〇二一年以降、伝統芸能の公演件数の推移は、多少の増減を繰り返しながらも毎月六〇〇〜七〇〇件の公演件数を保っている。しかし振り返ると、二〇二〇年後半、最初にコロナ危機を乗り越えた時の伝統芸能の公演数は、月に九〇〇件を超えるところまで回復していたことを見逃すことはできない。その時の反発力ないし回復力に比べると、その後の公演数の動きはいくらか弱含みで、やや低迷した状況が常態化してしまっている可能性があり、注視が必要である。この「弱含みの状態化」を第三の注目点として挙げておきたい。

以上のように、伝統芸能の公演数の推移をインターネット上で得られた情報から見ると、大きく二回の転換点があることがわかった（二〇二〇年六月から七月、二〇二一年五月）。前者はコロナ状況が始まった当初で、明確に公演自粛の傾向が表れていたものが、その反動の兆しを見せた時期である。後者は徐々に公演を再開して回復傾向にあった伝統芸能が、度重なるコロナの流行の波に押し戻されそうになった危機である。そしてより大きな流れとしては、二回の転換点を経て伝統芸能の公演はコロナ状況からの回復に向かって推移してきたものの、九度にわたって押し寄せたコロナ流行の波により[*10]、この回復力がやや弱まっているように見えることは看過できない。二回の転換点で具体的に表れた様々な支援については、本章第4節で改めて整理する。

なお当該調査では、中止・延期にせよ、再開・開催にせよ、公演予定を表明していない場合は当然ながら数値に表れない。例えば企画段階で開催をあきらめたり、公開せずにごく近しい関係者のみで開催したりした場合がそれにあたる。ただし、こうした情報は把握がほぼ不可能な上に、情報公開した公演へのコロナの影響と同列に論じることは難しいと考え、本章では扱わなかった。

3−3　手法を検討しながら文化財保存技術に迫る

本章第2節で触れたように、楽器製作数の急激な減少は、コロナ状況下前夜にすでに一部の実演家や研究者等の間で共有されかけていた。そこへコロナ状況が追い打ちをかけることになったので、コロナ状況が文化財保存技術に影響していないとは考えにくい。伝統芸能公演数の推移と文化財保存技術の状況変化の関連も、調査開始当初から気になっていた。しかし、対面の聞き取り調査やアンケート調査もままならない状況では、インターネット上で何らかの文化財保存技術にかかる情報が得られないか、アンテナを張っていることくらいしかできなかった。以下は、こうした暗中模索の過程でたまたま得た大手三味線メーカーの危機に関するインターネット情報を糸口に、対面調査や記録撮影に展開した調査事例である。いまだ文化財保存技術にかかる網羅的な調査手法は見いだせていないが、ここでは一つの調査事例として報告する。

偶然行き当たったインターネット上の情報は、日本有数の三味線メーカーともいえる株式会社東京和楽器[*11]（**写真1**参照）が廃業の危機にあるというものであった。この情報は、筆者が把握しているかぎり、二〇二〇年五月末頃からインターネット上で演奏家や三味線店によって発信され始めた。その発信内容や発信者をみると聞き流してよい情報とは思えなかったので、東京和楽器に連絡を取り、同年六月にまず聞き取り調査を開始した。

そこでうかがった話の中で何度となく再確認させられたのは、「廃業の危機に至った直接の原因はコロナではない」ということであった。つまり、あくまでも危機的な状況はコロナ前夜からの伝統芸能界の低迷が主たる要因だというのだ。この言葉を東京和楽器の大瀧勝弘代表から直接聞けたことは、非常に説得力があった。

ただ、日本を代表する三味線メーカーが「廃業の危機」にあるという情報は、コロナ状況という特殊な状況と重なって、よりセンセーショナルに、象徴的な事象として拡散されていった。執筆者はこの情報拡散の背景に、「コロナ状況下だからこそ人々がコロナ前よりも格段にインターネット情報に敏感になっていた」という特殊な状況があったと考えている。その特殊状況ゆえに、これまでなかなか顧みられなかった楽器製作の現場の窮状が人々の目に留まり、みるみるインターネット上で拡散されていったのではないか。

実際に後日の聞き取り調査でも、東京和楽器の危機が直接コロナ渦に関係しているという話は一切出なかったし、当初のインターネット上の情報も「東京和楽器の危機が、コロナ禍でどうなるか」を懸念しているのであり、コロナが直接の要因とは書かれていない。それでもこの危機が大きく取り上げられるようになったのには、コロナ要因かどうかではなく、その事実が「コロナ状況下で表面化した」こと自体が作用していると考えるのが自然であろう。つまり、コロナ状況が作り出した閉塞感や、その捌け口としてのインターネット上の情報発信・受信の特殊な状況が、この情報を拡散する力として作用したと考えられる。

写真 1　東京和楽器代表の大瀧勝弘氏（2020 年 6 月 11 日）

もっとも、東京和楽器のような伝統芸能の屋台骨を支えるようなメーカーの危機となれば、その窮状は一つの三味線製作会社の危機ではなく、伝統芸能界を揺るがすような危機である。*12 そのことを実演家、愛好家や鑑賞者、劇場・ホール、研究者、教育者等の関係者が共有せざるを得ない状況になったことは、個人的には良かったと解釈したい。

写真2　東京和楽器オリジナルの「NCルーター」による綾杉彫り（2020年6月11日）

言うまでもなく、三味線は広範にわたって伝統芸能に欠かせない楽器である。ユネスコ無形文化遺産保護条約「人類の無形文化遺産代表的な一覧表」に記載されている「人形浄瑠璃文楽」と「歌舞伎（伝統的な演技演出様式によって公演される歌舞伎）」にも三味線は欠かせない。また、国の重要無形文化財の芸能「音楽」に指定されているもののほとんどは三味線なしには成り立たない。[13] さらに落語や浪曲などの諸芸や民俗芸能にも、三味線が用いられるものが少なからずある。このように、三味線という楽器は日本の伝統芸能だけでなく日本の無形文化遺産にとって欠かせない楽器で、それを製作したり修理したりする技術も必要不可欠な文化財保存技術である。このような技術の重要性に比して、伝統芸能に関わる人々はこれまでその窮状を肌身に感じてきただろうか。そこに現状を見えにくくするベール、いわば楽器製作者と演奏家、販売店、劇場・ホール、愛好家、企画制作者、教育の現場の間に縦割りないし蛸壺化の壁がありはしなかったか。そのベールを否応なしに剥がしたのがコロナ状況だったのではないか。自省を込めて、これを機に改めて文化財保存技術の大切さと影響力の大きさを肝に銘じたい。

聞き取り調査で知ったのは、東京和楽器の厳しい現状や課題に対する認識不足だけではない。個人の製作者とは異なるメーカーならではの三味線製作の工夫や知見、挑戦などを初めて知り、もっと評価されて良い点が多々あると気づかされた。例えば、大量生産にも対応可能なメーカーならではの大量の原材料の仕入れにより培った木材の「見立て」の知見や、これまで専業の胴作りの製作者が手彫りで行ってきた三味線の胴内部の彫り（「綾杉彫り」と呼ばれる）を機械で精密に刻む技術[*14]（**写真2**参照）など、実際に工房を訪問して話を聞くことは研究者として収穫が多かった。つまりここに至って、三味線製作の現場の窮地を知るとともに、これまで調査の及んでいなかった貴重な楽器製作技術に触れる発見の機会を得たわけだ。その後、「この技の素晴らしさを知ったからには何とか記録に留めたい」と考え、改めて写真および記録映像の撮影も行った。調査概要は「楽器を中心とした文化財保存技術の調査報告4」に掲載し［前原、橋本 2021。東京和楽器については、pp.79-80］、一部の写真は調査内容と合わせてパンフレットシリーズ『日本の芸能を支える技Ⅵ　三味線　株式会社東京和楽器』［東京文化財研究所 2020］として刊行したので参照されたい。

こうした調査の経緯ゆえ、執筆者自身は、楽器製作のような文化財保存技術の重要性を再認識して課題を共有すべきであるという視点とともに、そこで継承されてきた技の再評価につながる視点を持つよう努めている。例えば二〇二〇年九月に朝日新聞デジタル「論座」に寄稿した「老舗三味線メーカー廃業の危機、音楽界への衝撃　コロナ禍の苦境、逆回転させる発想を」［前原 2020］では、三味線メーカーが伝統芸能に果たしている役割と東京和楽器が持つ独自の技術に触れた上で、お稽古事の入門者の開拓と継続のためのアイデア、メーカーと小売店と演奏家の技の保持と十分な共通認識の上に成り立つ連携、そして文化財行政による一押しの必要性について言及した。

ところで、二〇二〇年七月頃からは新聞やニュースも東京和楽器の危機を取り上げ始め、その記事がさらにＳＮＳなどで拡散されて、三味線に直接関わらない人にもこの状況が広く知られるようになっていった。さらに、新聞やテレビ記者がこの件について熱心に継続して取材して取り上げ続けたことが、世間の関心をより強く長く引き付けた。その結果、東京和楽器の窮状が社会的に大きな注目を浴び、三味線製作の現状への理解が拡大し、伝統芸能を継承していくために楽器製作を支援したいという共感を呼んだことは間違いない。その後に起こった東京和楽器を支援しようとする動きの拡大を思えば（本章4－2）、マスメディアが果たした役割は大きかった。こうしたムーブメントの中で、「文化財保存技術が文化財の生命線でもある」ということもまた、ある程度浸透していったと思われる。

ここで取り上げた東京和楽器の調査事例は、「見える化」しにくい伝統芸能を支える技の現場での事象を、インターネット上で発信された情報から拾い上げ、対面での聞き取り調査、写真や映像による技の記録・発信へと展開した一例である。つまり文化財保存技術についての網羅的な調査には程遠い。また、走りながら組み立てた調査手法なので、今後の文化財保存技術の調査研究において汎用性のある手法とは言えないかもしれない。その上で、研究手法の検証材料としての意味も含めて報告した。

続く第4節では、本章で対象としている広い枠組みでの伝統芸能、すなわち伝統芸能の実演家や公演にとどまらず、それを支える文化財保存技術まで含めたコロナ状況下の伝統芸能への多彩な支援の動きについて整理する。

4．伝統芸能への多彩な支援と動向

4－1　公的支援――停滞させず、再興する

本章3－1および3－2で触れたように、国や都道府県などの指針の発表は、コロナ状況の伝統芸能の公演に常に影響を与え続けた。行動制限という意味では、国による四度にわたる緊急事態宣言発出（・期間延長・区

域変更）、[15]二度のまん延防止等重点措置の公示、[16]およびそれに伴う都道府県等の自治体による方針の発表があった。また、伝統芸能を含む文化施設における感染拡大予防ガイドライン等の発表（・改定）[17]は、伝統芸能の公演を再開するための指針となった。さらに実際に公演を開催する際の支援として、大きく公的支援と個人による支援の二つのタイプが後押しをした。まず４－１では、国が伝統芸能を含む文化芸術に対して行った主な公的支援について順を追って考察する。[18]

最初に打ち出されたのは「文化的芸術活動への緊急総合支援パッケージ」（二〇二〇年度第二次補正予算、五六〇億円）である。これはフリーランスや小規模団体を対象に含み、その大部分（五〇九億円）が「文化芸術・スポーツ活動の継続支援」に充てられた。コロナ状況下で活動自粛を余儀なくされた文化芸術関係団体等が、業種ごとの感染拡大予防ガイドラインに基づいて感染対策を講じて活動の再開・継続を目指すなどの積極的取組等に対して経費を支援する制度である。フリーランスや小規模団体も対象に含まれたので、生業としての伝統芸能活動がほぼ停止していたコロナ状況初期の支援とし時機を得ていた。ただし一件あたりの補助額上限が原則一五〇万円と比較的少額なので、「一息つく」意味合いが強かった。

次に発表されたのが「コロナ禍における文化芸術活動支援」（二〇二〇年度第三次補正予算、三七〇億円）で、中心的な施策として「ARTS for the future!（コロナ禍を乗り越えるための文化芸術活動の充実支援事業）」（二五〇億円）がある。この支援は対象がプロの文化芸術関係団体・文化施設に限られたため、一件あたりの支援額は大きかったもののフリーランスには届きにくかった。さらにこの後続事業が「ARTS for the future!2（コロナ禍からの文化芸術活動の再興支援事業）」（二〇二一年度補正予算、統括団体によるアートキャラバン（全国規模／地域連携）と併せて五五六億円）で、引き続きプロの文化芸術関係団体・文化施設が対象であった。

これらの公的支援は、支援事業名からわかるように、いずれもコロナ状況下でも対策を講じながら文化芸術活動を再開して再興を目指す「未来志向」が強く表れている。それを裏付けるように、上記支援以外に、劇場やホールの感染防止事業、業務再開に伴う環境整備事業、空調設備の改修事業等を補助対象とした事業も実施された。いずれにおいても「文化芸術活動を停滞させず、対策を講じてコロナ状況下でも再興を促す」という公的支援の姿勢が貫かれていると言えよう。

4-2　個別の支援①――直接支援の新しいかたち[*19]

公的支援とは別に、個別に対象となる伝統芸能関係者や団体を直接支援しようとする支援も表れた。ここで3-3で触れた東京和楽器の窮状が広く知られるようになった後日談を取り上げる。ニュース等で取り上げられるにつれ、窮状にある東京和楽器が三味線メーカーとして伝統芸能において欠かせない技を持つことが知られるようになると、東京和楽器を支援して伝統芸能を支えたいという機運が次第に高まった。

二〇二〇年八月、こうした機運を背景に、若者に人気のある伝統楽器を含めた楽器編成のロックバンド「和楽器バンド」が「たる募金」と称して彼らのコンサート会場に樽を設置し、東京和楽器を支援するための募金活動を行い、大きなニュースになった。「たる募金」は、市民球団としてスタートした直後に経営危機へ陥った野球チームが、経済的なサポートをしてくれる親会社がなかったため、球場に「樽」を設置して市民から募金を募ったというエピソードにルーツがある。つまり市民の地元野球チームへの愛着を象徴しているわけだ。現在、この野球チームがプロの野球チームとして活動していることを知っている人も多いだろう。若者の支持を集めるロックバンドが、自分たちの演奏する三味線製作技術の危機に目を向け、ファンにも支援を訴えたことで、三味線製作技術の重要性やある種の価値が、より幅広い世代に知られるところとなり、支援の輪が広がった。もちろん、こうしたロックバンドの活動は新聞やテレビでも取り上げられ、三味線メーカーへの関心を持続させる役割も果たした。一見、伝統芸能との距離があるようにも思える若者に人気のロックバンドの始めた支援活動と、マスメディアによる継続的な発信は、東京和楽器の事業継続を経済的に後押しするのみならず、これまで社会からあまり顧みられなかった三味線メーカーにとって精神的な支えにもなり、多面的な変化をもたらした。例えば、事業継続を応援する手紙なども寄せられ、経済面に限らない精神的な支えが従業員のモチベーションを引き上げた。またこの支援が、伝統芸能に多い比較的高齢の愛好者によってではなく、若者に人気のロックバンドによるものであったことも興味深い。

こうした個別の支援が大切な一歩となり、東京和楽器を後押ししたことは事実である。一方で、将来にわたって三味線製作を安定的に継続し、実演家に質的・量的に十分な楽器を供給し続けるためには、やはり需要の拡大が必要となる。つまり、本章第2節で取り上げたコロナ前夜の新聞記事と変わらぬ課題が変わらず突き付けられている。この点については、4－4で再考したい。

なお和楽器バンドは、東京和楽器に続き、広島県福山箏、岐阜県和傘、沖縄県伝統文化・芸能（三線を含む）、愛知県岡崎市三浦太鼓店／三浦彌市商店と、日本の伝統芸能・文化をサポートする活動として「たる募金プロジェクト」を継続した。なお、バンド活動は二〇二五年一月より無期限休止している（二〇二五年二月現在）。

4－3　個別の支援②——クラウドファンディングという支援のかたち

続いて、個別の支援の新たな形態として、プロジェクト支援のプラットフォームを運営して支援をビジネス化したクラウドファンディングを取り上げる。「クラウドファンディング」は、コロナ状況になって日本で格段に知名度が上がった支援のビジネスモデルである。

クラウドファンディングには大きく分けて、融資型、株式型、購入型、寄付型の四種類がある。伝統芸能の支援には、購入型方式、すなわち支援者がリターンとして支援金額に応じた商品やサービスを受け取る方式が使われるということが多い。この購入型にも、All-or-Nothing 型（希望金額に到達した場合のみプロジェクトを進行する方法）と、All-in型（希望金額に到達しなくても進行する方法）がある。クラウドファンディングの一般的なメリットには、①資金調達のハードルが金融機関や投資家ほど高くない、②クラウドファンディングのサイトを通じてプロジェクトの認知度を高めることができる、③支援者の反応や支援金の集まり具合の経過がわかる、などが挙げられる。一方デメリットとしては、①希望金額に達しない場合がある、②プロジェクトが成立した場合はクラウドファンディングのサイトに相応の手数料を支払う、③支援者へのリターンを用意しなければならない、などがある。以下、伝統芸能に関して成立したクラウドファンディングの事例を二つ紹介する。

一つ目は寄席に関するもので、「寄席の危機に想いを寄せて」（All-in方式）と題して行われた寄席支援プロジェクトのためのクラウドファンディングである。プロジェクトの内容は、寄席支援プロジェクト（一般社団法人落語協会・公益社団法人落語芸術協会）が支援金を鈴本演芸場、新宿末廣亭、浅草演芸ホール、池袋演芸場、上野広小路亭の五軒の寄席の興行運営費として支援金を募るというものだった。目標金額を五千万円、募集期間を二〇二一年五月一八日～六月三〇日に設定して実施したところ、七一四九人の支援者から総額一億三七七万円を集めて目標を達成した。より詳しくはこのプロジェクトのウェブサイトを参照されたい。*20

まず、このプロジェクトの目的が「寄席の興行運営費を募る」というものであったことが注目を集めた。つまり一般社団法人落語協会と公益社団法人落語芸術協会が連携し、落語家たちが、自ら落語を行う場所、すなわち「実演の場」の運営費を募ることを目的としたわけである。この背景には、以下のような経緯があった。二〇二一年四月二五日、四都府県に出された緊急事態宣言に合わせて、東京都が無観客開催の要請を行い、前掲両協会と寄席組合が相談の上、要請には応じず営業すると発表した。すると四月二八日に、東京都から「無観客開催」に応じないなら休業するよう強い要請があり、五月一日から寄席は休業となった。その後、五月一二日より五〇％の席数（鈴本演芸場は夜の部休席）で興行を再開した。これらのことが、新聞やマスコミ等で大きく報じられ、インターネット上でも情報が様々に拡散され、人々の注目の的となっていた。

このような経緯と高い注目度が相まって、寄席支援プロジェクトでは目標を大きく超えて二倍以上の支援金が集まった。実演家である落語家が声を上げ、「実演の場」である寄席を支援するというのが、このプロジェクトの最大の特徴であった。*21 なお、購入型のクラウドファンディングでは、しばしばリターンが話題になるが、このプロジェクトのリターンは極めてシンプルだった。前掲プロジェクトのウェブページには以下のように書かれている。

今回は皆様からいただくご支援をできるだけ純粋に還元するため、リターンはシンプルな構成とさせていただきました。寄席のチケットをお返しすることも考えましたが、感染状況により見通しが立てにくい今、適切にチケットを運用し皆様を確実にご招待することは現実的ではないと考えたからです。
そのかわり、ご支援いただいた方だけにお渡しする限定品と共に、両協会から最大限の感謝のお気持ちをお届けするつもりです。

つまり、コロナ状況の先行きが不透明な状況では、いつ寄席を開けることができるか確定が難しいため、招待チケットのようなリターンではなく、支援金をシンプルに寄席の興行運営費に充当すると提案したのだ。こうした潔い透明性も含めて、このプロジェクトが大きな支持を集めたのであろう。

もう一つの事例は文楽座技芸員によるプロジェクト「『文楽夢想～継承伝～』文楽を未来へ繋げるための特

別公演を若手中心で企画しました！」（All-in方式）で、二〇二一年五月から二ヶ月あまりの間に、五〇六人から三四六万五五〇〇円の資金を集めた。これは、若手技芸員が中心の、普段の興行ではできないような自主公演企画への支援を募るものであった。この企画は、若手の者が中心となり、先輩がそれを支えるような立場で公演を行う点が注目された。師弟や親子が一緒に舞台に出るというような、通常では見られない配役の提案は、「ありそうでなかった」企画である。若手がこれを企画したという点も大きな特徴で、「若手を応援したくなる」ことが、多くの人の支援に結びついたと考えられる。また特筆すべき点として、こうした若手技芸員の企画に、桐竹勘十郎や二代目吉田玉男（いずれも国の重要無形文化財保持者（各個認定）、いわゆる人間国宝）などのベテランが理解を示し、リターンも含めて一緒にこのプロジェクトに参加していることが挙げられよう。さらには、公演場所が文楽の本拠地である国立文楽劇場だったことも、このプロジェクトが文楽界の理解と応援を受けているという印象を強く与えた。なお、このプロジェクトのリターンの中には、若い世代らしく、オンラインでの前夜祭、後夜祭、懇親会の開催が含まれ、オンラインではありながら、プロジェクト起案者たちと支援者がつながっているような体験型のリターンが目を引いた。このプロジェクトの詳細は、ウェブサイトを参照されたい。*22

伝統芸能とクラウドファンディングの関係性は、ある意味でコロナ状況の賜物とも言えるが、この先どのようにこの関係性が成熟していくのかは不透明な部分もある。支援を受けたい側にとっては、意欲的で進取性の高い企画をクラウドファンディングのサイトを通じて速やかに全世界に発信することが可能になり、すでにこうしたサイトを習慣的に閲覧する人もある程度いる。また支援したい側にとっては、クラウドファンディングのサイト運営会社以外に別の組織を介さず、支援対象に直接的に、しかもインターネットを通じて容易に支援することが可能である。こうした、支援を受けたい側と支援したい側を効率的に結びつけるクラウドファンディングは、これまで国内外に広く情報を拓くことがあまり得意でなかった伝統芸能にとって朗報となるかもしれない。

一方で「リターンをどうするか」、あるいは「All-or-Nothing型にするかAll-in型にするか」など、クラウドファンディングだからこそ生じる検討事項や選択肢がある。そしてその決断によって、自分たちが実現したい芸能がどのように実現できるのか、あるいは影響を受けるのか、ということを勘案しながら判断しなければならない。クラウドファンディングという、個別支援がビジネスモデル化された新たな仕組みが、伝統芸能の中でどのように定着し、展開していくのか注目される。

4-4　注目される動向

4-1～4-3のような様々な形の支援の後押しもあり、伝統芸能は復興に向かっている。4-4では、支援という形を取っているわけではないが関連の深い二つの動向を取り上げる。

まず、将来の実演家を幅広い枠組みで育んでいく事業として、文化庁が二〇二一年度から継続している「邦楽普及拡大推進事業」に触れる。これはコロナ状況下で発表の機会を失った高等学校の部活動及び大学の部活・サークル活動推進にかかる環境整備を目指す事業である。まずこの事業の特徴として、期間が単年度ではなく高等学校は三年間、大学は四年間というように、部活やサークル活動を含む生徒・学生の在籍期間に合わせられている点がある。こうした配慮は、将来的に伝統芸能を支える層を長い目で開拓するためにも有効であろう。また、事業の柱の一つに楽器の無償貸与を据えた点も特徴的で、高く評価される。伝統芸能を支える楽器製作者の厳しい現状に照らしても、こうした需要開拓のために腕を振るう機会が創出されたことは画期的である。執筆者は二年にわたり、実際に上智大学箏曲部と弘前大学津軽三味線サークルの聞き取り調査や練習・

発表の見学を実施した。そこで、伝統芸能に関心のある若者が、金銭的な負担を気にせず楽器を修理したり新調したりして目を輝かせて練習に取り組む姿を目の当たりにしてきた。初めての事業だけに、事務的な労苦や手際の難しさ、また生徒や学生の希望とのマッチングの難しさはあると推察する。それでもなお、伝統芸能の未来に関わる若者を育てる事業に、実演家の指導や発表の場の提供だけでなく、楽器の無償貸与を通して楽器製作者の関与も促し、より広い枠組みで伝統芸能界が後継者育成に関わるこの事業のような事例は、今後もぜひ増えて欲しいと思う。

第二に、本章1－1で触れた「選定文化財保存技術の制度」について直近の動向を取り上げる。*23 伝統芸能の楽器製作技術については、これまで保持者が個人で認定されることはあったが、団体での認定例はなかった。保持者認定の場合、保持者個人の認定が逝去等で解除されると、選定保存技術の継承が途切れてしまう可能性がある。伝統芸能にかかる選定保存技術の場合、家族単位の小規模な工房も多く、昨今の少子化の時代にあっては、保持者認定の解除による「技の継承の断絶」の問題も看過できない。そこに、相次いで二〇二一年「箏製作　三味線胴・棹製作」が選定保存技術に選定され、「邦楽器製作技術保存会」（東京和楽器の代表・大瀧勝弘氏が会長）が団体認定、翌二〇二二年「三味線製作修理技術」が選定保存技術に選定され、「三味線製作修理技術保存会」が団体認定された。このことはコロナ対策とは直接関係ないが、コロナ状況下で楽器製作に関しては初めて選定保存技術の保存「団体」が認定されたことは、技術継承の点で大きな意味がある。伝統芸能を支える技術を、個人の技としてのみならずその集合体として団体で保持していくことは、安定的な技の継承につながる可能性を拓く。そして伝統芸能を支える技の継承の基盤が整うことで、それを前提とした芸能の実演にも良い方向に作用すると期待できる。

4－4で挙げた二つの事例は、偶然にも東京和楽器の三味線製作にかかわっている。コロナ対策と銘打っていなくても、コロナ状況を見越した将来的な技術伝承とその技術が支える芸能の伝承を考えるとき、これらの動向は伝統芸能再興の一つの契機となり得るだろう。

5. おわりに――伝統芸能界の今後の鍵となる新機軸

二〇二三年五月八日には、コロナの位置づけが「新型インフルエンザ等感染症（いわゆる二類相当）」から「五類感染症」に移行し、社会生活もコロナ状況前に戻ろうとしている。並行して、コロナ対策としての支援も次々と終了した。本節ではコロナ状況が今後の伝統芸能に残したものは何だったのか振り返ってまとめる。

芸術文化を停滞させず、再興を促してきた公的支援は、伝統芸能の発信に新たなツールの後押しに門戸を開いた。伝統芸能の世界では、これまでどちらかというと消極的だったインターネットを使い、動画配信による実演やリモート「お稽古」を行うなどの試みに挑戦する実演家も現れた。動画配信に関しては、例えば東京都の「アートにエールを！東京プロジェクト」*24が代表な支援の例であろう。このプロジェクトの対象は伝統芸能に限らないが、これまであまり動画配信の経験がなかった実演家や、表現の場を求めていた若い層の実演家たちが、動画配信に踏み切るきっかけになった。ただし、劇場やホールでのリアルな実演が以前通り行える状況になっても、動画配信による表現が定着していくかは不透明だ。実際、すでに当該プロジェクトは終了し、プラットフォームもない。一方、インターネットを利用した「お稽古」も、舞踊や演技における空間把握や、伝統的に指揮者なしで息を合わせる音や声の指導となると、ハードルは高かった。そのため、現在は大半が対面稽古に戻っているというのが現状ではないかと思う。もっとも、距離の離れた国内外に向けたお稽古を続けている例はあるようで、これはコロナ状況が生んだ伝統芸能の（お稽古という伝承の）「場」の開拓につながっていると言えるかもしれない。また、今後もし、再びコロナ状況のようなヒトとヒトの直接的なコミュニケーションを制限する状況になった際には、このたびの経験を思い起こしてインターネットを表現や「お稽古」のツールとして使うかもしれない。

若干横道に逸れるが、執筆者が研究手段としてのインターネット情報収集に際して個人的に実感したのは、まず情報の幅広さ、更新の早さであった。その一方で、表れては消えていく膨大な情報から何を拾い集め、その情報をどう体系化して考察を深めるかは、時間との勝負の連続でもあった。今回の調査研究に際して、筆者は実際にあるタイミングで対面の調査研究に踏み切る決断に迫られる場面があり、インターネットを通じた情報収集と対面の調査を組み合わせでこそ辿り着く事実や知見があると実感した。

本章第2節で触れたように、コロナ状況前夜として、伝統芸能の屋台骨である楽器製作の現場の危機がすでにあり、将来を担う実演家の確保にも不安があった。そしてこれらを打開するには、需要の開拓、つまり伝統芸能を愛好し、それが長じてお稽古に通う弟子が増え、そこからプロの実演家が現われ、彼らのために楽器等の製作者が存分に腕をふるう、という回転を取り戻さなければならない。ただしその需要の開拓は、本章でコロナ状況下の伝統芸能界を取り巻く動向を振り返る限り、実演家だけ、劇場やホールだけ、あるいは企画・製作者だけ、教育関係者だけ、もちろん楽器等の保存技術者だけでどうにかなる課題ではない。これらの人々の連携が重要である中でも、とりわけ実演（家）と文化財保存技術（保持者）はお互いが存在するために必須の存在であることが強く浮き彫りになった。人々に芸能を披露する企画を立てたり、場を設《しつら》えたり、観客に足を運んでもらうことも芸能が成り立つために必要だが、そもそも文化財保存技術がなければ、芸能が芸能の体をなさず、披露することも叶わない。この意味での文化財保存技術の重要性の認識が、これまで希薄だったのではないか。したがって、特に実演家と文化財保存技術保持者の間でその認識を明確にした上で関係性を再構築し、その関係を今後の伝統芸能の新たな機軸として据え直すことが必要なのではなかろうか。実演と文化財保存技術、実演家と文化財保存技術保持者、三味線演奏家と三味線製作者、この軸として中心に据えられてこそ、周りに芸能の場や、それを企画する人、愛好する人や習う人を巻き込む次の段階に進み、一時的ではない継続的な需要開拓が実現できるのではないか。

伝統芸能に関して「需要の開拓」すなわち愛好家、それが高じて習う人、そこから生まれ得る実演家を増やす試みはもちろん重要で、需要があれば供給すなわち楽器製作などの文化財保存技術の必要性は自然に高まる、という考え方もある。しかし伝統芸能の文化財保存技術について考える時、一度途絶えた技術を復活させるのはそれほど簡単ではない。この技術の中には、原材料を見立てて仕入れ、特殊な道具の使い方や手入れ方法を身につけ、実演家の個別の注文に対応できる知識と経験を蓄積しなければならない。その技術の習得の多様さと複雑さを思うと、使い手である実演家（愛好家、習う人）を増やして「から」文化財保存技術の継承者を育成するのでは間に合わない。やはり文化財保存技術の継承者と実演の継承者の育成が同時に進み、両者の関係が一本筋の通った軸として伝統芸能の中心にあるべきではないかと思う。そして、このたびのコロナのように厄災が降りかかって、こうした育成環境が整えられない状況になれば、実演家や保存技術保持者自身はもとより、芸能の場（劇場やホールなど）やそれを企画する人、愛好する人や習う人がそれを伝統芸能そのものの危機だと察知し、理解して、声を上げ、公的・私的な支援で多層的に支えていくような関係性を築いていくことが重要であろう。

注

1 「伝統芸能」「古典芸能」「郷土芸能」「民俗芸能」など、日本の伝統的な芸能を表す用語はいくつもあるが、本章では、その芸能の実演を生業とする実演家が支えている古典芸能と、郷土芸能ないし民俗芸能とも呼べる地域性を帯びており、かつその実演によって対価を得る実演家が一定数いる芸能を併せて、特に「伝統芸能」と呼ぶ。

2 昭和五〇年(一九七五)の文化財保護法改定により創設された制度。文化財の保存のために欠かせない伝統的な技術・技能(すなわち「文化財の保存技術」)のうち、保存の措置を講ずる必要のあるものを「選定保存技術」に選定し、保持者や保存団体を認定する制度。

3 本章では「独立行政法人 国立文化財機構 東京文化財研究所」を「東京文化財研究所」と略す。

4 二〇二〇年四月〜二〇二三年三月にかけて発信された公演情報を収集し、当研究所ウェブサイト上で更新してきた(二〇二〇年六月から二〇二三年六月までほぼ毎月更新)。東京文化財研究所ウェブサイト「伝統芸能における新型コロナウイルス禍の影響」https://www.tobunken.go.jp/ich/vscovid19/influence/(二〇二三年一二月二七日アクセス)。

5 文化芸術推進フォーラム『新型コロナウイルス感染症拡大による文化芸術会への甚大な打撃、そして際しに向けて 調査報告と提言』(二〇二一年)は、文化芸術推進フォーラム傘下の団体に対して行った二〇一九年、二〇二〇年の実績アンケートを比較しており貴重な資料である。ここで集計されている「伝統芸能等」「能楽」「寄席」が、本章で扱う「伝統芸能」に含まれると思うが、具体的なジャンル(関連団体名)やアンケート回答数・回答率が不明なため、本章では参考にするにとどめた。

6 何らかの形のあるものを作る時に「製造」、形のない芸能なども含める場合に「製作」の語を使うことが多いが、本章では芸能と楽器等を同じ枠組みで捉えたいため、引用部分を除いて、芸能にかかわるものづくりについても「製作」の用語を用いることにする。

7 ただし、楽器（邦楽器）製作にかかわる全製作者が全邦連に加盟しているわけではないので、留意する必要がある。

8 ウェブサイト「首相官邸　令和２年２月26日 新型コロナウイルス感染症対策本部（第14回）」https://www.kantei.go.jp/jp/98_abe/actions/202002/26corona.html（二〇二三年一二月二五日アクセス）による。

9 特に全国の公立劇場・ホール等での公演情報は、全国の情報を一周収集する間にある程度の情報が更新され、消えていった可能性がある。

10 厚生労働省の取りまとめ（第一波から第八波）および東京医師会をはじめとする医師会の発表および加藤勝信厚生労働相（当時）の発言（第九波）によれば、コロナ流行の波は以下の時期と捉えられる。第一波：二〇二〇年三月から五月、第二波：二〇二〇年六月から九月、第三波：二〇二〇年一二月から二〇二一年三月、第四波：二〇二一年四月から六月、第五波：二〇二一年七月から九月、第六波：二〇二二年一月から三月、第七波：二〇二二年七月から九月、第八波：二〇二二年一一月から二〇二三年一月、第九波：二〇二三年七月以降か。ただし、二〇二三年五月八日をもってコロナの位置づけは、「新型インフルエンザ等感染症（いわゆる二類相当）」から「五類感染症」になり、これにともない、統計の方法や感染者数等の発表方法・間隔も変わったため（全数把握から定点把握へ移行）、第九波の時期をそれ以前と同様に定義することは難しい。

11 本章では「株式会社 東京和楽器」を「東京和楽器」と略す。

12 東京和楽器は、長唄、清元節、常磐津節などのいわゆる古典芸能の三味線のみならず、民謡や津軽三味線も手掛けるので、その影響がおよぶジャンルは邦楽、歌舞伎、民謡、民俗芸能、三味線を含むポップスやロックミュージックなど幅広い。また、製作だけでなく修理を担っていることも見逃せない。

13 該当する「音楽」には、一中節、荻江節、河東節、義太夫節、清元節、地歌、新内節、常磐津節、長唄、宮薗節など二五の芸能が指定されているが、三味線と関係がないのは尺八（ただし三曲合奏には地歌三味線が欠かせない）、琉球古典音楽、琵琶、長唄鳴物（長唄をはじめとする三味線音楽と合奏するのが基本）のみ。

14 こうした工程を専門に担ってきた「胴師」はすでに一人もいない。

15 一回目：二〇二〇年四月七日～五月二五日、二回目：二〇二一年一月八日～三月二一日、三回目：二〇二一年四月二五日～六月二〇日、四回目：二〇二一年七月一二日～九月三〇日。ただし、沖縄県のみ二〇二一年六月二一日～七月一一日にも緊急事態宣言が継続。

16 一回目：二〇二一年四月五日～九月三〇日、二回目：二〇二二年一月九日～三月二一日。

17 当該ガイドラインの主なものには例えば以下のものがある。「新型コロナウイルス感染症の5類感染症への移行に伴う博物館における感染予防の基本的方針」（公益財団法人日本博物館協会作成）、「新型コロナウイルス感染症の感染症法上の位置付け変更に伴う劇場、音楽堂等における感染対策のご案内」（公益社団法人全国公立文化施設協会作成）、「新型コロナウイルス感染症の5類感染症への移行に伴うクラシック音楽公演における感染予防のご案内」（クラシック音楽公演運営推進協議会）、「舞台芸術公演における新型コロナウイルス感染予防対策ガイドライン」（一般社団法人緊急事態舞台芸術ネットワーク作成）、「動物園・水族館における新型コロナウイルス感染対策ガイドライン」（公益社団法人日本動物園水族館協会作成）。

18 持続化給付金などの生活を支える制度も利用可能であったが、本章では伝統芸能の継承に直接的に関わる支援に絞って取り上げる。

19 4－2は以下の筆者執筆部分を一部改稿して再掲した。「報告③『新型コロナウイルス禍における伝統芸能支援の現状』伝統芸能とクラウドファンディング」（『【シリーズ】無形文化遺産と新型コロナウイルス フォーラム3「伝統芸能と新型コロナウイルス――Good Practiceとは何か」報告書』、pp.33-36、東京文化財研究所、二〇二二年)。

20 「寄席の危機に想いを寄せて——江戸から続く落語・寄席文化存続にご支援を」『READYFOR』https://readyfor.jp/projects/yose/announcements (二〇二三年一二月二五日アクセス)。

21 本章では大きく取り上げていないが、伝統芸能が成り立つためにも「場」も必要である。しかも伝統芸能の場合、緞帳や、山台や屏風などの舞台設営スタッフ、特殊な舞台機構が必要なこともある。こうした「場」を整えることも、伝統芸能の重要なファクターで、こうした「場」の創出もコロナ状況如何にかかわらず、伝統芸能の抱える課題の一つと捉えている。国立劇場をはじめとする伝統芸能に関わりの深い劇場・ホールの改修による休館ラッシュと絡めて、今後の課題としたい。

22 「『文楽夢想~継承伝~』文楽を未来へ繋げるための特別公演を若手中心で企画しました!」『CAMPFIRE』https://camp-fire.jp/projects/view/419405 (二〇二三年一二月二五日アクセス)。

23 この制度の詳細については文化庁が刊行し、ウェブサイト上で公開しているリーフレット「文化財を支える伝統の名匠」(https://www.bunka.go.jp/tokei_hakusho_shuppan/shuppanbutsu/bunkazai_pamphlet/pdf/93821601_01.pdf 二〇二三年一二月二五日アクセス)も参照されたい。

24 このプロジェクトは、プロとして芸術文化活動に携わる人々(スタッフを含む)から動画作品を募集して都が準備した専用サイトで配信し、出演料相当(一人当たり一〇万円(税込)、一作品につき上限一〇〇万円)が支払われるものである。

参考文献

東京文化財研究所 無形文化遺産部 2021『無形文化財の保存・継承に関する調査研究プロジェクト報告書「伝統芸能

における新型コロナウイルス禍の影響」をめぐる課題』独立行政法人国立文化財機構東京文化財研究所無形文化遺産部。

東京文化財研究所 2020『日本の芸能を支える技VI　三味線　株式会社東京和楽器』東京文化財研究所。

前原恵美 2020「老舗三味線メーカー廃業の危機、音楽界への衝撃コロナ禍の苦境、逆回転させる発想を」『朝日新聞デジタル』https://webronza.asahi.com/culture/articles/2020082400011.html（二〇二三年一二月二六日アクセス）。

—— 2022「報告③『新型コロナウイルス禍における伝統芸能支援の現状』伝統芸能とクラウドファンディング」『【シリーズ】無形文化遺産と新型コロナウイルス　フォーラム３「伝統芸能と新型コロナウイルス——Good Practiceとは何か」報告書』東京文化財研究所、pp.33-36。

前原恵美、橋本かおる 2021「楽器を中心とした文化財保存技術の調査報告４」『無形文化遺産研究報告』15: 77-87。

文化芸術推進フォーラム 2021『新型コロナウイルス感染症拡大による文化芸術会への甚大な打撃、そして再生に向けて　調査報告と提言』https://ac-forum.jp/wp-content/uploads/2021/07/forum_report2021.pdf（二〇二三年一二月二六日アクセス）。

米原範彦 2019「純邦楽、深刻な危機　箏の年間製造数はたったの３９００」『朝日新聞デジタル』二〇一九年二月二五日、https://www.asahi.com/articles/ASM2M3W93M2MUCVL00Y.htm（二〇二三年一二月二七日アクセス）。

第2章　コロナを飼い慣らす――諏訪御柱祭2022

鈴木正崇

1. 諏訪御柱祭から考えるコロナ禍

1-1　コロナ禍の研究への視点

新型コロナウイルス感染症（COVID-19）の蔓延に伴い、二〇二〇年三月以降、多くの祭りや芸能が影響を受けた。中止・延期・短縮・変形・簡易化・消滅などの動きが広がっていった。ただし、細かく見ていくと、工夫を凝らして持続・維持する試みや、新たな創造の試みもあり、文化資源の流用で乗り切る動きもあった。本章は、後者の観点に立ち、コロナをいかにして飼い慣らすかという観点から、二〇二二年春に行われた諏訪御柱祭の挑戦を考察していく。飼い慣らすという発想は、「戦略」から「戦術」へというミシェル・ド・セルトーの考え方からヒントを得た。ド・セルトーは、権力や制度が秩序を創り出すことを「戦略（strategy）」、権力を懐柔し自家薬籠中の物にするしたたかな作用を「戦術（tactics）」とした［ド・セルトー 1987: 25-26］。コロナ禍でも「戦略」と「戦術」は交錯した。行政府のコロナ対策は、感染を避けるために、「三密（密閉・密集・密接）」の回避というスローガンを掲げて集会や対面行動を極力制限し、不要不急の名のもとに行動制限を加えた。祭りや芸能のようなパフォーマンスを主体にするものは不要不急の枠組みに入れられた。まさしく「戦略」である。他方、民衆は規制で行動が制限される中でも、既成の秩序の隙をついて「なんとかやっていく」方策を編み出していった。これが「戦術」であり、日常的実践で培われた智慧が物を言う。コロナ下の御柱祭を「戦術」の立場から見直すことは可能ではないか。民衆は「戦術」を展開してコロナを飼い慣らしたのではないか。これが本章の問題提起である。

御柱祭のコロナ下での調査は、対面が極力制限される中で行われた。インターネットの情報に大幅に頼らざるを得ず、十分な聞き取りはできていない。上社と下社の里曳きでは、了解を得て参与観察の形をとった。諏訪大社の春の御柱祭の終了後や、秋の小宮祭で補充調査をし、過去の調査を活かす試みも行ったが[*1]、決して十分とは言えない。

最初に、コロナ下の芸能を考えるための時期区分を行いたい。武漢封鎖の二〇二〇年一月二三日から、コロナが五類へ移行した二〇二三年五月九日までをコロナ期として、①コロナ以前（二〇一九年）、②コロナ蔓延期（二〇二〇年〜二〇二一年）、③コロナとの共存期（二〇二二年）、④コロナ以後（二〇二三年）に分けて考える。時期区分に基づき二つの方法が可能になった。第一は発生初期の緊張に満ちた短期間に特化する考察で、疫病退散の象徴となったアマビエをめぐる世相史を描いた［鈴木 2020］。第二は大きな祭りを時系列で追う試みで、今回取り上げる諏訪御柱祭の考察となった。時期は二〇二〇年四月から二〇二二年一一月で、コロナ期で言えば②と③にあたる。御柱祭は、数え年では七年に一度、六年ごとの大祭で「延期」「中止」の選択肢はない。毎年の祭りではないので、中止になれば、伝承の維持はかなり困難になる。祭りはどうしてもやらなければならない。こうした切羽詰まった状況下で、未曽有の危機を乗越えるドラマとして御柱祭を描こうと考えたのである。御柱祭研究は数多くあるが*2、コロナ禍という特別な状況を、悪戦苦闘を経て如何に克服したかという観点から検討すれば、伝承の継承や維持に関して新たな示唆が得られるのではないだろうか。

1―2 諏訪御柱祭

諏訪御柱祭二〇二二年の正式名称は「令和四壬寅年諏訪大社式年造営御柱《みはしら》大祭」である。諏訪大社*3の上社（前宮《まえみや》・本宮《ほんみや》）と下社（秋宮・春宮）の式年の祭事で、寅年と申年に行われる。上社、下社の各々の氏子が*4、山から直径約一メートル、長さ約一七メートル、重さ一〇トンの樹齢二〇〇年程の樅の巨木を一社につき四本ずつ、総計一六本伐り出し、上社は約二〇キロメートル、下社は約一二キロメートルの街道を、木遣りや進軍ラッパの吹鳴に合わせて人力のみで曳き、社殿の四隅に建てる。四月に山から里へと御柱を曳く「山出し（前曳き）」、五月に里の中を曳く「里曳き（本曳き）」が行われ、最後に社殿の四隅に曳き建てる「建御柱」を行う。御宝殿の遷宮を行って終了する。祭りの見所や楽しみは、「山出し」では、上社下社共に巨木の御柱が次々と急坂を下る「木落し」である。危険を顧みずに御柱にのって「諏訪人」の心意気を見せる。男の度胸試しに相応しい壮観な見せ場である。上社では小規模な「木落し」の後に冷たい水が流れる宮川に御柱を落として曳き渡る「川越し」を行う。

「里曳き」では、御柱街道に沿って神賑わいの余興の芸能が披露される。お祝いの長持《ながもち》*5、騎馬行列の時代絵巻が賑やかに展開する。御柱街道沿いでは、地元や外来者を問わず接待が繰り広げられる。下社では街中に多くの長持や踊りが繰り出して祭りを盛り上げ、騎馬行列も華麗である。最後の「建御柱」は時間をかけて柱がせりあがり、最後にくす玉が割れ、垂れ幕が下がって感謝の想いが披露される。住民は祭神には関心がなく、ひたすら柱を曳くことに没頭する。説明はいらない。祭りは楽しむものである。諏訪では、「御柱年」には嫁取りも家作りも控えてすべてが御柱一色となる。諏訪地方の氏子は二〇万人以上といわれ、親戚がこぞって参加し、沢山の観光客が熱狂する。諏訪が一つになる感動の大祭である。

諏訪大社の御柱祭の終了後も、諏訪とその周辺の社では「小宮祭」が続く。諏訪大社を「大宮」、それ以外の神社を「小宮」と呼ぶ。「小宮祭」は、大宮の摂社末社や小祠、同族神の祝神、道祖神、荒神に及ぶ。大半は秋の九月から一〇月である。かくして「御柱年」の一年が終わる。祭りは拡大・深化し、重層化・輻湊化する。諏訪の人々の日常生活に、御柱祭は深く組み込まれている。諏訪の人々は七年に一度の「御柱」を基準に人生を生きる。

御柱祭の創始は、諏訪円忠の『諏訪大明神絵詞』(延文元年・一三五六)には「桓武の御宇に始まれり」と記されているが、現行の御柱祭に近い形態は一六世紀末以降から近世初頭に成立したと推定されている[島田2007:46]。「御柱祭」の名称の初見は、上社大祝《おおほうり》の諏方頼隆が幕府に提出した延宝七年(一六七九)の『社例記』だという[櫻井2022:68]。中世には信濃国をあげて奉仕し、近世には高島藩の庇護の下で催行され、明治時代以降は「氏子」*6を主体に盛大に行われてきた。

御柱祭は、諏訪大社の神事であるが、基本は民間信仰である。*7御柱の曳行には独特の節回しの木遣りが朗誦される。上社では「山の神様お願いだ」という木遣りの声が御柱を動かす。木遣りを「鳴く」という。大事な所に来ると「ここで鳴け」と言われる。「山の神様」は本来は森や樹木や石や水に宿るカミだが、木遣りに組み込まれると、祭りの原動力を喚起する声の力に変わる。力を合わせ心を一つにして、人力で御柱を曳いて建てる人々を奮い立たせる。木遣りで柱が動く。カミの加護を得るという意識は常にどこかに残る。

2. 準備から山出しへ

2-1 準備

コロナ下の御柱祭では状況は大きく変わった。『御柱祭ガイドブック』(二〇二二年二月二八日発行)の冒頭の御挨拶で、[*8]諏訪大社大総代議長の小池沖麿氏は、「心を一つにするために必要な様々な機会が感染リスクを高めることにつながる――そんな状態で力を結集して安全に祭ができるのか」と問いかけ、「祭りの原点に立ち返り、大切なことは何かと改めて考えました」と決意を述べた。ジレンマの中で、試行錯誤の二〇二二年諏訪御柱祭は始まった。

木遣りは半分程度に縮小された。曳行に際しても酒類は禁止で、最低限の水分をとるのみであった。祭りの楽しみは、祭りの間の振舞いや終了後の直会の飲食である。祭りの後にはねぎらいの「ご苦労さん会」が開催される。しかし、今回はすべてが中止になった。

二〇二〇年三月以降、コロナ禍によって、諏訪大社の毎年の例祭は神事のみに変更を余儀なくされていた。御柱祭に次ぐ重要な祭事は、二月一日と八月一日に行われる下社の例大祭の春宮と秋宮の御霊代の遷座祭である。八月一日は「御舟祭り」とも呼ばれ、春宮から秋宮への巡行では御頭郷の奉仕による柴舟の曳きまわしが行われるが、二〇二〇年、二〇二一年は中止、二〇二二年は翁媼人形を奉持する行列のみを斎行し、二〇二三年に本来の形に戻った。ただし、二〇二一年でも、祭りの最後に行う相撲三番は決行され、二〇二二年も同様であった。すべての行事を中止するのではなく、できることは行うという方式であった。

七年に一度の御柱祭は中止も延期も許されない。その実現に向けて、通常以上に、「諏訪人」は大きな力を発揮し、最終的には、何とか祭りを行い、次回の六年後に繋ぐことができた。御柱祭は、面倒だが温かいネットワーク社会が基礎になっている。コロナ禍にもかかわらず実施できたのは、社会的基盤の強靭性に負うところが大きかった。

二〇二二年の御柱祭は、善光寺御開帳とも重なる日程となった。善光寺では、二〇二一年に七年に一度、秘仏である御本尊の御身代わり「前立本尊」（鎌倉時代・重要文化財）の御開帳を予定していたが、コロナ禍のために一年延びて二〇二二年四月三日から六月二九日まで行われた。観光業界は当初は御柱祭と善光寺との相乗効果を期待していたが、御柱祭は観客を制限したので、思惑通りにはならなかった。

2-2 伐採

御柱祭に先立って御用材を伐りだす作業では、大幅な日程変更を迫られた。日程変更は、コロナ禍が急速に広がり始めた時点で決定された。二〇二〇年四月二五日に北島和孝宮司が上社の「仮見立て」の中止を公表して、新たな日程を総代会に伝えた。*9 北島宮司が諏訪大社に奉職した一九八二年以来、日程変更は初めてのことだという。上社の御用材は、二年前の「仮見立て」で候補木を決め、一年前の「本見立て」で用材を正式決定する二段階が通常だが、二〇二〇年の「仮見立て」は中止、入山者を制限して二〇二一年六月九日に「本見立て」だけを行い、「仮見立て」を兼ねた。*10 御小屋山での「本見立て」は三〇年ぶりという記念すべき行事であったが、関係者のみで事前に外部には知らせず、小規模であったという。他方、下社の御用材は、三年前の「仮見立て」、二年前の「本見立て」、一年前の「伐採」が通常だが、今回は二〇二〇年に行う予定であった「本見立て」は中止して、二〇一九年五月九日に行った「仮見立て」を「本見立て」と見なして、直接に二〇二一年五月一〇日の「伐採」に移行した。*11

二〇二一年になって準備作業は再開された。四月三〇日に、上社御柱祭安全対策実行委員会と御柱祭下社三地区連絡会議は、報道機関を対象にした説明会を諏訪大社下社秋宮で開き、上社「本見立て」を六月中、下社伐採を五月中に行うと発表した。[*12]新型コロナウイルス感染拡大防止のため、最小限の人数で実施することにした。上社御柱祭安全対策実行委員会の笠原透実行委員長は「仮見立てはしていないが、時期的に本見立てが終わらないと搬出業者の入札ができず予算が立てられないということから、六月中ならできるだろうと決めた」と説明し、参加人数は大総代や大社神職などを含め多くても四五人であるとし、少ない人数で行う方針を示した。下社三地区連絡会議の北村卓也会長は、通常は前年に行っている下社の伐採について「いつなら実際に可能になるか、搬出、曳行とスケジュールを考え、五月中を予定したい。コロナの影響があり、この日で絶対できるということは明言できないが、タイミングを見計らっていく」と話した。下社の伐採は同町の東俣国有林内で行うが、北村会長は氏子に「誰一人山に入らないでほしい」と呼びかけた。大総代など関係者は伐採の二週間前から健康チェックを行った上で、入山許可証を配布し、国有林入り口付近の道路は当日、交通規制を実施する。「関係者以外が山に入った場合は速やかに退出する仕組みを作っていく」と述べた。

上社の御用材伐採は、御柱祭直前の二〇二二年三月が通例だが、コロナの感染状況が見通せないこともあり、前倒しして二〇二一年一〇月一四日と一八日に行い、すべて事後報告とした。[*13]御柱山である御小屋山（茅野市玉川）からの御用材調達は一九九二年以来三〇年ぶりの慶事であったが、観客者なしで、入山者は大社神職、大総代、山作衆、[*14]伐採奉仕会など最小限の関係者一〇〇人余りに絞った。事前の体温測定やマスク着用など感染対策を徹底し、木遣りやラッパ吹鳴はなかった。時間短縮のため、斧《よき》と鋸《のこぎり》とを使う手作業だけでなく、電動式のチェーンソーを使って、一本につき一、二時間ほどで伐採を終えた。終了後、八ケ岳中央農業実践大学校（原村）敷地内に仮置きした。上社は皮がついたままの御柱で乾燥作業は行わないのが通常だが、半年間の前倒しの伐採で、図らずも乾燥の期間が設けられた。初めての出来事であった。

下社の御用材伐採は、二〇二一年五月一〇日に入山者を制限して東俣国有林で行った。*15 地元住民に対しても「御柱伐採の日程は御柱伐採実行委員会の中で情報を共有するのみで、他言無用」という情報統制を引いた。*16 参加者は通常の五分の一の一五〇人で、作業は林業者（杣人）が担当し昼前に作業を終えた。伐採は、見物人がきて密集するのを避けるために、日程は事前には知らせず事後に公表した。今回の御柱祭にあたり、なぜ、祭りを行うのかという新聞記者の問いに対して、伐採を担当した人々の一部には「諏訪信仰」のために行うと答えた人もいた。危機下の御柱祭で「諏訪人」の心意気が新しい表現をとったものと思われる。

2-3 始動

伐採終了後に、御柱祭の具体的なやり方についての協議が本格化した。二〇二一年一〇月二二日に、第一回諏訪大社御柱祭情報共有会議が諏訪市役所で開かれた。二〇二二年の御柱祭での情報発信や受け入れ体制の整備、誘客を担う諏訪六市町村などの担当者ら約四〇人が初めて顔を合わせたのである。会議では、御柱の曳行に関しては新型コロナウイルスの感染警戒レベルに応じた方法を検討すると共に、オンラインツアーや誘客番組制作を進める御柱祭観光情報センターの取り組みに理解を求めた。この時点では観光客を受け入れることを想定していたのである。二〇二二年の御柱祭の予定は、上社の山出しは、四月二日（土）・三日（日）・四日（月）、里曳きは、五月三日（火）・四日（水）・五日（木）、下社の山出しは四月八日（金）・九日（土）・一〇日（日）、里曳きは五月一四日（土）・一五日（日）・一六日（月）と公表された。前回通り、御柱祭宣伝のための観光ポスターを数種類作って配布する用意が整えられ、*17 ポスターにはこの日程が記されることになった。コロナ下の御柱祭のあり方については、諏訪大社の広報担当神職が説明し、感染警戒レベルに応じた曳行方法を検討中とのべ、地元医師会の助言を参考に大社と総代会が協議していくことになった。*18

一一月八日に、新型コロナウイルス感染症対策分科会が、新たなレベル分類の考え方を発表した。その内訳は、レベル0（感染者ゼロレベル）、レベル1（維持すべきレベル）、レベル2（警戒を強化すべきレベル）、レベル3（対策を強化すべきレベル）、レベル4（避けたいレベル）の四分類で、レベルごとに「求められる対策」を設定した。ド・セルトーの言う「戦略」である。地元では、レベル分類に対応した具体的な対応策を、御柱祭の日程に沿って独自に立案することとした。諏訪のコロナ対策の基本方針は、一一月一五日に、ガイドラインとして設定された。*19 諏訪大社上社御柱祭安全対策実行委員会、御柱祭下社三地区連絡会議が合同で、スケジュール、感染対策の徹底など、祭行事等の実施のための判断基準を定めた。レベル0からレベル4に合わせて、御柱祭の場面ごとに基準を設けた。上社の場合は、①伐採、②仮搬出、③抽籤祈願、④抽籤式、⑤綱打ち、⑥木造り、⑦山出し、⑧木落し・川越し・御柱屋敷、⑨里曳き、⑩建御柱などに分けて、各場面に合わせて対策を細かく決めた。特に曳行路に関しては注意を払った。例えば、レベル4以上の場合であれば、⑦の山出しは御用材をトラックで搬送する。⑧の木落しは行わず、上社の川越しは宮川の水を御柱に掛けるだけとし、御柱屋敷まで搬送する。⑨の里曳きは曳き付け位置まで搬送する。⑩の建御柱は別途定めるとした。この対応こそ、「戦術」で、コロナを飼い慣らす基本施策であった。

焦点になったのは、最大の見せ場で多くの人が集まると予想される「木落し」であった。上社は、前回は「上社御柱祭誘客促進協議会」が有料観覧席を設置したが、今回はいち早く中止を決めた。下社は「木落し」を行うことを前提として、見学者用の有料観覧席の設置にこだわった。六年前は三日間で四六万八〇〇〇人が集まった。中止して車両運搬にした場合、観光客は御柱祭のハイライトが見られない。「木落し」が中止となれば、観光には大打撃となる。二〇二一年一一月二六日には有料観覧席の設置を決め、「下諏訪町御柱祭実行委員会」が、感染防止対策を念頭に準備を進めた。正式発表は、コロナの感染状況次第と考えて保留にしていたが、一二月二三日に告知された。[20] 観光客に対して、「御柱祭（令和四壬寅年諏訪大社御柱大祭）の祭事に直接触れなくても、御柱祭を実感し、諏訪圏域を楽しんでいただける旅行商品等の準備が進んでいます。整い次第、随時お知らせしていきます。」との知らせが伝えられた。木落し有料観覧席は、ネット販売とし、販売期間は二〇二二年一月八日（土）一〇時から一月二三日（日）二三時五九分とした。観覧者の参加条件は、①御柱祭のガイドラインに従う、②ワクチンの二回接種を原則とし、二週間前からの健康観察と健康チェックシートの提出などが必要、③チケット購入者と氏子との混在を防ぐために専用シャトルバスの利用を推奨、④バス乗車前と観覧席入場前に参加条件を満たしているかチェック、⑤飲食は自分の席のみでお酒は控える、であった。厳しい条件の下で観光客の「木落し」の参観は可能とした。

観覧席にも変更が加えられた。前回はブロック席内は自由に座っての見学だった。今回は感染症対策として、密集を避けるため一メートル間隔で固定したパイプ椅子を設置する。価格も設営経費がかかり販売数が減少しているので四倍程度の引き上げとした。七三九〇席を用意し、ランクはSS（二万六〇〇〇円）、S（二万三〇〇〇円）、A（二万円）、B（一万七〇〇〇円）、車いす席（一万七〇〇〇円）に設定した。お土産・お弁当つきで、お土産は、地元名産の諏訪湖まめ、味噌、黒曜石入りの麦茶パック、ワカサギの甘露煮、御柱祭ガイドブックなどを取りそろえることにした。かなり強気の観光戦略を練り上げたのである。ただし、コロナの感染警戒レベルが4以上の場合は「木落し」は行わない。その時は有料観覧席の利用は中止となるとの条件つきである。一月の時点では、御柱祭のハイライトである「木落し」は何としてもやりたいという熱意に溢れていた。地元の人々のこだわりが感じられた。

2-4　挫折

事態が大きく動いたのは、二〇二二年二月二二日であった。上社本宮参集殿で、曳行を担当する氏子組織の「上社御柱祭安全対策実行委員会」と、「御柱祭下社三地区連絡会議」の記者会見が行われ、[*21] 四月に開催される「山出し」では氏子による曳行を断念し、トレーラーなどの車両で御柱を運搬することになった。[*22] 祭りの長い歴史で初めての事態であった。大総代の一人は「コロナに負けた」と涙をぬぐい、悔しさをにじませたという。「人力での曳行」が地元にとって如何に大切かがわかる。今後は、感染防止に万全を期し、五月の「里曳き」については予定通り実施できるよう準備を進めるとした。「氏子のことを思えば苦渋の決断。断腸の思いだ」と語った。上社の笠原透実行委員長（七五歳）と下社の小林正夫会長（七二歳）は、悔しさをにじませた。新型コロナウイルスの終息が見通せない中ではやむを得ない判断であった。「山出し」は日程変更を余儀なくされ、上社は四月二日から四日までを四月二日のみ、下社は四月八日から一〇日を四月八日・九日とした。他方、里曳きは何としても人力でやりたいという意向が強く、日程の変更なしで内部調整を行うことになった。前回の六年前の観光客は上社山出しだけで五二万人に達していた。[*23] 今回も多数の見学者の参加が予想され、コロナ禍状況下では、「人力」による山出しは到底無理で、「車両」での御柱の運搬は必須の状況であった。

二月二二日には下社木落しでの有料観覧席の中止も発表された。設置の基準は感染レベルのガイドラインに従って、感染レベル4以上で中止としていた。当時、長野県全県では感染レベル6で、まん延防止等重点措置が三月六日まで延長され、設置できる状況ではなかった。観覧席の販売はすでに終了していたが、チケットは払い戻しと決定された。観覧席のお土産セットはすでに五〇〇〇個を発注済で、キャンセルは効かず、ネット販売をすることになった。二月二二日以降、「里曳き」への準備に全力を尽くすことになる。

従来の御柱祭と最も違う点は、コロナ禍で感染レベルに応じたガイドラインができたことで、感染レベルによって御柱祭のやり方が違ってくる。地域独自の大規模なガイドラインの設定は、国内の他の地域や祭りではあまりなく、諏訪地方の結束力の現れとも言える。

2－5　山出し

トレーラー運搬は上社と下社では相違があった。上社は四月二日に綱置場で綱渡りの神事を行い御柱をトレーラーに乗せて御柱屋敷まで運搬した。車両運搬のために、通常の御柱街道とは道筋を変えたので沿道での長持などの余興の芸能は行われなかった。木遣りも歓迎の踊りもなく、淡々と作業が進んだ。観客はほとんどいなかったという。通常は三日の作業を一日に短縮した。ただし、「川越し」ではトレーラーに乗せたままの御柱に宮川の水をかけて清めた。「川越し」は「御柱清め」ともいい、水による清めは必要であった。

他方、下社は氏子の役員が隊列を組んでトレーラーに付き添い、沿道では余興が奉納され、日程も二日間とするなど、上社との違いが顕在化した。四月八日に棚木場《たなこば》で御柱の前で綱渡りの神事を行って清めてから、御柱をトレーラーに乗せ、付き従う隊列を整えて役員が先導した。旗係、元綱係・梃子係（一〇〇名）、御幣運搬（軽トラ二台）、御柱運搬トレーラー（御柱二本ずつ）、追掛綱係（四〇名）、清掃係（軽トラ二台）からなる大行列となった。

下社の春宮一の柱と春宮二の柱の運搬では、氏子が御柱を模した小さな丸太を曳いた。これは模擬御柱で、春宮一の柱の大御幣《おんべ》奉持者が、大御幣を支えるためにと企画した。御柱と同じ樅の木で作り、曳き綱を付け、道中は奉持者が丸太の上に大御幣を掲げてロープで引っ張って曳行を再現し、梃子係が御柱をかじ取りする梃子棒を使って誘導した。春宮一の柱の奉持者の増沢亮平さん（五〇歳）と駒場豊さん（五〇歳）は「この場に来られなかった仲間の分まで精いっぱいやり、楽しむことができた」、春宮一の柱の梃子で副係長市川久司さん（六二）は「小さい模擬的な御柱でも梃子ができたことはうれしい」と述べた。*24 人力での山出しにこだわったのである。

萩倉では、沿道で二日間にわたり、萩倉長持会が長持だけでなく花笠踊りや太鼓の演奏を披露した。御柱がやってくると、子供から大人まで一〇人ほどが花飾りをつけた丸笠を手に持って出迎えた。トレーラーに付き従う隊列の氏子からは歓声が上がって木遣りのお返しも行われた。沿道は見物客であふれた。太鼓役で副会長の北沢大悟さん（四一歳）は「少しでも祭りに参加して盛り上げたい」と述べ、一ヶ月後の里曳きに向け「次こそはみんなでやりたい」と誓った。沿道の氏子はコロナ禍での制約を守りつつ、工夫を凝らして、トレーラー運搬の御柱を盛り上げたのである。

山出しのトレーラー運搬を終えて、八本の御柱が勢ぞろいした注連掛では、下諏訪町第一区と第三区の氏子たちが、最後に到着した下社最大の秋宮一の柱に集まった。長さ三〇メートル以上の綱二本を先端の輪なぐりにかけ、柱の中ほどまで伸ばして折り返すと、木遣り唄が響いた。曳行長の有賀守さん（六七歳）は「お連れした神様を山にお返しできた。できることを精いっぱいやれた」と語った。二本の綱は、本来なら柱に最も近い元綱の男綱《おづな》と女綱《めづな》として山出しの曳行に使われる。今回の御柱では氏子の手で曳かないため不要となったが、伝統を途絶えさせてはならないとの強い思いがあって二本の綱を使った。「これがないと山出しはできない」という。進行方向の左側の女綱は、第三区の四王《しおう》地区の担当で、地元で育てた稲藁でより上げ、受け継ぐ技術が活用された。綱の直径は三〇センチ、重さは一トンに及ぶ。右側の男綱を担当する第一区は、市販の縄から直径三五センチ、重さ五〇〇キロ以上の綱を作った。二本の綱は、神を迎えるために、八日夕方に棚木場に安置されていた秋宮一の柱に取り付け、九日午後の山出し出発前に外していた。男綱の元綱長高木教行さん（四五歳）は「何が正解かは分からないけれど、自分たちにできることはやれた」。四王御柱祭典委員長の小林清一さん（七六歳）は「最低限のことは次につなげられた」と述べた。注連掛では無事に御柱休めが行われた。

伝統を絶やさないために、六年後の御柱祭も視野に入れて、コロナ下であっても、様々な工夫が凝らされたのである。

3．里曳きと建御柱

3–1　ガイドラインの見直し

四月に入って、コロナがデルタ株からオミクロン株へ変化したことに伴い、ガイドラインの見直しが行われた。「里曳き」へ向けての作戦の練り直しでもあった。二〇二一年一一月一五日に発表した御柱祭の実施に関するガイドラインでは、デルタ株までの特徴を踏まえて感染警戒レベル別の対応をまとめていた。二〇二二年三月二九日に長野県がオミクロン株の特徴を踏まえた感染警戒レベルの基準の改正を行ったことに対応して四月一五日付けで新たなガイドラインを設定した。下諏訪町御柱祭実行委員会が発表した「新型コロナウイルス感染防止対策ガイドライン（下社里曳き版）」の項目は以下のようであった。[*25] 1、開催期間及び対象者区分。2、感染防止策の基本方針。対象者①→観覧者　対象者②→関係者、催し物等を行う際の留意点、物販等を行う際の留意点。3、実行委員会の取り組みにおける開催判断の要件。4、実行委員会の取り組み。5、ガイドライン通知等。6、ガイドラインの更新。7、ガイドラインの適用。8、お問い合わせについて（事務局：下諏訪町産業振興課・下諏訪商工会議所・下諏訪観光協会）で、細かく規定が見直された。

「里曳き」が間近に迫った四月二六日に、「御柱祭に関するお知らせ」（下社版）が出された。主な注意事項は以下の通りであった。

●安心安全に御柱祭に参加・観覧のため、新型コロナウイルス感染症ガイドライン等が示されています。参加・観覧の際は、感染症ガイドライン等を遵守するよう、ご協力をお願いします。

●皆さまへのお願い

新型コロナワクチン接種推奨。食事以外はマスクの着用。参加一四日前からの健康観察(検温、行動管理)。人との距離を空ける。手指のアルコール消毒。

●参加者への対応

今回の御柱祭に参加する者(氏子)は、事前登録を行い、感染症対策を徹底したうえで参加します。従来のように曳行等に飛び入りでの参加はできません。新型コロナウイルス接触確認アプリ(COCOA)のインストールをお願いします。

●外部者への対応

上社御柱祭安全対策実行委員会で策定した「令和四壬寅年諏訪大社御柱大祭実施に関するガイドライン」(令和三年一一月一五日策定)を踏まえ、諏訪圏域以外から来訪される方につきましては、御柱祭のすべての祭事に関し、曳行路等への立ち入り、観覧をご遠慮ください。

●下社里曳きの観覧等を目的とした皆様へ

諏訪大社御柱祭すべての祭事に関して曳行路(規制線内)への立ち入りはご遠慮いただくとともに、会場周辺は混雑が予想されますので、観覧自粛をご検討ください。信州版「新たな旅のすゝめ」[*26]のルールを守り、健康観察を実施するとともに、臨時駐車場、JR下諏訪駅に設置するポイントにて検温や手指消毒をお願いします。

観覧の際は、現場係員の指示に従い規制線等の外側にて、社会的距離の確保を徹底し、大声での会話や歓声等は控えてください。

●感染防止対策

感染防止策の基本方針等 長野県新型コロナウイルス感染症対応方針及び感染症対策チームからの提言に基づき、基本的な感染防止対策については継続し、更に各家庭内での感染対策意識を強化し、家庭内での誰かに異常が見られた場合は参加しない事とする。対象者の感染防止対策、下記の内容を熟知し、厳守してください。

1．大人も子供もワクチン接種を推奨する。

2．基本対策として、不織布製マスクの着用、手指消毒、検温、および三密対策の徹底を図る。

3．曳行参加者は家庭内全員で一四日間の健康観察を行い、参加登録者で、かつ責任者が「健康・行動記録票」で確認済の者に渡された参加登録証のリストバンドを着用し参加する。

4．本人やその家庭内で体調に異変を感じた場合（発熱やせき、のどの違和感や鼻水、だるさ、味覚、嗅覚の異常等）及び関係する高齢者施設・学校施設等でクラスターが発生している状況又は学級閉鎖等がある場合は、その発生後二週間以内は自主的に参加しない事とする。体調に異変を感じた場合は、速やかに医療機関等に事前連絡のうえ受診する事とする。

以上のような詳細な注意事項や参加者・観覧者へのルールを定めて「里曳き」に臨むことになった。御柱祭という巨大な祭りをコロナ下でも何とか実施するために、地元で祭りの各行程に対応して、レベル0からレベル4までの類例がない細かな基準が定められた。*27 内容はすでに「戦術」の具体例として紹介したが、御柱祭の内容を知らなければ理解できない。よそ者の関与をできるだけ懐柔し、万全の準備を経たうえで、「里曳き」が行われた。

写真1　前宮の御柱の里曳き（2020年5月4日）

3−2　里曳きから建御柱へ①——上社

印象的だったのは、二〇二二年五月三日の上社里曳きの初日、茅野駅に降り立った時、駅構内や道路沿いに御柱祭のポスターが一枚も貼られていなかったことである。茅野駅の観光案内所は開いていたが、御柱祭に関する情報は、上社周辺の車両通行止めを指示する道路地図くらいしかなかった。観光客には、「六年後にいらしてください」という声もかけられていた。穏やかな形ではあったが、外部者の立ち入りの制限は見事に機能していた。後に訪問した上諏訪駅・下諏訪駅ともに観光案内所は閉鎖されていた。

一日目には、「御舟」の神事行列が本宮から出て、神職を先頭に行列を組んで前宮前に曳行された本宮一の柱まで出迎える。[*28] 神斧を持った山作衆が薙鎌を乗せた「御舟」に随行する。元々は御小屋山《おこややま》からの神迎えである。神事はコロナとは関係なく、粛々と進めた。一方、里曳きの日程には、いくつかの変更が加えられた。上社は、通常は一日目・本宮曳行開始、二日目・本宮曳行と曳き着け、三日目・本宮建御柱

写真2　上社の奉納騎馬行列
（2020年5月3日）

で三日間かけてじっくり行う。前宮は、距離が短いので一日目・曳行と曳き着け、二日目・建御柱の日程である。しかし、今回は一日目の混雑を緩和するために、前宮は二日目からの参加と一日ずらして、同日のうちに曳行と曳き着け、三日目・建御柱とした。三日目に本宮と前宮が同時に建御柱を行うことで人数の集中を回避したのである。見物人の分散が大きな狙いであった。前宮の里曳きは時間調整を巧みに行い、前宮正面の急坂の引き上げが大きな盛り上がりを見せた（**写真1**）。木遣りはマスクをつけながらも、各所で盛んに行われた。前回と比べて、女性の木遣りが増えて祭りの花形になり、子供の木遣りも増えた。*29 女性の曳行への正式参加の承認は一九五〇年であった［島田2007: 54］というから大きな様変わりである。*30 進軍ラッパの吹鳴は、吹き出し口にカバーのマスクをかけて唾が飛び散らないようにした。沿道沿いに設けられた御宿や桟敷の数は少なく、接待も行わず、酒類はすべてご法度となり、地区ごとの休憩所には「関係者以外の入室は御遠慮頂いております」という掲示があった。全体としては寂しさは隠せないが、天候には恵まれて里曳きはうまくいった。

御柱街道沿いでは、お祝いの長持が出ていたが数は少なく、創作の奉納踊りも少数であった。見物人は少なかったが、地元の人が中心なので、知り合いが多く雰囲気は和やかである。自分たちの祭りを取り戻したとも言える。街道沿いに展開する芸能のハイライトである神宮寺による騎馬行列は、旗持ちを先頭に露払い、御箱、

写真3　本宮前での傘踊りの奉納と草履とり（2020年5月3日）

長柄槍、赤熊などが続き、奴ブリが大きな喝采を受けていた（**写真2**）。子供たちの奉納踊りは、コロナのために集合練習が行えず、動画での個人練習を中心に準備を進めてきたというが、見事に演じきった。草履取りの子供は、芸傘が散らす紙吹雪の下で練習の成果を見せた（**写真3**）。今回は女性の参加が目立ち、元々男性だけの構成であった奉納芸能もコロナによって大きく様変わりしたと言える。本宮の前の「騎馬落し」では、可憐な馬上の稚児の殿様役の騎馬大将は、馬をおりて書状を宮司に差し上げる大役を見事に果たした。

三日目の本宮・前宮の建御柱は、登録者のみに参加を許可し外部の参観者はすべて入れなかった。本宮には、「建御柱の観覧はできません」「御柱祭一三〇〇年の歴史ある祭事に御配慮下さい」「警察、消防団、警備員の指示に従って下さい」と赤字で書いた警告板が掲示されていた。「一三〇〇年の歴史」という言説には、コロナを発生させずに、「伝統」を守って無事に御柱祭を成就させたいという想いが表れていた。「伝統」の言葉は伝家の宝刀のようであった。上社の建御柱終了後の垂れ幕には「諏訪人の熱き魂　次世代に繋ぐ祭りが御柱」「御柱最高！　心の中まで五月晴れ」など、コロナの文言は出てこない前向きの言葉が書かれていた。

写真４　下社春宮の木遣りのリストバンド（2020年５月15日）

３−３　里曳きから建御柱へ②――下社

下社の里曳きは、曳行参加を事前登録制とし、一四日間の健康観察票の提出と引き換えにリストバンド（参加登録証）を配布するという徹底した管理を行った。リストバンドは日程に応じて色分けして見分けがつきやすいようにした。外部からの参観者の参加は徹底して制限する方針で手段として効果的であった。赤字で書いた「コロナ感染対策実施中」の旗が各所に翻り、「指定リストバンド着用」の文字も併記してあった（写真４）。参加者を厳重に管理するために、病院での患者の個体識別に使用するリストバンドを導入したことは卓越したアイデアであり、地元の「戦術」に他ならない。

下社は上社のように田畑の中の道ではなく、街中が多いので特に厳重な管理下に置かれた。日程は、従来は春宮は曳行に時間をかけて、一の柱は一日目に建御柱まで、二の柱、四の柱は二日目、三の柱は三日目の建御柱で余裕をもって行った。秋宮も曳行に時間をかけて三日目にすべての建御柱を行った。今回は、春宮の里曳きの大半は一日目で終了し、建御柱は一日目に一の柱、二日目に二の柱、四の柱、三日目に三の柱と断続的に行い、春宮の狭い境内での混雑を避けて安全を心掛けた。秋宮の建御柱は一日目に大半の曳行を終えてすべての柱を下馬橋に集合させ、二日は街中の曳行のみとし、建御柱は三日目の平日にすべて行った。建御柱は、密集回避のために特に厳重に管理し、登録者以外は近寄らせなかった。今回の御柱祭のキーワードは上社・下社共に「安全」であった。上社は農村部の里曳きで規制はあるものの開放的で自由度は高かった。下社は街中で人が密集していたのでやや規制が厳しく、赤いコーンが外部者を威圧した。「安全」という言葉は、今回のコロナ禍でキーワードとなったが、「コロナ用語」であり、次回は使われないであろう。

街中の芸能は前回通りだが、規模を縮小して時間と場所の制限を行い、人数を絞って実施した。赤いコーンを設置して、出演者と観覧者の間を一メートル保ち、スタッフが注意を喚起してパトロールを行った。余興の場所は、秋宮への参道を、秋宮に近い上手の「騎馬エリア」と駅に近い下手の「長持エリア」に二分した。騎馬行列は一日目に行われ、前半は出陣騎馬七〇人、後半は凱旋騎馬五〇人が繰り出し、見所の殿様役の騎馬大将による「騎馬落し」も秋宮の前で無事に務めた。二日目には神賑わいステージ会場で、御諏訪太鼓が披露され、下諏訪町消防音楽隊、下諏訪町消防ラッパ隊、子供ラッパ隊が演奏を行った。長持は二日目は「長持エリア」で集中的に演じて街中に繰り出した。規模は縮小したが、お祝い気分に満ち溢れた祭りとなり、小規模の祭礼の良さを味わえたという見物人もいた。

秋宮の建御柱は境内への立ち入りを厳格に制限し、参加資格のないものは、塀の外から森を隔てて拝観するしかなかった。亡くなった親族に御柱祭を見せようとして、境内の柵の外で、祖父母と父母の数枚の写真の遺影をもって佇む岡谷出身の女性の姿が印象に残った。参加制限は地元にも分断をもたらしたのである。建御柱が終わると、くす玉を割り、垂れ幕を下ろして、華やかに祭りのフィナーレを飾った。垂れ幕のメッセージは、以下の通りであった。[*31] 春宮一「幾多の困難乗り越えて春一御柱ここに建つ」、春宮二「氏子の協力に感謝、大社に我が御柱建つ　コロナに打ち勝ち、頑張ろう！」、春宮三「祈　安寧平和」、春宮四「祝　氏子の皆様七年後にあいましょう」、秋宮一「伝え継ぐ御柱の技　天へ通じる光の道よ」、秋宮二「氏子の皆様ありがとう」、秋宮三「御柱・思いをこめて次代へ繋ぐ!!　七年後に会いましょう」、秋宮四「大祭を結ぶ秋四御柱」。いつもどおりの御柱祭の風景であったが、建御柱は名残を惜しむように時間をゆっくりかけて夜遅くまで続いた。

3−4　組織

コロナ下の諏訪の御柱祭の大きな特徴は、祭りを支える組織が内部に独自の感染症対策の集団を設置したことである。感染症対策のガイドラインに加えて、地区ごとに工夫して独自の感染症対策組織を作り上げた。例えば、本宮三の柱を曳行する宮川・ちの（茅野市）の梃子係は、「コロナ対策班」を立ち上げ、「コロナ特務班」が「アルコール消毒します」という旗を持って里曳きに随行した（**写真5**）。交代体制をとって電動噴霧器を背負って随行し、手指や小綱の消毒を希望する氏子の元へ駆け付けたり、多数が触れるメドデコや元綱などに噴霧したりした。[*32] 子供も大人も徹底して手指消毒して感染防止を図ることにした。背負い式の噴霧器は今回の御柱祭に向けて新規購入して、特別の「アルコール消毒します」の「のぼり旗」で常に存在がわかるようにして、機動的な対応をしたという。

本宮一の柱を曳行する豊平・玉川（茅野市）は、世話係が「消毒隊」をつくり、一日二〇リットル分の手指消毒用アルコールを持ち込んだ。前宮四の柱を曳行する本郷・落合・境（富士見町）は、上社御柱祭安全対策実行委員会や県の指針に準じた独自のマニュアルを作り、感染症対策を担う係を新設して曳行に臨んだ。本宮のお膝元の神宮寺の氏子はインタビューに答えて、自分たちの地区は、子供の頃は騎馬行列、青年の時は消防団、大人になると御柱祭と年齢順に組織と関わるので、今回も迅速に「コロナ対策班」を作って対応できたと語った。諏訪は「多重的な加入」に基づく組織の力が強靭なのである。「戦術」の面目躍如と言える。

写真5　上社前宮の「コロナ特務班」(2020年5月4日)

地区または区ごとにマスクを統一する動きも目立った。様々の制限が課される中でも、デザインを工夫してマスクで団結を表した。マスクはコロナ対策の実用品としてだけでなく、自分たちの地区のアイデンティティの表象となった。前宮一の柱を担当し、地区統一マスクを用意した四賀・豊田(諏訪市)では、協力一致で感染対策をしながら、氏子と氏子以外の観光客らを一目で区別するためだとした。マスクのデザインは、御柱祭に参加できる証明書の機能を果たし、独自のファッションを創り出して、団結の新たな表象になった。マスクに「遊び心」を加える工夫を施して、祭りの楽しさを演出した。マスクの機能を変えたとも言える。

上社御柱祭を終えた後、上社御柱祭安全対策実行委員会の笠原透実行委員長(七五歳)は、「人力での山出しができなかった分、里曳きにかける氏子の思いをひしひしと感じていた。里曳きでの氏子の楽しそうな表情を見ると、開催を決断して良かったと思っている。コロナ禍で様々な制約があるなか、感染対策を徹底してこれだけのことができた。曳行にしても建御柱にしても、次の世代に技術を伝えることもできたので、満足している」と語っていた。

諏訪市中洲、歯科衛生士岩波美由貴さん（四〇歳）は、前宮二の木遣りを担当した。「建御柱では、事故がなく無事に柱が立つように祈りながら鳴いた。コロナ禍でもいろいろな人の協力で大祭を続けることができ、喜びをかみしめている。」と語った。茅野市金沢、団体職員西沢稔さん（五三歳）は、元綱長として御柱祭に参加した。「綱で地域の氏子が一つになれた。コロナ禍で練習も打ち合わせもままならないなか、一致団結できた。境内にたどり着いた時は本当に良かったの一言。感謝しかない」と述べた。緊急事態宣言で導入された感染症対策によって、通常以上に絆が強化され、結束力が高まったと言えよう。

下社の場合も上社と同様の対策をとった。岡谷市、下諏訪町、諏訪市上諏訪の大総代でつくる「御柱祭下社三地区連絡会議」は、新型コロナに対応して曳行参加を登録制とし、一四日間の健康観察票の提出と引き換えにリストバンドを配布した。上社と異なり、街中が主体であるために、密集を避けてイベントの会場を分散することを心掛けた。また、赤いコーンで出演者と観覧者との距離を保つようにし、出演者も観覧者も安心して楽しめる催しとなるよう協力を求めた。実行委は里曳き版の感染症対策ガイドラインを策定して観覧者にも消毒ポイントでの消毒と検温を要請した。御柱を曳くには多くの参加者が必要だが、厳重な対策をとったので集まるかどうかが懸念された。しかし、氏子の参加は「予想以上」に多く、危機に対応して積極的に協力したという。人力による曳き建てに支障は見られなかった。一日目の沿道では上社と同様に観光客に観覧自粛を求めたので人出は少なかったが、見物人と氏子の棲み分けが徹底され、氏子中心の曳行に「御柱祭の本来の姿」を見る人々は多かった。町の中心部を曳行する二日目も人出は少なく、酒類は一切禁止されたので、泥酔者や目立った混乱は見られなかった。組織の統率力が見事に発揮された祭りであった。

4．祭りを振り返って――コロナを飼い慣らす

4―1　祭りの後

御柱祭終了後、諏訪地方観光連盟御柱祭観光情報センターが発表した人出の推計値は、上社と下社の山出し、里曳きを合わせた九日間の人出は一七万四〇〇〇人だった。*33 二〇一六年（一二日間）とは集計方法が異なるため単純に比較はできないが、前回は一八六万人だったので九・四％、一割弱にとどまった。内訳は、トレーラー運搬を導入し、三日間の日程を一～二日間に短縮した山出しは、上社が九〇〇〇人（前回五二万一〇〇〇人）、下社が七〇〇〇人（前回四六万八〇〇〇人）。人力曳行を選択した里曳きは、上社が七万八〇〇〇人（前回四一万人）、下社は八万人（前回四六万一〇〇〇人）に持ち直した。人出のピークは上社、下社ともに里曳きの二日目で、上社は三万人、下社は三万五〇〇〇人に達している。氏子と観衆の内訳は、氏子が九万九五〇〇人（前回二八万八〇〇〇人）、観衆が七万四五〇〇人（前回一五七万二〇〇〇人）だった。観覧を自粛し、誘客宣伝活動を控えたので、観衆は前回の四・七％に減少している。氏子の人数は、山出しはトレーラー運搬の参加者数を積み上げて推計した数字である。里曳きは、上社が各柱の参加者数を、下社はリストバンドの配布数を踏まえ、当日の状況も加味して推計した。同センターは「ガイドラインが出され、諏訪の皆さんがルールにのっとってやった結果だと思う」と発表した。

御柱祭期間中にクラスターが発生したという報告はないという。観光連盟会長の金子ゆかり諏訪市長は「文化や歴史の継承、コミュニティーの結束を図る上で重要な役割を担っている御柱祭本来の姿がクローズアップされた。観光や経済面に効果があることが理想だが、より良い祭りの形を構築していく一つの節目になれば」と期待を寄せた。

4-2　コロナを飼い慣らす

諏訪大社の御柱祭は、コロナ禍にもめげず、滞りなく終了した。いつもの御柱祭とは異なる緊張状態が生み出されたが、観光客がいない御柱祭を体験して、本来の祭りの姿に戻ったという想いは、多くの「諏訪人」に共有された。観覧を制限された見物人も同様であった。地元の人々は、「活用」「資源」「インバウンド」など外から与えられたスローガンに振り回されない生き方を求めることの大切さに気づいた。「文化的ヘゲモニー」［グラムシ 2008］の地元による奪還である。独自のガイドラインの設定や、祭りの過程に対応するきめ細かい基準の設定、柔軟な組織の創出と運用、「遊び心」としてのマスクなど、コロナを飼い慣らす工夫が散りばめられていた。地元ならではの「戦術」で、上意下達の「戦略」を換骨奪胎した。

御柱祭のエネルギーは、六年に一度という祭りを継承するために、何としても祭りを行い次世代に伝承を受け継ぐ必要があるという強い信念に支えられていた。熱い使命感がよそ者にもひしひしと伝わる祭りであった。「伝統」を受け継ぐという言葉もよく聞かれた。しかし、「伝統」を微妙に変えていく「戦術」によって未来に役立てることが大切なのである。

伝承の維持に関わって頻用される「伝統」の概念にも問題はある。「伝統」は近代概念であり、従来は意識されなかったものが近代への「対抗言説」として浮上した実践や思想である。「伝統」はtraditionの翻訳語であり、漢文学者の斎藤希史によれば、明治時代の英和辞典にはなく、大正時代半ばに現れ、昭和時代に多用されて定着したという［斎藤 2013: 11］。「伝統」は、その内実の説明は難しいにもかかわらず、強い言説として機能してきた。今回の御柱祭では、コロナ対策の注意書きのポスターに、桓武天皇の創始以来、一三〇〇年の歴史があるという言説が書き添えられていた。諏訪円忠の『諏訪大明神絵詞』（延文元年・一三五六）が根拠で、中世の伝承がそのまま現代でも援用されたのである。「伝統」には、変わりにくいものが含まれおり、御柱祭がコロナ禍に直面して、「伝統」の概念が重要性を帯びて、祭り執行の原動力になったことは確かである。しかし、「伝統」の維持のためには、内容を吟味して問い直し取捨選択することも選択肢である。「伝統」は微妙な形で変わり続けることで維持される。今回の御柱祭は「伝統」を批判的に見直す機会を提供したとも言える。

4-3 諏訪御柱祭2022

今回の御柱祭から見えてきた要点を、改めて以下のようにまとめてみた。

1 「諏訪人」の心意気が強く意識化された。通常の御柱祭以上に意気は上がった。七年に一度、人々が一体になる。「人力」で御柱を曳くことへのこだわりは、通常以上に祭りの原動力になった。手間暇と時間をかけながらも、最後にやってくる高揚感を共有したいのである。「身体の記憶」の呼び覚ましが人々の原動力であった。

2 「木遣り」へのこだわりである。甲高い独特の音声は人々を酔わせる。木遣りは独特の発声で、人々を鼓舞し、心を一つにする。一度聞いたら忘れられない「木遣り」。木遣りは「鳴く」と表現され、単なる人間の声を越えた「野生の叫び」のようでもある。「木遣りが御柱を動かす」という表現は祭りを担う人々に共有されている。「木遣り」は人智を越えたものとの交流、山の神への呼びかけだけでなく、祭りの場面や場所に応じて、臨機応変に内容や節回しを変え、即興的に感謝や祈願の言葉を入れる。諏訪の人々は普段から木遣りの練習を欠かさない。木遣りは日常生活に溶け込んでいるからこそ、御柱祭の原動力となる。コロナ禍を吹き飛ばす「木遣り」の役割は大きかった。

3 祭りの楽しみをもたらす芸能の役割の重要性である。人力で曳く御柱へのこだわりと共に、祭りを賑やかにする芸能は組み込まれなければならない。御柱を曳くだけでは、祭りの楽しみは半減する。騎馬行列、長持、花笠踊り、創作踊りは緊張感を解きほぐす。騎馬行列は、威厳ある奴ブリや子供の可憐な殿様姿が魅力で、祝い事につきものの長持のギシギシいう音やユーモア溢れる演出が、緊張感に満ちた御柱の曳行を和らげる。一生懸命練習してきた成果を披露したいという想いは広く共有されていた。

4　組織の力の見直しである。重層的で輻湊的な組織づくりのノウハウが、コロナ対策に徹底して生かされた。コロナ対策のために、何度も特別に会合を持ち、煩雑さをいとわず、地域独自のガイドラインを設定し、コロナ対策班を設置して、決定に従って実行した。これだけの作業ができたのは、七年ごとに繰り返す巨大な御柱祭を行ってきたノウハウが蓄積されていたからである。諏訪大社の御柱祭が終了すると、「小宮祭」が行われる。コロナ対策は諏訪大社の御柱祭と同様に実施されたが、ほぼ通常の体制に戻り、地域、同族などの地縁血縁の交流が展開した。近年進んでいた「小宮祭」の観光化は今回は食い止められ、地元が楽しむ本来の祭りを取り戻した。

5　「観光化」への自省作用である。下社では今回も二〇二二年二月までは、木落しでの有料観覧席を用意し、強気の高額料金で観光客を集める算段をしていたが、中止に追い込まれた。今回の御柱祭を通して、観光化は御柱祭をゆがめてしまったのではないかという自省の言葉が多くの人から語られた。「見せる祭り」への反省、イベント化・風流化・観光化された御柱祭への危機意識が芽生えたことは大きな成果で、祭りは「当事者」のものという意識が再確認されたといえる。

6　「伝統」とは何かという問いかけである。御柱祭は大きく変化してきた。最大の転機は、一九八〇年のNHK「新日本紀行」の放映で、その後にテレビで紹介され、「木落し」が集中的に取材されて有名になった。一九八六年に子供木遣りが登場し、子供が付随役から主役へ踊りでた。一九九二年にケーブルテレビの完全中継が行われ、祭り情報の共有化が容易になった。一九九二年にはヴィジュアル・フォークロア製作の映像記録

『諏訪の御柱――平成四壬寅年』が公開されて、伝統のあり方に大きな影響を与えた。一九九四年には長野県無形文化財に指定された。そして、一九九八年に第一八回冬季五輪長野大会の開会式で建御柱が披露され、東西南北に二本ずつ八本の御柱が建てられた。祭りの「資源化」に向かう動きで、娯楽化・見世物化を危ぶむ声が上がった。女性の参加に関しては、一九四四年に戦時下で男性の人手が不足し女性が初めて曳行に加わった。ただし、女性の曳行への正式承認は一九五〇年である。その後、女性の参加増加は増加したが、一九九二年には上社御柱のメドデコに女性演歌歌手を乗せたために非難が巻き起こった。今回の御柱祭は騎馬行列の余興の踊りに女性が多数加わり、ほぼ禁忌は解けたようである。ただし、建御柱に女性が乗ることには抵抗感が残る。「伝統」とは何かという問いかけは永遠の課題であるが、微妙に変えていくことで継続していく意志は共有された。

7　新しい文化の生成と地域の歴史の再構築である。元々御柱祭の年は、春には沢山の観光客が訪れるが、秋は閑古鳥がなくという状態に陥っていた。この状況を打開するために、秋の行事として、神仏分離で神社から流出した仏像を寺々で公開し、観光化にも役立てるという試みが「諏訪神仏プロジェクト」と名付けられて始動した。[*34] 二〇二二年一〇月一日から一一月二七日まで、諏訪とその周辺の多くの寺で仏菩薩像が公開された。[*35]「奉告祭」は九月三〇日は上社で、一一月二八日には下社で執行され、山伏が先導し、[*36] 二〇名以上の僧侶が行列を組み、法螺や銅鑼、妙鉢を鳴らして神仏を供養する散華を行った。神職は鳥居前で出迎えた。幣拝殿では神職と僧侶が合同して祝詞奉上と神前読経が行われ「神仏習合」を再現する画期的な試みが行われた。[*37] 上社では佛法紹隆寺の岩崎宥全住職が[*38]諏訪講式を復元して朗誦した。一五〇年間、神社での読経は中断していた。今回は御経を神前に「奉納」して頂くということで神前読経が可能になったという。神仏習合を復元する試みは全国的にも珍しく画期的であった。次回の御柱祭にも再び行うという。コロナ下での御柱祭の観光客を秋には取り戻すという大逆転は難しかったが、諏訪の新たな魅力を外部に発信した。「諏訪人」の新たな文化運動が生まれたといえる。御柱祭が縮小したので、「諏訪神仏プロジェクト」は多くの会合を持つことができ入念な準備によって成功に導いたのだという。怪我の功名と言えるかもしれない。

祭りは生き物である。危機の御柱祭を乗り切ったことで、少子化・高齢化が進む中でも祭りを継続していくノウハウと原動力が得られたようである。しかし、小宮祭では人手が足りず、他の地区の応援を得たり、建御柱をクレーンを使って行うなど、大きな変化があった。明らかに取捨選択が行われた。決して楽観的ではないが、「立ち止まって考えること」で得た体験は大きな意味をもったと言えよう。

4-4　コロナとは何だったのか

コロナは、人間社会に自省作用を促し、現代の社会・文化・経済の問題点をあぶりだした。発生をめぐっては議論があるものの自然界の動物からもたらされた可能性は高い。都市に住む人々による農山漁村の乱開発がコロナを呼び覚ました。環境破壊が原因であり、自然による人間への復讐の様相がある。ウイルスは数十億年にわたり生物と共に進化してきた「生命体」でありながら、細胞外ではまったく活動しない「物質」で、何かを宿主とすることで生息できるとされる。世界的流行、いわゆるパンデミックは、人類がウイルスを本来の宿主から引き離し、都市という居場所を与えた結果でもあるという。本来の宿主と共にあるとき、ウイルスは「守護者」にもなりうる［山内 2018］。人間はコロナを飼い慣らしたのか。結論から言えば、人間はコロナによって飼い慣らされたのではなかったか。御柱祭に戻して考え直せば、コロナこそ祭りの主役であったとも言える。

人間からの視点を逆転させて、コロナを主役に据えると様相は一変する。コロナは人間の思考力を越えた不可視の存在で、「疫神」のようでもある。予測不可能で試行錯誤の対策を無化するモノ。人間がとる「戦略」は対抗する相手を想定するが、仮想敵を設定する発想に問題があった。「戦術」によってうまく付き合っていくことが肝要である。人とモノと自然という大きな包摂の関係性こそが主役であり、人間が相互の関係性を結び直すことでコロナ禍は沈静化した。沈静化させたのは、目に見えない時間であった。コロナはかろうじてワクチンで防御したが、再び現れる恐れはある。ウイルスはいつかまた来訪神のように出現する。人類は長い歴史の中で同じ体験を繰り返してきた。目に見えないモノへの畏敬や恐れの念の喚起こそ、今回のコロナ禍で我々が得た最良の智慧だったのかもしれない。

注

1 御柱祭は、一九七四年以来、式年ごとに断続的に見学に行った。小宮祭は小和田の八劔神社、茶臼山の手長神社、四賀普門寺の足長神社、有賀の千鹿頭《ちかとう》神社などに参加し、塩尻の小野神社の卯年の小宮祭も二〇一一年と二〇二三年に見学した。

2 御柱祭に関しては、宮坂清通 1956、長野県教育委員会編 1972、宮坂光昭 1992、上田監修 1998、松崎編 2007 など多数の文献がある。石川俊介は、二〇〇九年以来の調査に基づいた考察で祭りの全容を明らかにした［石川 2023］。

3 江戸時代は諏訪大明神として上社と下社は別々に祀られていたが、明治五年（一八七二）に合併して諏訪神社となった。一九四八年に諏訪大社に改称し、一九五二年に宗教法人となり現在に至る。祭神は、上社は建御名方命《たけみなかたのみこと》、下社は妃の八坂刀売命《やさかとめのみこと》で、建御名方命は、出雲での国譲りで建御雷命《たけみかづちのみこと》に敗れて諏訪にたどり着いて祀られたとされる。

4　上社の氏子は、諏訪市の豊田・四賀・中洲・湖南、茅野市、原村、富士見町、下社の氏子は、岡谷市・下諏訪町・諏訪市上諏訪である。

5　嫁入りなど祝事に使う道具入れで、直方体の箱に長竿をつけ、前二人、後ろ一人でギシギシさせて担いで運ぶ。

6　「氏子」の表現が現れるのは、蟹江文吉によると、明治二二年（一八八九）だという［石川 2023: 122］。

7　御柱祭の根源には、山、樹、大地、風の信仰や、石や泉に祀られるミシャグジの信仰もある。

8　『御柱祭ガイドブック』（二〇二二）。広告が沢山入った観光客向けの本書は、祭りの期間中、書店の店頭から姿を消した。

9　『信州・市民新聞グループ』二〇二〇年四月二五日。本見立ては五月七日に予定していたので直前の決定であった。

10　「御柱用材8本に薙鎌　諏訪大社・上社、本見立て」『中日新聞』二〇二一年六月一〇日、https://www.chunichi.co.jp/article/269832（二〇二一年六月二〇日アクセス）。

11　「コロナ対策徹底　下社御柱用材伐採　来年の諏訪大社御柱祭を控え」『中日新聞』二〇二一年五月一一日、https://www.chunichi.co.jp/article/251524（二〇二一年六月二〇日アクセス）。

12　「下社の御柱用材は月内伐採、上社の本見立ては6月に　諏訪大社」『中日新聞』二〇二一年五月一日、https://www.chunichi.co.jp/article/246506（二〇二一年六月二〇日アクセス）。

13　樅の木が不足し他の地区からの調達を余儀なくされてきた。御小屋山の木を御柱に使うことは重要な意味をもつ。

14　玉川神之原の住人で、御小屋山を管理し、御柱の見立て、山の神祭り、伐採用具を清める火入れ式、伐採時の神斧入れ、御柱迎えの御舟の製作、御舟への随行、冠落しの神斧入れなどを行う世襲の儀礼集団で、八人から構成される。神斧は元禄三年（一六九〇）の大祝から授けられたとされる由緒ある朱塗りの斧である。

15　下社の御柱は一年前に伐採して木の皮を剥いて寝かし、水分を抜いて乾燥させて軽くする。上社は皮つきの用材で、当年に伐採して乾燥期間は短い。今回は上社はコロナ対策のために一年前に繰り上げた。

16　株式会社シュタール、「ブログ11　コロナ禍での諏訪大社下社の御柱伐採」二〇二一年六月一一日、https://www.stahl-ltd.co.jp/recruit/entry-info/felling_suwataisha-shrine/（二〇二二年五月一日アクセス）。

17　御柱祭のポスターは工夫を凝らして業者が作り、コンテストが開かれて優秀賞を競い合う。今回は、結果的に参観者は遠慮してもらうようにしたので、ポスターは無駄になった。

18　『長野日報』二〇二一年一〇月二三日。

19　御柱祭ホームページ「氏子の皆様へお知らせ」https://onbashira.jp/news/30/（二〇二二年一二月一〇日アクセス）。

20　「下社御柱祭　木落し観覧席の概要発表」『信州・市民新聞グループ』二〇二一年一二月二三日。https://www.shimin.co.jp/archives/5303（二〇二二年一月二三日アクセス）。

21　各々が上社と下社の御柱祭の運営組織である。下社の三地区は下諏訪、上諏訪、岡谷を指す。

22　「「コロナに負けた」　木落し中止　悔しさにじませ　里曳きに希望つなげる」『毎日新聞』地方版、二〇二二年二月二四日、https://mainichi.jp/articles/20220224/ddl/k20/040/073000c（二〇二二年二月二六日アクセス）。

23　「上社山出しの人出、過去最高の52万人に」『信州・市民新聞グループ』二〇一六年四月六日、https://www.shimin.co.jp/archives/845（二〇二五年二月一四日アクセス）。

24　「「神様」8本勢ぞろい　御柱祭、下社山出し閉幕」『中日新聞』二〇二二年四月一一日、https://www.chunichi.co.jp/article/450654（二〇二五年二月一四日アクセス）。

25 茅野市ホームページ「令和4年御柱祭特設サイト」https://www.city.chino.lg.jp/site/2022onbashira/（二〇二五年二月一四日アクセスアクセス）。

26 信州版「新たな旅のすゝめ」二〇二二年一月二六日改訂版、https://www.kuraigahara.jp/img/file.pdf（二〇二五年二月一四日アクセス）。感染防止の基本、旅マエ、旅ナカ、旅アトの注意事項、密の回避の項目からなる。

27 詳細に関しては、「氏子の皆様へのお知らせ」二〇二一年一一月一六日公表、https://onbashira.jp/news/30/（二〇二二年一二月一四日アクセス）。

28 薙鎌は鳥や蛇の形の鉄製の板で、御小屋山の神とミシャグジを祀ると山作衆は言う。鉄薙で農作業を脅かす風を切るとされる。江戸時代は玉川神之原から本宮への巡行であったが、明治以降は本宮から出る。神社神道の影響である。

29 木遣りは一九五六年に始まった木遣りコンクール以降に変質し、単純な節回しに変わってきたという。変化については［島田 2007: 55-57］を参照。

30 二〇〇四年以前は女性はメドデコに乗ることは禁忌であった。

31 『長野日報』二〇二二年五月一七日、http://www.nagano-np.co.jp/articles/93676（二〇二五年二月一四日アクセス）。

32 上社の御柱では、木の柱を前後部の穴に差し込みV字形に取り付けて若者が乗る。

33 『長野日報』二〇二二年五月二六日付、http://www.nagano-np.co.jp/articles/94097（二〇二五年二月一四日アクセス）。

34 準備は二〇一八年に開始され、二〇二一年に実行委員会を立ち上げ、神社と寺院を主体に、観光協会や博物館も協力した。

35 『諏訪神仏プロジェクト　公式ガイドブック』地域商社ＳＵＷＡ、二〇二二年参照。

36　吉野山の柳沢慎吾師（茅野出身）、宝光院（敬愛社）、甲斐駒の修験が参加した。

37　幣拝殿の左手に僧侶、右手に神職が座り、神職の修祓・祝詞奏上、僧侶の神前読経・如来唄・観音経読誦・大般若経転読・回向、神職・僧侶の玉串奉奠が行われた。併せてライブ配信が行われ多くの人に周知させることになった。配信にはかなりの費用を要したという。

38　山号は全鼈澤荘厳山、院号は大虚空蔵院である。

参考文献

石川俊介 2023『今に向き合い、次につなぐ――諏訪大社御柱祭の祭礼民俗誌』春風社。

上田正昭監修 1998『図説御柱祭』郷土出版社。

グラムシ、アントニオ 2008『新編　現代の君主』上村忠男訳、筑摩書房。

斎藤希史 2013「翻訳語事情［tradition→伝統］」『読売新聞』二〇一三年二月一八日付。

櫻井弘人 2022「諏訪系神社における御柱祭の受容と展開」『伊那民俗研究』29: 65-102。

信濃毎日新聞社 2022『御柱祭ガイドブック』信濃毎日新聞社。

島田潔 2007「近年の御柱祭にみる不変と可変――社会意識と祭りの動態」松崎憲三編『諏訪系神社の御柱祭――式年祭の歴史民俗学的研究』岩田書院、pp.37-75。

鈴木正崇 2020「疫病と民間信仰――祭礼・アマビエ・鼠塚」玄武岩、藤野陽平編『ポストコロナ時代の東アジア――新しい世界の国家・宗教・日常』勉誠出版、pp.203-220。

ド・セルトー、ミシェル 1987『日常的実践のポイエティーク』山田登世子訳、国文社。

長野県教育委員会編 1972『長野県民俗資料調査報告』12（諏訪信仰習俗　諏訪大社御柱大祭の研究）長野県教育委員会。

松崎憲三編 2007『諏訪系神社の御柱祭――式年祭の歴史民俗学的研究』岩田書院。
宮坂清通 1956『諏訪の御柱祭』甲陽書房。
宮坂光昭 1992『諏訪大社の御柱と年中行事』郷土出版社。
山内和也 2018『ウイルスの意味論――生命の定義を越えた存在』みすず書房。

第Ⅱ部　場所と居場所

第3章　芸能の場所を維持する
――コロナ下日本におけるインドネシア芸能の活動

増野亜子

1．芸能と場所を考える

1―1　研究の目的と背景

本章は日本においてインドネシアの伝統芸能を実践する人々の、コロナ下での経験を考えるものである。インドネシアの伝統芸能、特にジャワやバリの伝統音楽ガムランや舞踊は、欧米やオーストラリア、日本や台湾などインドネシア国外でも広く実践されている。*1 日本には一九七〇年代に大学教育を通して導入され、現在は東京、大阪、名古屋、那覇等で、日本人や在日インドネシア人による上演団体が複数活動している。舞踊に関する統計資料はないが、ガムランに関する近年の調査では全国に一二九セットのガムランが存在し［増田 2019］、四八の演奏団体がリストアップされている［Deguchi and Benary 2017］。実践者の人口は他のジャンルに比べて多くはないとはいえ、こうした団体による公演やワークショップ、教室等の活発な活動を通して、インドネシア芸能は日本社会の一部として着実に根付いている。

コロナ下では世界中で芸能活動全般が停滞を余儀なくされ、度重なる感染拡大と収束の「波」の中で中止・延期・再開を繰り返した。様々なジャンルと文脈において、人々は感染防止と芸能活動を両立させ、活動を維持しようとしてきた［cf. Agamennone et al. 2023］。日本のインドネシア芸能には固有の実践形態や価値観があり、日本の他の芸能とも、インドネシアにおけるインドネシア芸能とも異なる、独自のコロナ下での経験がある（世界各地のコロナ下のガムラン活動についてはDiamond and Hibbs eds. 2020、バリの事例については本書第7章および増野2024参照）。

バリ・ガムランの研究と演奏に長く関わってきた筆者は、コロナ下の二〇二〇～二〇二一年に実践者と研究者によるオンライン座談会を実施した（文末表1参照）。座談会では計一五人の音楽家・舞踊家が活動状況を報告し、悩みやアイディアを共有した。その対話から浮上したのが、稽古場をはじめとする芸能実践の「場所」の重要性と、それらの「場所」のコロナ下での変化である。本章はこの座談会を中心に、インタビューやアンケート、筆者自身の経験に基づき、コロナ下日本におけるインドネシア芸能の「場所」をめぐる経験について、実践者のことばから考察する。*2

1－2　芸能を作る場所、芸能が作る場所

音楽はそれが生み出される場所と強く結びついている［Eisenberg 2015］。演奏空間の構造や材質は音の聞こえ方に直接影響する。青銅製のガムランはバリでは野外で演奏されることが多く、開放的な空間では心地よく響くが、ホールやスタジオのような室内では、音が壁に反響して、耳が痛くなることもある。また舞踊家は上演空間の広さや形状に合わせて演目を選び、フォーメーションを変える。場所はそこでの人々の知覚と行為に働きかけ、場所の属性は生み出される芸能のあり方に作用する［Eisenberg 2015］。同時に芸能もまた場所に働きかけて

特別な力を与え、新しい場所を生み出す。儀礼の場は芸能によって浄化され、音楽によって神聖な空間が生み出される。また芸術祭やコンサートなどのイヴェントは、しばしば人々の記憶の中でその土地の歴史の一部となる。互いを生み出す芸能と場所の関係を梶丸岳らは「場」と呼び、それは芸能の容器あるいは背景ではなく「ともに現れる co-emergent」ものだとした［Kajimaru, Coker and Kazama 2021］。

人文地理学は物理的・地理的・社会的な「場所」と、そこでの人々の行動の相互作用に着目してきた［cf. Cresswell 2015］。イーフー・トゥアンは人々がケアや保護を受けることができ、深い親密さを感じる場所として「家庭（ホーム home）」を位置づけ、居住空間の構造と、そこに暮らす人々の行動様式の相関性を示した［トゥアン 1993: 239-264; トゥアン 2018: 87-139］。トゥアンの「ホーム」論は「家族」と住居に関するものだが、芸能実践にも、親密さや安らぎと結びつく場所がある。特に人々が日常的に集まり、活動する稽古場やスタジオは、芸能活動とそのコミュニティを支える「本拠地（ホーム）」と考えられるだろう。

また教育学や心理学では、そこにいることで人が安心を覚え、自由を感じる場所を「居場所」と呼び、なかでも特に「他人によって必要とされ」「自分の資質や能力を社会的に発揮することができる」場所、つまり他者とのかかわりの中に居心地のよさを感じられる場所を、「社会的居場所」として論じてきた［藤竹 2000: 48-49; 中島他 2007; 藤原 2010; 中藤 2015参照］。ともに芸能活動を行うなかで人間関係やコミュニティが構築され、そうしたコミュニティと「本拠地」への愛着や帰属意識は、時に結び付いて人々の「居場所」をつくる。

本章ではインドネシア芸能の「場所」を、物理的空間・コミュニティ・芸能実践の相互作用によって生み出されるものとして捉え、コロナ下の状況がもたらした作用を考察する。コロナ下で、空間の属性やそこでの身体の配置、人間関係や実践形態はどう変化し、実践者はそれをどう感じたのか。芸能の「場所」、とくに「居場所」はどのように維持され、あるいは変化したのか。実践者の語りから考えてみたい。

2. コロナ下の場所と「密」

二〇二〇年、コロナ感染拡大により世界中で多くのイヴェントが中止・延期され、芸能上演の機会が失われた。日本では、特に二〇二〇年四〜六月の緊急事態宣言発出時に多くの公演が中止・延期され、インドネシア芸能の活動も大半が一時的に停止した。宣言解除後、活動は徐々に回復したものの、その後二〇二一年九月までに緊急事態宣言は計四回発出され、感染者数は増減の「波」を繰り返し、その「波」に翻弄されるように、芸能活動も停止、延期、再開を繰り返した。コロナ下では特に人と人の距離（ソーシャル・ディスタンス）や人口密度、換気が強く意識されるようになり、「三密（密閉、密集、密接）の回避」という用語で「新しい行動様式」が喧伝されたことが、芸能活動に大きな影響を与えた。合奏や合唱・群舞等の大人数の活動は、練習も含めて「自粛」され、多数の観客を対象とするイヴェントは中止・延期され、仮に実施されても参加者数が大幅に制限された。「密」の回避が活動のための新たな条件となったことで、もともと「密」になりがちだった芸能活動の「場所」の再編成が必要になったのだ。

コロナ下の状況は芸能活動における身体と空間に大きく作用した。インドネシアでは屋外や半屋外の開放的な空間で芸能を上演することが多いが、日本では公演や練習に使用されるホールやスタジオの多くが、防音効果の高いコンクリート壁の密閉空間である。こうした空間の属性は、コロナ下では特に否定的な意味を持つようになり、人々は「密」を避けるための様々な工夫を行わざるをえなくなった。

2–1　空間の再編——換気・消毒・楽器配置の変更・場所の移動

最初の緊急事態宣言下では多くの演奏団体が活動を一時停止したが、その後感染状況がある程度落ち着くと、

図１　通常のレヨンは12個の小型ゴングを４人で演奏するが、奏者ABと奏者A'B'は基本的にオクターヴ関係で同じパターンを演奏する。コロナ下の音の森では奏者ABのみの２名で演奏することにし、さらにABの間に距離をとることにした。しかし奏者Aが使用する小型ゴング（a）と奏者Bの使用する小型ゴング（b）は一部が重なっているため、単純に二分割して配置することができない。（作図：筆者）

マスクやフェイスシールドの着用、体温計測、飲食の禁止、頻繁な室内換気、手指・楽器・バチの消毒などの感染防止策を取りながら、慎重に活動が再開された。特に都市部では、練習に使用される公共施設やスタジオの多くが密閉された狭い室内にあり、人口密度も高くなりがちであるため、稽古場の環境にも手を加える必要があった。東京のバリガムラン・グループ、スカル・ジュプンは、感染防止策に加えて、地下のスタジオに二酸化炭素濃度計測器を設置した。代表の瀬戸宏氏によると、一五〇〇ＰＰＭ超を目安に、八〇〇ＰＰＭ以下になるまで換気することにしたが、換気中は音が外に漏れないように練習を中断する必要があり、必然的に活動時間の配分にも影響が出た（瀬戸、インタビュー、2022/4/22）。

また多くのガムラン・グループが、練習や公演の際の楽器配置を変更して奏者の間隔を確保した。この配置変更は音の聞こえ方を変えた。筆者も講師を務める東京の音の森ガムラン・スタジオのガムラン講座（以下、音の森）では、もともと楽器同士を互いに接するほど近くに配置していたが、コロナ下では楽器間を約三〇〜五〇センチ

写真1　音の森のレヨンのコロナ下での配置。白い枠線内の小型ゴングは同じ音高である。元の配置では二人が同じゴングを共用していた（写真提供：音の森、筆者編集、2020年7月29日）

メートル離すことにしたため、他のパートの音が少し聞こえにくくなった。[*3] また演奏中に他の奏者の動作が見えにくくなり、視覚的にタイミングを合わせたり、講師の手元を見ながら学習したりする際に支障が出た。バリのガムランは楽譜を用いず、指導者の体の動きを見て、音を聞きながら模倣して習得するのが一般的である。また合奏時も指揮者に合わせるのではなく、他の演奏者の動作と音、呼吸を感じることでタイミングを合わせるため、互いの距離の変化は演奏全体に大きな影響を与える。

　レヨン（一二個の小型ゴング・チャイムセット）は、通常四人の奏者が隣り合って座って演奏するが、コロナ下の音の森では互いの距離を確保するために、楽器台を二つに切り離し、二名で演奏した（**図1**、**写真1**参照）。

　音の森のレヨンの台はもともと分割可能な構造であったが、台上に載せる小型ゴングの配置は単純に二分割できない。**図1**のように、二人の演奏者の使用音域が一部重なっているからである。このため別セットから音程の近いゴングを追加して、**写真1**のように配置する工夫をしたが、演奏者はこの新しい配置になかなか慣れることができなかった。通常、奏者は聴覚だけでなく、身体的な距離感や視覚を通して音高やリズム・パターンを把握している。楽器配置の変化にあわせて身体感覚を再構築するにはそれなりの時間がかかるのだ。

コロナ下で練習場所を移動したグループもある。東京・江東区の深川八幡を本拠地とするバリ芸能グループ、深川バロン倶楽部は通常、神社境内で練習を行ってきた。日本では騒音に対する配慮から野外での演奏は一般に難しいが、バリと同じように開放的な野外で音が出せることは、このグループの大きな強みだった。しかしコロナ下では神社や近隣への配慮から、練習のために公共施設を借りたという。本来野外での練習は密閉された室内よりも感染の不安は低いはずだが、一方で練習風景が通行人の目にとまりやすい。代表の荒野真司氏は、野外での練習に人が集まることによって、神社に苦情が来て迷惑をかけることのないように配慮して、二〇二二年春まで境内での練習を控えることにした。荒野氏は境内での練習が「密」に見える理由について、「ガムランは音が「密」だから」と語っている（荒野、インタビュー、2022/8/17）。

金属の楽器を室内で叩くと、野外よりも音が響くため、無意識に力を加減しがちである。バロン倶楽部も室内練習に慣れてしまったせいか、二〇二二年四月に久しぶりに野外で練習すると、荒野氏の耳には以前のように楽器の音が鳴っていないと感じられた（荒野、インタビュー、2022/8/17）。感染不安や地域社会の目を意識して演奏空間が変化することで、一時的にせよ、生み出される音も変化を余儀なくされたことがわかる。

2-2　人数制限と移動制限

コロナ下の芸能活動では人数の抑制が求められた。二〇二〇年八月に筆者が出演した東京・世田谷美術館でのバリ・ガムランと舞踊の公演は、「なるべく小編成で」という依頼により、演奏三名舞踊一名で構成した。通常のイヴェントでは人を集めるべく宣伝するが、この時は人が集まらないように事前の宣伝は行われず、出演者も情報拡散を控えるよう依頼された。世田谷美術館ではコロナ下で中止された展覧会にかえて、あえて展示品のない建物の内部を見せる「作品のない展示室」というユニークな試みを行っていた。この日の館内には少数の来訪者がいた。公演は、館内放送で偶然、イヴェントがあると知った一〇人弱の人々を観客として実施された。主催したせたがや文化財団音楽事業部の佐藤根真愛氏によると、この異例の公演は、感染拡大の防止、コロナ下で演奏機会が激減したアーティストの支援、生演奏を聴く機会の区民への提供という三つの目的をもって企画された（佐藤根、私信、2020/8/27）。イヴェントの主催や企画に携わる人々も、コロナ下での芸術活動の継続を支えようと、感染拡大防止と両立するイヴェント実施方法を手探りしていたことがわかる。出演者にとってもコロナ下での公演機会は貴重であり、少数でも観客と音楽を共有できることは大きな喜びであった。またこのような出演依頼があったからこそ、公演のために練習を再開し、結果として活動が維持できたという側面も無視できない。芸能実践は演者の意思だけでなく、上演機会の設定によって可能になる部分もあるからだ。

公演だけでなく練習時の参加人数にも配慮がなされた。スカル・ジュプンは、緊急事態宣言時、練習時間帯を分けて人数を調整した（瀬戸、インタビュー、2022/4/22）。もっとも感染不安から公共交通機関の利用や他人との接触全般を避ける人も一定数おり、積極的に人数制限をしなくても、参加者が減少した団体も多い。日本のガムラン実践者には自宅に楽器を所有しない人、所有していても騒音への配慮から自宅では練習できない人も多く、移動制限によって楽器に触れる機会すらなくなることもあった。

2-3 「密」の再発見

大阪のバリ・ガムラングループ、ギータ・クンチャナを主宰する小林江美氏は、コロナ下での楽器配置や人数制限に対し、「密にならないでガムランができるか！」と思ったと言う（小林、座談会、2021/7/25）。小林氏は人が密集するバリの儀礼や、日常生活における人と人との距離感について触れながら「密にならないってことは、バリ人にはできないと思います」とも語っている（小林、座談会、2021/7/25）。このように「密」はガムラン関係者にとってバリ独特の身体性や空間性を想起させる概念でもある。

通常時にはバリ芸能において「密」はむしろ活気を生むものとして歓迎される。東京で二〇年続く阿佐ヶ谷バリ舞踊祭の実行委員長で、バリ舞踊家の松重貢一郎氏は「密」からエネルギーが生まれるという。

やはり人と人の物理的距離の近さは大事ですね。つまり、〝密〟になることでエネルギーが生まれるのです。コロナ時代に一番やってはいけないことですね（苦笑）。［増木 2022］

松重氏は、「密」を生むために大事なのは「場の一体感を生むこと」だとしている［増木 2022］。毎年八月初旬、阿佐ヶ谷神明宮の境内で開催される阿佐ヶ谷バリ舞踊祭は、多くの出演者と観客でにぎわう。松重氏はこの舞踊祭について「単純に神明宮で踊っているというだけ」ではなく、「何もないところにその瞬間だけ何かが出来上がらないと、それは場にならない」と言っている（松重、インタビュー、2021/8/30）。多くの人々が集まり、演者と観客が親密に交感して、場にエネルギーが満ちる時にはじめて、神明宮は舞踊祭の場になるということだ。それは、普段は静かなバリの寺院が、人々のエネルギーで祭礼の場に変わるのとよく似ている。バリの儀礼に必要不可欠とされる「にぎわい（ラメ rame）」もまた、大勢の人が集まることで生まれる活気を意味し、聴覚だけでなく視覚や触覚が連動した多感覚的な身体体験である［Geertz 1994: 9］。しかし「密」や「にぎわい」はコロナ下では避けるべきものとなった。阿佐ヶ谷バリ舞踊祭は二〇二〇年、二〇二一年は中止され、二〇二二年九月にようやく再開された。*4

「密」を避けることが前提となったコロナ下での演奏者同士の距離感について、横浜でバリガムラン・グループ、トゥラン・ブーランを主宰する櫻田素子氏は次のように語った。

〔コロナによって〕個人と個人のつながりの中に、一つ壁を作らなきゃいけない状態になっちゃってる。感染対策取るっていうことは、お互いにお互いが罹っているかもしれない、自分のことも疑うし、相手のことも疑っているという明らかな事実があって、そういう心の壁じゃないですけど、心の、ひとつ線を置かなきゃいけないっていうのは、〔中略〕〔今後〕パフォーミングアーツの形態っていうか、出来上がったもの自体が変わって行くんじゃないかって……。（櫻田、座談会、2021/7/25）

櫻田氏は実際に二〇二一年一一月の公演で「ちょっとサウンドが変わった」と感じたという。緊急事態宣言の影響で長期間稽古ができなかったことや、楽器の配置変更等の理由が考えうるが、何かが「スムーズではない」と感じられたという。しかしその一方で櫻田氏は次のようにも考えた。

バリの〔中略〕人間関係とか、その距離的に密な感じっていうのは、私たちには再現されないっていうのは、私は当然のことだと思っていて、その上での表現なので、それはそれで〔中略〕ガムランのまた別の表現っていう風に捉えてくれる人は結構〔いるのだなと〕、自分のグループで〔バリに〕行ったりして、いろんな人と会話した時に思ったんですね。だからこそオリジナルなものを作っていきたいっていう欲求はすごくあって。〔中略〕コロナのことも併せてですね、それによって育まれるものはどんなものなのか、それも表現だと思っているので。（櫻田、座談会、

2021/7/25)

コロナ下の制約の中での活動方法の模索は、自分が置かれた環境に向き合うことから独自の表現が生まれるという考えの延長線上にある。コロナ以前から、芸術実践者は日本とインドネシアの様々な違いと向き合ってきた。屋外で演奏しても苦情を気にする必要のないインドネシアと、狭い室内で周囲に配慮しながら活動する日本の違いだけでなく、人間関係の濃密さ、宗教や儀礼との関係、芸能観など、芸能の「場所」を構成する様々な違いを受容しながら、同時にそうした環境に働きかけて、活動のための場所を切り拓いてきた。コロナ下での様々な努力は、こうした場所をめぐる努力の一部でもある。

3.「居場所」を維持する

3－1 居場所への愛着

練習や物品保管のための拠点をもつことは、継続的な芸能実践にとって重要である。練習のたびに施設を借りる団体や、個人宅で活動する団体もあるが、稽古場を継続的に借り、講座の収入や公演出演料、会費を賃料にあてる団体も多い。しかし必要な広さと騒音対策、交通の利便性を兼ね揃えた場所を見つけ、維持することは容易ではない。特にコロナ下では公演や講座の中止による収入減が、家賃負担をいっそう重くした。例えば前掲の小林氏はグループの月会費と、グループ・メンバー以外を対象とする講座の収入をスタジオ維持費にあててきたが、コロナ下で講座は休止せざるをえず、「演奏活動ができないメンタル面の苦しさと経済的な苦しさのダブルパンチ」を経験した（小林、座談会、2021/7/25）。

一方、小林氏はメンバーが集まってスタジオの清掃と除菌作業を行った際の経験を次のように語った。

演奏活動で集まるのが楽しいだけじゃなく、もうちょっとこう長い活動歴があるものですから、集まって掃除するだけでも楽しいんですね。掃除のライブというか、そういう感じで、心と心がつながるような活動で、〔感染の〕危険のないものは何かということで、何とかつないできております。（小林、座談会、2021/7/25）

グループ本来の活動目的である公演の機会が失われても、本拠地に集まることでコミュニティは維持される。「掃除をしても楽しい」のは、本拠地としてのスタジオとコミュニティへの愛着が、一つに結び付いているからだろう。

3－2　活動に携わる人々の感じ方の差

座談会では、参加者の多くが活動の可否判断に悩み、グループのメンバー間の意見調整に苦労した、と語った。リスクがあっても活動を続けたい人もいれば、感染防止を優先し活動を控えるべきだと考える人もいたからだ。自身は実施に積極的でも、メンバーの意見に押されて公演を延期や中止を決めた人、議論を重ねても結果意見がまとまらず、後味が悪い経験をした人も複数いた。インドネシアやシンガポールでは、政府が社会行動規制のプロトコルを具体的な細部まで設定したことで、実施の判断基準が広く共有されたが（本書第6章、および増野 2024を参照）、「自粛」が基本姿勢とされた日本では、行動の可否は個人の判断にゆだねられた。そのため個々に状況や価値観の異なる人々が、一つの活動に従事することの難しさが改めて浮上した。

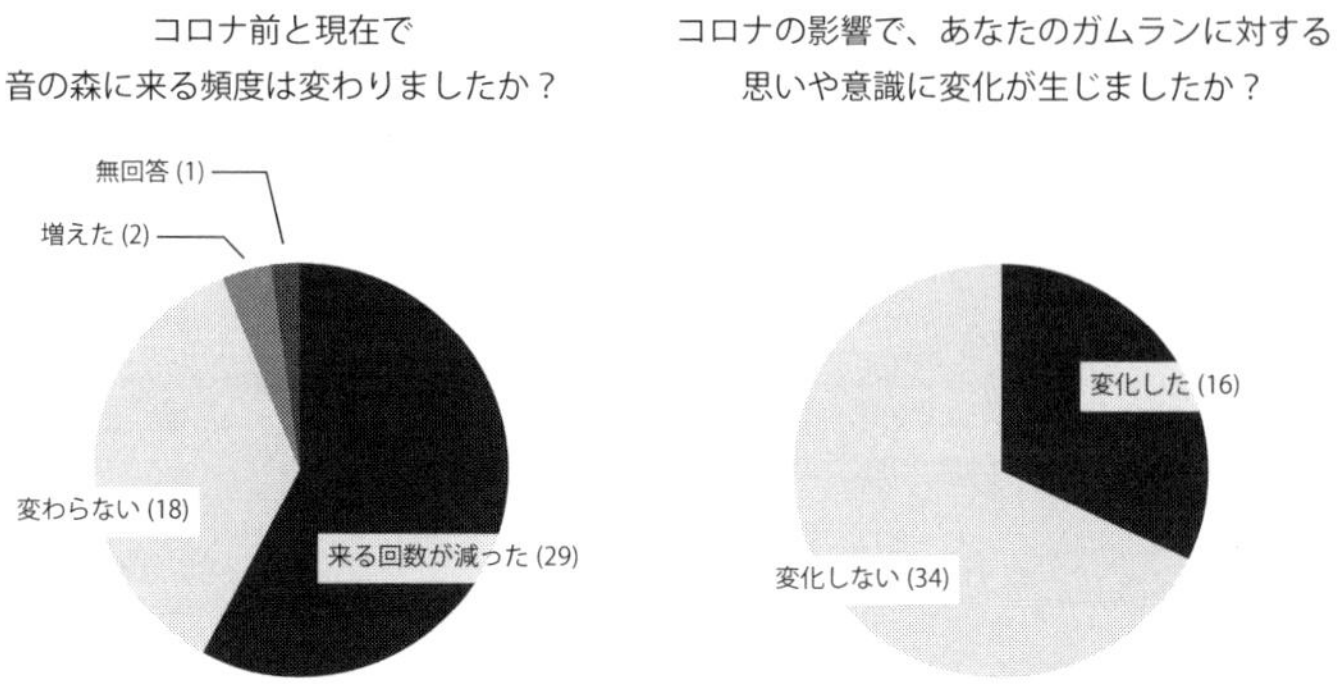

図２（左）、図３（右）　音の森受講生を対象とするアンケートの回答（総回答数50）

座談会の参加者の多くは団体の代表や指導者であったが、講座に通う「生徒」の立場の人たちは、コロナ下でのガムラン活動をどのように感じていたのか。筆者と共同研究者の吉田ゆか子は前出のガムラン・スタジオ音の森と共同で、二〇二一年一〇月に音の森受講生を対象とするアンケート調査を実施した。音の森はコロナ流行以前の二〇一九年時点では週四～五回の講座を開講し、長期・短期の欠席者や不定期的な参加者も含めると、約六〇～七〇名が在籍していた。

今回の調査では五〇名から回答を得た。このうち半数以上の二九人がコロナ流行以降では講座に来る回数が減ったと回答した（変わらなかった人は一八人、増えた人は二人、**図2**参照）。[*5] 回数が減った理由を聞く設問（選択・複数回答可）には、自分や家族の感染不安（二一人）、仕事の状況の変化（一〇人）、自分の気持ちの変化（九人）等の個別の事情をあげる人に加え、社会全体での感染防止に協力したいという回答（一七人）も多かった。

また、全体の三割（一六人）の人がガムランに対する思いが変化したと回答している（**図3**参照）。変化の内容を尋ねると（自由記述）、「ガムランの大切さをさらに感じた（類似回答が二人）」「自分の心の健康のために続けなければと思った（一人）」「以前より日常生活でガムランを聞くようになった（一人）」というように、活動の重要性が以前より増した人もいれば、「発表会がなくなって目標がなくなった（一人）」「たくさんの楽器が鳴る音が好きなのに教室に人が集まらない（一人）」といった理由で活動への意欲を失った人、「ガムランへの熱が冷めた（一人）」人もいる。コロナ下での心境の変化の有無も、変化の方向性も多様であることがわかる。

また「コロナ禍でガムラン活動を継続、あるいは再開する上で困っていること、悩んでいることはありますか」という問い（自由記述）には、上述の感染不安、演奏機会の減少、モチベーションの低下の他、「バリに行けないことの手詰まり感・閉塞感」や、「（講座の参加人数が減って）ガムランの醍醐味とも言える大勢でのアンサンブルができないのが残念」という回答もあった。また「正直なところ、感染のリスクを負ってまでやらなければならないものとは思っていないので、「不要不急のものではない」と言われてしまうと多少なりとも温度差を感じてしまいます」、「ワクチン接種をしている人、そうでない人が共存できる環境であり続けてほしい」といった回答もある。同じ講座生でも活動に対する考え方には差異があり、その差そのものに、居心地の悪さを感じる人もいたことがわかる。音の森の受講生は大半が社会人で年齢、職種、家族構成は多様である。個人的な状況や価値観の差異が、感染対策をめぐる姿勢や活動の可否についての判断といった形で、通常以上に際立つようになったのかもしれない。

代表の宮元雪絵氏は、アンケート実施前からコロナに関する講座生の意識の違いを感じ、講座実施の可否判断に悩んできた。宮元氏は、日頃から個々の講座生の状況を配慮しながら音の森を運営しているが、コロナ下で講座に来られない人に理由を尋ねて、私的な事情に立ち入ることには躊躇もあり、また仮に尋ねても、表面的な理由しか返ってこないこともあったという（宮元、インタビュー、2021/9/17）。宮元氏は悩みながらも二〇二〇年夏以降、スタジオを開け続けた。

〔スタジオを閉じて〕休むと人が戻ってこなくなるんじゃないかと思う。レストランでも何でも休んじゃえば、ああ休んでるんだーと思うと足が遠のくことになるじゃない？〔中略〕やっぱ常にあいてれば……。（宮元、インタビュー、2021/9/17）

スタジオを開けておくことには、今は活動を休止している講座生に対して、いつでも戻ってこられる場所があると知らせる意味もある。一時的に参加者が減少したとしても、本拠地を維持することで長期的には活動が持続できるのではないか。稽古場に対するこのような思いは、宮元氏だけのものではない。名古屋でバリ舞踊教室スルヤ・ムトゥを主宰する舞踊家・印貢陽子氏も、自身のスタジオは練習場所であるだけでなく、「対外的に、ここでバリの音楽とか舞踊とかを練習しているところがあるんだなってことが、公にわかる」という意味でも、重要な場所だという*6（印貢、座談会、2021/9/1）。スタジオは活動の本拠地であると同時に、地域社会における自分たちの存在を物理的に可視化する。そのような場所を持つことは印貢氏にとって「長年の悲願」であったという。しかし活動そのものがなくなれば場所の持つ力は失われる。「スタジオを開ける」ことは、本拠地を維持し、それによって活動を維持することでもあるのだ。

しかし、教室を「開ける」決断は、自身やメンバーの感染に対する不安を伴うものであった。コロナ下では、趣味や習い事は「不要不急」で「自粛」すべきだという雰囲気もあり、依頼を受けて活動する半職業的な演奏団体に比べると、講座の活動再開は遅くなりがちであった。例えば、東京を拠点とするジャワガムラン・グループのランバンサリや前出のギータ・クンチャナは、コロナ下でもグループの活動を完全には停止しなかったが、一般向けの講座は長期間中断した。

ランバンサリ代表の木村佳代氏は演奏依頼を受けて、一種の「仕事」として演奏活動を行うグループのメンバーとは異なり、週に一度のお稽古事として限定的に演奏に関わる講座生には、ガムランよりも感染防止の方を優先する人が多いと考えていた。ところが、講座にもガムランを大切に思う人が予想以上に多くいて、演奏の場を待望していることに気づかされたという。そしてこうした人たちに演奏の場を提供したい気持ちと、仮に開催して感染者が出た場合に責任がとれないという思いの間で揺れ、深く悩み続けた（木村、座談会、2021/7/11）。コロナ下では活動を継続するにせよ中止するにせよ、不安や懊悩が伴い、とくに主宰者には決断そのものが重圧であったことがうかがわれる。

3-3　社会における芸能の居場所

大阪を拠点とするハナジョスは、ジャワ出身のローフィット・イブラヒム氏と佐々木宏実氏夫妻によるジャワ芸能上演ユニットである。コロナ流行以前は月一〇～一五回の公演を行い、芸能活動で生計を立ててきたが、コロナ下では公演が次々中止になり、大きな経済的打撃を受けた。不安定な状況が長引くにつれて、佐々木氏は不安や疎外感を感じるようになった。

〔二〇二〇年〕八月九月くらいでようやく、ずっとこのままで大丈夫なんだろうかという危機感が突然大きくなってきて、ほんとに私たちみたいな仕事、芸能を仕事にしていると、社会が混乱した時には、本当に一番最初に後回しにされるというか、最初に「ちょっとどいて」といわれるんだなあという風に、まあ大震災の時とかにもそれは感じましたけれども、どうもそんなものではない、もっともっと数年にわたってこれは続くんだなというのが、突然夏になってこう、身に、身に感じてきたというか。（佐々木、座談会、2021/7/11）

公演の中止が続くと、自分たちの活動が不要なものとされ、「居場所」が脅かされるように感じる。芸能上演こそが社会に居場所をつくる手段であるからだ。「居場所」はそれが「ない」と感じられる時に、むしろ強くその重要性が意識されるという指摘〔原田・滝脇 2014: 123; 堤2002: ⅱ〕があるが、佐々木氏の言う「身に」しみこむような不安感は、まさにそれを裏付ける。

ハナジョスは自宅の一部を稽古場としており、そこでの活動はコロナ下でも維持された。ローフィット氏は、以前は自宅でガムランを教えることよりも公演活動を重視していたが、コロナ下では少数でも生徒が来て合奏できることが嬉しく、講座の前日に「いそいそとスタジオの掃除を始める」ようになったという（佐々木、座談会、2021/7/11）。稽古場は住宅地に位置しており、練習中の音は外にも漏れ聞こえるが、近隣との関係は良好で、苦情もなく活動を継続できている。インドネシアではガムランの音は一般的に騒音ではなく、音に対して苦情が来ることはほとんどない。しかし日本では、音量が大きいガムランの稽古場の維持には、周囲の理解が不可欠である。コロナ下で近隣の畑の手入れを任されるようになったローフィット氏は、近所の人々の「心をつかまないと〔いけない〕」と、畑でとれた野菜を配り、「（練習の音が）うるさかったらいってくださいね」と声を掛けた（ローフィット、座談会、2021/7/11）。

実践者にとって周囲の人々から理解と認知を得て、地元の地域社会に根を張ることは長期的な目標の一つである。コロナ下ではこうした地域社会とのつながりが、通常より強く意識されることもあったようだ。那覇を拠点とするバリ芸能グループ、マタハリ・トゥルビットは、コロナ下でも様々な助成金を得て精力的に活動を続けてきたが、代表の與那城常和子氏によれば、こうした金銭的支援に加えて、「他の方々の演奏会が減った分、私たちが何か演奏会をやるとフィーチャーされる感じ」があり、新聞に大きく取り上げられたり、観客から声をかけられたりと、「応援されている」と感じることが多かったという（與那城、座談会、2021/9/1）。このグループの一員で本共同研究会のメンバーでもある長嶺亮子は、マタハリ・トゥルビットがコロナ流行以前から琉球古典舞踊との共演をはじめ、沖縄の伝統を意識して活動してきたことが、コロナ下での「応援」に結び付いたのではないかと言う（長嶺、座談会、2021/9/1）。

4．オンラインに「場所」をつくる

コロナ下では芸能活動の場全般がオンライン空間に拡大し、映像作品や公演の事後配信などの多くの試みが実施されたが、ここではオンラインでの稽古やレッスンに焦点をあて、リアルな稽古場での活動との連続性・非連続性を考えてみたい。

4－1　場所を作る

愛知を拠点とするジャワ舞踊家・岡戸香里氏は、コロナ下で週二回のオンライン練習会を開催した。岡戸氏は、コロナ以前から東京や関西の舞踊家と頻繁に交流し、上演活動を行ってきたが、自身の地元には定期的に一緒に稽古する仲間がいなかった。オンライン練習会の参加人数は日によってまちまちで、岡戸氏が一人で踊る日もあれば、日本各地や海外からの参加者が訪れる日もあったが、それでも「普段会えない人に会える場」になった。岡戸氏は「コロナの前だったらオンラインで練習しようといっても、絶対乗ってくる人はいなかった」という。コロナ下でのオンライン活動の活性化は、ある種の幸運でもあったといい（岡戸、座談会、

2021/8/14）、感染状況が大きく改善した現在もオンラインでの活動を続けている。

名古屋の印貢陽子氏が主催するバリ舞踊教室スルヤ・ムトゥでは、生徒の親からの発案で、自身のスタジオ・結緋からのライブ配信を始めた。リアルな上演機会を失った生徒に踊りを披露する場を提供し、遠隔地の家族や知人に見てもらうことで、生徒のモチベーションを上げる意図があったという。また普段から「バリ舞踊なんか見たことも聞いたこともない人たちをこっちへ向けたい」と考えていた印貢氏にとって、ネットでの動画配信は観客の拡大につながる絶好の機会にもなった。配信後、初めてバリ舞踊を見たという視聴者からファンチャンネル開設の申し出があるなど、配信は芸能活動を支えるコミュニティを拡張する効果もあった（印貢、座談会、2021/9/1）。

写真2　針生すぐり氏のオンラインでの舞踊授業の様子
（写真提供：針生氏、2020年6月3日）

オンラインレッスンでは人々は自宅から気軽に活動の「場所」にアクセスできる。もっとも自宅がそのまま「稽古場」になるとは限らず、多くの人はオンライン上の「場所」で活動するために、通信環境を整備する、家具を移動して踊るためのスペースを確保する、同居する家族の了解を得る、自分の身体が画面に収まるようにカメラを配置し、不要な私物が画面に映り込まないようにするなど、色々な工夫をしてリアルな「場所」を再構成した。東京のジャワ舞踊家・針生すぐり氏は大学の実技授

写真3　安田冴氏によるオンラインでのバリ舞踊レッスンの様子（Zoom 画面のスクリーンショット、生徒の顔部分を加工）。上部は鏡を2面置いた安田氏の部屋、下は生徒側（写真提供：音の森、2020年6月3日）

業と社会人講座をオンラインで実施するために、自宅の車庫の一部を改造して、ござを敷き、画面に映したくないものは布類で覆い、Wi-Fi環境を整備して、三脚とカメラを据え置きにした「スタジオ」を設営した。これによりオンライン授業の画面には、バティック布で飾られた、踊りのための「場所」が生まれた（針生、座談会、2020/8/30、**写真2**）。

4-2　場所の再編成

オンラインレッスンという新しい「場所」で舞踊家たちは、カメラと身体の位置関係の調整に試行錯誤した。

大阪でバリ舞踊教室プルナマ・サリを主宰する田中千晶氏は、対面レッスン時には鏡に向かって踊り、生徒がその後ろに立って一緒に踊るという形で指導していた。田中氏の生徒Yさんによると、教室ではこの方法で先生の後ろ姿を見ながら、同時に前面の姿も鏡越しに見ることができた。しかしオンラインレッスンで先生がカメラの前で踊ると、生徒からは前身しか見えなくなってしまう。お互いに画面越しに何度もやりとりした末に、先生の背面と鏡に映った前面が同時に見られるようなカメラの配置が工夫され、生徒はようやく振付が理解できるようになった（Yさん、インタビュー、2023/6/10）。

東京のバリ舞踊家・安田冴氏も、音の森の舞踊講座をオンラインで実施した際に、生徒からの要望に応えようとカメラと鏡の位置を工夫した。鏡を斜めに二枚置き、画面上に三方面から身体が映るように配置したところ、生徒から先生の姿が多角的に見えるだけでなく、安田氏の側も、画面に映る生徒の姿を鏡で確認しながら踊ることが可能になったという（安田、座談会、2020/8/30、**写真3**）。

オンラインレッスンでは、指導者と生徒が協働して新しい「場所」を作り、その「場所」に適した方法を探っていった。こうした練習場所の変化が思いがけない効果をもつこともあった。自宅が稽古場になった安田氏は、期せずして「日常の生活の中に踊りがあるというバリと同じような状態」になったと言う（安田、座談会、2020/8/30）。バリにおける舞踊家の稽古場は、たいてい自宅の敷地内である。練習している横で家族が家事をしていたり、テレビを見ていたりすることもあり、生活空間と芸能の場所は地続きである。安田氏はオンライン上の「場所」で踊ることで、バリと同じように生活圏の中に芸能実践が組み込まれたと感じたのだ。

4-3　視覚の優位

バリやジャワの伝統芸能は元来、伝統的に指導者と生徒がともに演奏し、踊って、お互いを見ながら自分の体を動かすことで学習されてきた。この学習法では録音にせよ生演奏にせよ、同じ空間で同じ音を同時に聞くことが前提である。しかし現在のオンライン技術では、指導者側と生徒側で音の伝わるタイミングにずれが生じる。指導者の側で流した音に合わせて、生徒が一緒に踊っているつもりでも、指導者の側には一瞬遅れて届くため、音と時間をぴったりとあわせてともに踊ることができない。

こうしたオンラインレッスンの特性は、従来の指導法と比べるとたしかにデメリットが大きいが、デメリットばかりとも言い切れない。大阪を拠点にジャワ舞踊グループ、リンタン・シシッを主宰する舞踊家の佐久間新氏は、オンラインレッスンでは従来のように生徒とともに踊ることを断念し、「自分が踊って見本を見せる時間」と「生徒が踊っているのを見る時間」を分けることにした。生徒が踊っている間は自分が踊らない。するとかえって以前よりも生徒の踊りを集中して見られるようになった（佐久間、座談会、2020/8/30）。

またオンラインレッスンの画像は、対面とは異なった視覚を提供する。教える側にとっても、対面時は自分が注目している部分しか見ないが、動画だとむしろ全身が見えるといった発見や（田中、インタビュー、2023/5/2）、反対に、対面ではあまりよく見えない指先の細やかな動きを拡大して見せられる（針生、座談会、2020/8/30）といった利点があった。また生徒の側では、従来のように先生のお手本を目で確認しながら踊ることはできないが、そのことで却って自分の身体感覚を頼りに踊る体験ができたという人もいる（田中氏の生徒Tさん、インタビュー、2023/6/10）。このように舞踊家の多くは場所の変化がもたらす感覚の変化や発見を、マイナスだけでなくプラスにも捉えていた。

とはいえ全般的にオンラインレッスンは「どうしても視覚メインになってしまう」（佐久間、座談会、2020/8/30）。バリ舞踊ではしばしば指導者が生徒の身体に直接触れて指導するが、オンラインでは相手に触れられないことが指導者にとってもどかしい点であった（田中・安田、座談会、2020/8/30）。ジャワ舞踊の場合、もともと指導者が生徒の身体に触れることは少ないようだが（針生・佐久間、座談会、2020/8/30）、それでも視覚に還元できない皮膚感覚は重要である。

中部ジャワ出身の舞踊家リアント氏は、オンラインレッスンの最大の難点は、本来奥行きのある身体が画面上では平面的にしか映らず、方向感覚がつかみにくいこと、そして体が動いた時の微妙な「空気の流れ（angin tebuh、語義は「身体の風」）」や「感覚（rasa）」が伝わらないことだと言う*7（リアント、座談会、2021/8/14）。対面のグループ・レッスンでは振付を完全に覚えていなくても、皆と一緒に動いているうちに何となく踊れてしまうこともあるのは、こうした「空気」や「感覚」の共有によるものだろう。バリ舞踊の田中氏も、オンラインにはない対面の良さとして「いい意味で雰囲気にのまれる」「世界に浸る」「同じ空間で音が響いていて自分がその一部になる」の三点を挙げた（田中、インタビュー、2023/5/2）。二人の発言から示唆されるのは、踊ることは本来多感覚的な経験であり、踊り手はその場の人々、空気、場所そのものと繊細に交感しながら動いている、ということである。主体的に自らの動作をコントロールするだけでなく、その場に響く音、あるいは他人の身体から生じるわずかな「風」に反応し、それらの作用に時には身をゆだね、「浸る」ことも踊ることの重要な一部である。ともに踊るという行為は、場所と時間を共有することであり、その一部になることでもあるのだ。オンラインレッスンでは、対面の練習を支えていた「先生と生徒の多感覚的な間身体性」［金光 2023: 43］が失われる。オンラインレッスンの苦労談は、リアルな場での舞踊がいかに繊細で多角的なコミュニケーションであるかを物語る。

4-4　音のずれ

様々な制約はあるものの、舞踊関係者はオンライン上にあらたな「場所」をつくることで活動を継続してきた。一方、ガムランの場合、音のずれという致命的な欠陥により、オンラインでのリアルタイムな合奏はあまり広がらなかった。しかしガムラン奏者がスタジオに集合し、遠隔地の影絵人形遣いとオンライン接続して、影絵芝居のリハーサルを実施した事例はあった。*8

ランバンサリは二〇二一年に大阪のローフィット氏を招いて東京で影絵芝居公演を実施したが、そのためのリハーサルのうち数回をZoom上で実施した。演奏者は東京の稽古場に集合し、大阪の稽古場にいる人形遣い

写真４　ランバンサリ・スタジオ（東京）におけるローフィット氏（大阪／スクリーン内）とのオンライン・リハーサルの様子（写真提供：ランバンサリ、2021年6月11日）

兼語り手（ダラン）のローフィット氏の姿をスクリーンに映しながら練習した（写真４参照）。

　ジャワの影絵芝居では、ダランが金属製の音具クプラを叩いて伴奏に合図を出すが、Zoomでは合図に応答するガムランの音が、ローフィット氏の側には常に遅れて聞こえてきた。またZoomは複数の端末のマイクがオンになっている時に、同時に音が鳴ると、そのうち一つだけを選択的に拾い上げる特性がある。このためマイクがクプラの音を拾うと、同時に鳴らされたガムランの音がローフィット氏側にはまったく聞こえなくなった。ガムラン奏者の側でも、クプラの打撃音がまったく聞こえなくなることがあり、結局ローフィット氏の足が見える位置にカメラを配置して、視覚的にタイミングを計ったという。クプラ、声、楽器音による緊密な相互作用はオンライン上では成立せず、公演の実現には対面での練習も必須であった。

　しかし台詞や場面展開の確認はオンラインでも可能であり、感染不安、移動の負担や経費を考慮すると、オンライン活用には十分な利点があったという（木村・ローフィット・佐々木、座談会、2021/7/11）。

5．結語——芸能が作る居場所

コロナ下では多くの人々が自身や家族の生活様式の変化を経験した。音の森でのアンケート回答にもあるように、激しい変化の中で芸能活動の場が人々の心の支えとして、一層強く意識されるようになった側面もある。東京のジャワ舞踊グループ、デワンダル・カンパニーを主宰する川島未来氏はコロナ下で踊ることの意味を次のように語った。

〔コロナ下で生徒さんたちが練習を続けたのは〕やっぱりジャワ舞踊を踊ると精神が落ち着くとか、本当になんか浄化されるとかリフレッシュできるとか、そういう感じの人が〔多かった〕。長く続ければ続けるほどそういう風に思えるし、ジャワ舞踊の魅力ってそういうところだと思うんですよね。（川島、座談会、2021/8/14）

ジャワ舞踊の実践はもともと瞑想や、精神的な修行の側面をもつとされてきたが、不安やストレスの多いコロナ下の生活の中でも、心の平安がもたらす踊りの力が再認識された。コロナ下の生活において人々が音楽によって自らの感情をコントロールし、「なぐさめ」を得てきたことは、欧米の調査でも指摘されている［Wald-Fuhrmann 2023］。踊りにも同様の力がある。

芸能活動がもたらす他者とのつながりも、コロナ下で再確認された。田中千晶氏にバリ舞踊を学ぶTさんは、以前はよくインドネシア芸能の公演を友人と見に行っていた。コロナ下でそうした機会が失われると、寂しさを感じると同時に、自分もインドネシア芸能に関わる人々の緩やかなコミュニティの一部であったことを再発見し、「自分も練習することによって、その中に、ちっちゃいけどかかわってるんだな」と感じた。そしてコロナ下では「皆どうしてんだろう」と思いながら、オンラインで舞踊を学び続けたという。感染が収束して再び対面レッスンに戻った時のことを彼女は次のように語った。

最初教室に戻った時は、ありがたくてありがたくて涙でそうでした。やっぱり先生と同じ空間の中で踊ってるっていうところだったり、仲間が一緒にいるっていうところの感覚とかが、やっぱりありがたくって、やっててよかったなってやっぱり思いましたね。みんな一緒でオンラインに入って、オンラインでやり続けてた仲間だったので、そういう存在感を感じながら踊るっていうのはありがたかったですね。（Tさん、インタビュー、2023/6/10）

芸能実践者の間のつながりはオンライン実践によってコロナ下でも継続され、対面レッスンの場が戻ってきた時には、そのつながりはさらに強く、「ありがたい」ものとして感じられた。再開された活動の場で再会した人々は、同じ時間と場所を共有できることに改めて喜びと力を見出し、いっそうつながりを深めたといえる。感染状況がやや落ち着き、演奏活動の多くが回復した二〇二三年一一月のインタビューで櫻田素子氏は、数年にわたるコロナ下での自身の活動について、「ほつれそうだったけどほつれなかった」と形容し、ようやく「乗り越えた」感じがすると語った（櫻田、インタビュー、2023/11/14）。ともに踊り、ともに演奏する機会の消失と変質は、多くの実践者にとって苦痛を伴うできごとであった。座談会で語られたように、多くのコミュニティが「ほつれそう」な不安を抱えながら試行錯誤していた。「ほつれそうだったけどほつれなかった」のは、芸能を支える人々のつながりであり、そこから生まれる芸能の場所でもある。日本のインドネシア芸能実践者はコロナ下の社会的変化に抗ったり、適応したりしながら、自らの活動を継続し、芸能の場所、自らの居場所を維持しようとしてきた。しかしその苦労は、コロナ下で急に始まったわけではない。以前から実践者たちは社会の中に芸能のための場所を作り、場所を広げ、そこに深く根を張ろうと様々な課題に向き合い、努力と工夫を重ねてきたのであり、その営みがコロナ下でも継続されたと考えるべきである。コロナ下で中止され、失われた上演の場がある一方で、維持され、補強され、また新しく生み出されたつながりや場所もある。また維持された場所も、決して以前と同じではない。芸能の場所は固定的・静的なものではなく、活動とともに拡縮し、変化し、更新され続けるものである。ともに踊り、演奏することそのものが、人と人をつなぎ、場所を生み出す源であるからだ。

謝辞

本章は主に二〇二〇～二〇二三年に実施したインドネシア芸能関係者の方々との座談会、インタビュー、対話、私信およびアンケート結果に基づいている。経験や知見を共有してくださったすべての方に心からの感謝を捧げる。また貴重な意見をいただいた共同研究者の皆さんにも謝意を表する。一部の調査はＪＳＰＳ科研費19K00240、21H00643、23K00135の助成によって実現したものである。

表 1　座談会登壇者およびインタビュー協力者一覧

オンライン実技授業に関するオンライン座談会：オンラインにおける音楽・舞踊の身体技法の伝授
（主催：共同研究「伝統芸能における身体技法の教授法研究～実践を通した多文化音楽理解に向けて～」）

タイトル	実施日	スピーカー	
vol.3 インドネシア舞踊編	2020/8/30	佐久間新氏（ジャワ舞踊　リンタン・シシッ主宰）	大阪
		田中千晶氏（バリ舞踊　プルナマ・サリ主宰）	大阪
		安田冴氏（バリ舞踊　スタナ・アート主宰）	東京
		針生すぐり氏（ジャワ舞踊 東京音楽大学附属民族音楽研究所、カルティカ＆クスモ所属）	東京
vol.8 ジャワとバリのガムラン編	2020/11/21	木村佳代氏（ジャワガムラン　ランバンサリ代表）	東京
		與那城常和子氏（バリガムラン、バリ舞踊　バリガムラン＆舞踊　マタハリ・トゥルビット代表）	沖縄

コロナ下の日本におけるインドネシア芸能活動状況に関するオンライン座談会
（主催：「「コロナ状況」下で育まれる芸能：新たな表現・身体性をめぐる交渉・社会との関係」
「伝統芸能における身体技法の教授法研究～実践を通した多文化音楽理解に向けて～」）

タイトル	実施日	スピーカー	
vol.1 コロナ×バリガムラン	2021/7/25	櫻田素子氏（バリガムラン　トゥラン・ブーラン主宰）	横浜
		小林江美氏（バリガムラン　ギータ・クンチャナ主宰）	大阪
vol.2 コロナ×ジャワ芸能	2021/7/11	木村佳代氏（ジャワガムラン　ランバンサリ 代表）	東京
		ローフィット・イブラヒム氏（ジャワガムラン・影絵芝居ハナジョス主宰）	大阪
		佐々木宏実氏（ジャワガムラン・影絵芝居　ハナジョス）	大阪
vol.3 コロナ×ジャワ舞踊	2021/8/14	岡戸香里氏（ジャワ舞踊）	愛知
		川島未来氏（ジャワ舞踊　デワンダル・ダンス・カンパニー主宰）	東京
		リアント氏（ジャワ舞踊　デワンダル・ダンス・カンパニー主宰）	東京
vol.4 コロナ×バリ舞踊	2021/9/1	印貢陽子氏（バリ舞踊　スルヤ・ムトゥ）	名古屋
		與那城常和子氏（バリ舞踊、ガムラン　バリ舞踊＆ガムラン マタハリ・トゥルビット代表）	沖縄

インタビュー

	実施日	スピーカー	
インタビュー	2021/8/30	松重貢一郎氏（バリ舞踊　阿佐ヶ谷バリ舞踊祭実行委員長）	東京
	2021/9/17	宮元雪絵氏（音の森ガムラン・スタジオ代表）	東京
	2022/4/30	瀬戸宏氏（バリガムラン　スカルジュプン代表）	東京
	2022/7/17	荒野真司氏（バリガムラン・舞踊　深川バロン倶楽部代表）	東京
	2023/5/1	小林江美氏（バリガムラン　ギータ・クンチャナ主宰）	大阪
	2023/5/2	田中千晶氏（バリ舞踊　プルナマ・サリ主宰）	大阪
	2023/6/10	田中千晶氏のバリ舞踊教室の生徒 T さんと Y さん	大阪
	2023/11/14	櫻田素子氏（バリガムラン　トゥラン・ブーラン主宰）	横浜

注

1　ガムランはジャワやバリを中心に東南アジア島嶼部で広く演奏されている器楽合奏の総称である。儀礼での演奏や舞踊や演劇の伴奏に用いられ、地域や演奏の目的によって編成や演奏法が異なる。また一つの島の中でも地域差やジャンルの違いがある。日本で最も広く演奏されているのは中部ジャワの王宮を中心に発達したスタイルのガムランと、バリ島のガムラン・ゴング・クビャールである。本章では紙幅の都合もあり、こうした細かなジャンルの特徴には触れない。

2　座談会の登壇者、およびインタビューにご協力いただいた方々の氏名と本拠地、活動団体名等については章末に一覧（**表1**）を付した。

3　ガムラン実践者の間では、演奏団体や個人が、演奏の指導を主目的に開催する有料の教室・講座で、継続性のあるもの、かつ通常は複数の生徒がいるものを「講座」と呼び、通常は単発で実施される「ワークショップ」や、大学などでの授業、演奏団体としての練習や活動、個人レッスン等と区別して呼ぶことが多い。本章でもこれに準じる。音の森以外にも、のちに触れる小林江美氏主宰のギータ・クンチャナや、木村佳代氏主宰のランバンサリが、会員による演奏活動とは別に、会員以外を対象として講座を開講している。

4　二〇二二年の阿佐ヶ谷バリ舞踊祭は当初、以前と同じ八月上旬に予定されていたが、オミクロン株による感染者数の再拡大を受けて九月に延期されて実施された。

5　アンケートへの回答は任意で無記名とし、設問はコロナ下でのガムラン活動の頻度や心境の変化についても聞いたが、紙幅の都合からここではその回答の一部のみを取り上げる。

6　印貢氏が運営するスタジオ結緋は、道路に面した壁が一面のガラス張りで、実際に通行人からスタジオ内の活動の様子が見えるように作られてもいる。

7 「ラサ rasa」は一般的には感じ、感覚、味、情緒等を指すが、哲学的・霊的な意味を帯びることもあり、「身体化された意識や知覚」［Hughes-Freeland 2008: 78-79］を表す。「ラサ」はインドネシア芸能全般で重視されるが、話者や文脈によって多様な解釈が可能な語である。

8 このほかに大阪のギータ・クンチャナが浜松市在住の影絵人形遣い・梅田英春氏との影絵芝居上演のリハーサルを同様にオンラインで実施した（小林、座談会、2021/7/25）。

参考文献

〈日本語文献〉

金光真理子 2023「コロナ禍のオンライン化が照らし出す実技レッスンの身体性と可能性」『横浜国立大学教育学部紀要』6: 34-53。

堤雅雄 2002「「居場所」感覚と青年期の同一性の混乱」『島根大学教育学部紀要　人文・社会科学』36: 1-7。

トゥアン、イーフー 1993『空間の経験――身体から都市へ』山元浩訳、筑摩書房。［*Space and Place*, 1977, University of Minnesota］

―― 2018『個人空間の誕生――食卓・家屋・劇場・世界』阿部一訳、筑摩書房。［*Segmented Worlds of Self: Group Life and Individual Consciousness*, 1982, University of Minnesota］

中島喜代子、廣出円、小長井明美 2007「「居場所」概念の検討」『三重大学教育学部研究紀要』58: 77-97。

中藤信哉 2015「「居場所」概念と日本文化の関連について」『京都大学大学院教育学研究科紀要』61: 1-10。

原田克己、滝脇裕哉 2014「居場所概念の再検討と居場所尺度の作成」『金沢大学人間社会学域学校教育学類紀要』6: 19-133。

藤竹暁 2000『現代人の居場所』現代のエスプリ別冊生活文化シリーズ3、至文堂。

藤原靖浩 2010「居場所の定義についての研究」『教育学論究』2: 169-177。
増木帆乃 2022「〝密〟でなけりゃ祭でない！——バリ舞踊祭中止の決断でも、つねに未来志向の原動力とは？［阿佐ヶ谷バリ舞踊祭 松重貢一郎氏］」『アセナビ』二〇二〇年八月一三日、https://asenavi.com/archives/20607（二〇二三年一一月一三日アクセス）。
増田久未 2019「日本におけるガムランの楽器を所蔵する施設とその活動の現状」『音楽芸術マネジメント』11: 51-58。

〈外国語文献〉

Agamennone, Maurizio, Daniele Palma, and Giulia Sarno (eds.) 2023. *Sounds of the Pandemic: Accounts, Experiences, Perspectives in Times of COVID-19*. Abingdon: Routledge.
Cresswell, Tim. 2015. *Place: An Introduction*. 2nd edition. Malden, MA and Oxford: Wiley and Blackwell.
Deguchi, Tomoko and Barbara Benary. 2017. Gamelan Group in Japan. http://www.gamelan.org/directories/directoryjapan2017.html（二〇二五年二月六日アクセス）
Diamond, Jody and Linda Hibbs (eds.) 2020. *Balungan: A Publication of the American Gamelan Institute. Vol.14. Gamelan During COVID*. http://gamelan.org/balungan/balungan14/balungan14covid.pdf（二〇二五年二月六日アクセス）
Eisenberg, Andrew. 2015. Space. David Novak and Matt Sakakeeny (eds.) *Keywords in Sound*. Durham and London: Duke University Press. pp.193-207.
Geertz, Hildred. 1994. *Images of Power: Balinese Paintings Made for Gregory Bateson and Margaret Mead*. Honolulu: University of Hawaii Press.
Hughes-Freeland, Felicia. 2008. *Embodied Communities: Dance Traditions and Change in Java*. New York: Berghahn Books.
Kajimaru, Gaku, Caitlin Coker, and Kazuhiro Kazama. 2021. Introduction: An Anthropology of Ba. Caitlin Coker, Gaku Kajimaru and Kazuhiro Kazama (eds.) *An Anthropology of Ba: Place and Performance Co-emerging*. Kyoto and Tokyo: Kyoto University Press and Trans Pacific Press. pp.1-14.
Wald-Fuhrmann, Melanie. 2023. Coronamusic(king): Types, Repertoires, Consolatory Function. Agamennone, Maurizio, Daniele Palma, and Giulia Sarno (eds.) *Sounds of the Pandemic: Accounts, Experiences, Perspectives in Times of COVID-19*.

Abingdon: Routledge. pp.193-212.

第4章　ストリップ劇場の論理とCOVID-19
――「本質的に不健全」な芸能の現場

武藤大祐

1．二重の危機としてのコロナ禍

二〇二〇年に始まる新型コロナウイルス（COVID-19）感染拡大状況において、日本政府の経済産業省が用意した持続化給付金等の支給対象から性風俗事業者は除外された。これに対する抗議として、風俗業で働く人々を支援するＮＰＯ法人「風テラス」は署名キャンペーンを展開し、派遣型風俗店の経営者であるFU-KENが国を相手取って訴えを起こした（東京地方裁判所令和2年（行ウ）第４５５号持続化給付金等支払請求事件）。しかし国側は「性風俗関連特殊営業は（中略）性を売り物とする本質的に不健全な営業であって」、それゆえに「国庫からの支出により、事業の継続ないし再起を目的とした給付金を支給することは、国民の理解を得ることが困難である」と答弁し、差別を正当化した（「答弁書」二〇二一年四月一五日。傍点引用者）。この裁判は二〇二二年六月三〇日の判決で原告側敗訴となり、即日控訴がなされたが、二〇二三年一〇月五日、東京高等裁判所による判決で棄却された（二〇二四年二月現在、弁護団は最高裁へ上告中）[*1]。

ストリップ劇場もまた、「風俗営業等の規制及び業務の適正化等に関する法律」第二条第六項で定義される「店舗型性風俗特殊営業」の第三号、すなわち「専ら、性的好奇心をそそるため衣服を脱いだ人の姿態を見せる興行その他の善良の風俗又は少年の健全な育成に与える影響が著しい興行の用に供する興行場として政令で定めるものを経営する営業」、具体的には警視庁の示す業種一覧において「ヌードスタジオ・個室ビデオ・のぞき部屋・ストリップ劇場等」と区分され、持続化給付金等の支援対象から排除された。東京高裁に提出された控訴資料の中で、ある劇場のオーナーは次のように話している（弁護士による二〇二一年九月二三日の聞き取り）。

> 持続化給付金を得られないと聞いたときは、本当に驚きました。補助金などでこういった差別的な取り扱いを受けたことは今までなかったので、単純にショックでした。コロナによって苦しんでいることは他の事業とまったく同じで、安倍首相も業種関係なく支給すると言っていたのに、なぜ自分たちだけ受けられないのだろう、税金も納めているのにどうして業種で差別されるのだろうと、排除される理由もわかりませんでした。［井桁 2022: 1-2］

こうしてストリップ劇場の大半は、他の多くの業種が感染症対策として休業やリモートワークを余儀なくされるなか、二〇二〇年四月の第一回緊急事態宣言による休業要請に伴い四〜五月の二ヶ月弱を休館した以外は営業を続けることになったのである。

ストリップは法的には「性風俗」であるが、その内容は舞踊などを軸とした「芸能」でもあり、その点で他のセックスワークとはいささか性格が異なる。性風俗への差別は単純な職業差別の問題であるが、ストリップに関しては、芸能ないし舞踊の内部においても差別が存在することになる。すなわち、コロナ禍において他のあらゆる芸能や上演芸術が、感染拡大状況に応じたイベントの中止あるいは観客数制限などといった行政の施策、およびそれと連動した支援とともに、活動の持続可能性を探ることが課題となったのに対し、ストリップだけは感染リスクに直接晒され、様々な社会的圧力とも交渉しながら営業を続けることになったのである。

社会学の領域でライフヒストリーを研究する石川良子〔2021〕は、コロナ禍とストリップ劇場の関係をめぐって一人の踊り子に聞き取りを行っている。[*2] 彼女はストリップへの露骨な差別について当初は「そんなもんだ」と無感動に受け入れていたが、徐々に考えが変わっていったという。

仲間とか劇場とかストリップ業界自体が差別されてしょうがない存在だって思うってことは、ほかの差別に対してもしょうがないって思うことだと気づいた。〔中略〕差別されていい人間がいるっていうことを、自ら肯定してしまうことだから。〔石川 2021: 161〕

このような思考の筋道はおそらく、卑賤視されてきた芸能の歴史、とりわけストリップのそれにおいて脈々と流れていたもので、それがコロナ禍によって改めて表面化することになったともいえよう。[*3] この踊り子はやがて職業差別に反対するキャンペーンに積極的に関わるようになったが、必ずしもそうした行動に出ない踊り子たちも、外ならぬ公権力によってこのスティグマを与えられている。[*4] 女性ファンが中心となって作るストリップの同人誌『イルミナ』の編者の一人は、ストリップをめぐるフェミニズム的な争点が女性の身体の「表象」の問題であったのに対し、コロナ禍によって「そのはるか前段」すなわち女性の「生存」の問題へと変化し、「世界がすごく厳しい場所だということが差し迫って感じられるように」なったと語っている〔うさぎいぬ

2022: 43-44]。

本章は、未曽有の感染症と、公共福祉からの排除という二重の危機が、ストリップ劇場にいかなる影響を与え、また当事者たち（劇場経営者、出演者、観客）がそれぞれの立場でいかに対応し、それがストリップにいかなる変化をもたらしたかを検討する。調査方法は参与観察と聞き取りに加え、出版物やSNS上の情報なども適宜参照する。*5

2. ストリップの興業および上演の概要

すでに述べた通り、ストリップは「性風俗」であると同時に「芸能」であるという二面性を帯びている。しかし芸能としての側面を見る限り、ストリップと他の芸能あるいは舞台芸術との差異は、一般に考えられているほど自明ではない。下半身の露出ですら、映像や図画においては厳しく規制されているのとは裏腹に、演劇や舞踊などの舞台では必ずしも取り締まられておらず、*6 したがって必ずしもストリップに固有の要素とはいえない。風営法では主にストリップを想定して「専ら、性的好奇心をそそるため衣服を脱いだ人の姿態を見せる興行」とされているが、そもそも「衣服を脱いだ人の姿態を見せる」ことが「性的好奇心をそそるため」であるかどうかを客観的に判定することも不可能であろう。

むしろ今日のストリップを「性風俗」たらしめているのは、上演そのものの内容というより、歴史的な文脈による部分が大きいように思われる。すなわち、一九七〇〜八〇年代に、舞台上で性行為を見せたり、客に性的サービスを提供するなど過激化したストリップが、一九八五年に施行された新風営法によって初めて法的な規制の対象となったのであり、もはやそうした過激な上演が排除され、直接的な性的サービスとは異なる上演型のパフォーマンスに変容してからも、事業者や劇場施設の営業は同じ資格のもとに継続されているのである。[*7]

現在稼働しているストリップ劇場の大部分は、いずれも客席数が一〇〇にも満たない小劇場である（客席数では浅草ロック座、東洋ショー劇場の一二九席が最大）。正面奥に額縁型の「本舞台」があり、そこから「盆」と呼ばれる小さな舞台が観客席の中央に張り出し、両者を「花道」がつなぐ独特の形状を持つため、舞台と客席の距離が非常に近い。この空間の構造によって、至近距離で演じられるエロティックなパフォーマンスの様式が成立している。上演中に演者と観客の間で様々なやり取りが起きるなど、ライヴ性が高く、空間としての一体感も強い。

写真1　ストリップ劇場の構造（ニュー道後ミュージック）
https://motion-gallery.net/projects/dougomusic-2020

上演は、踊り子一人一人が自ら構成した一七分ほどのソロ・ショーが主流である。音楽は既成の音源が用いられ、J－POPなど一般に知られるポピュラー音楽から西洋クラシック音楽まで幅広い。典型的には一曲目・二曲目では本舞台を主とする舞踊と脱衣、三曲目ないし四曲目までで本舞台から花道を通って盆に移動し、全裸ないしそれに近い状態での「ベッド」または「ベッド」と呼ばれる官能的な所作の場面となる。最後は速いテンポの曲に変わって「エル」「スワン」などといった彫像的なポーズをいくつか演じた後、再び本舞台へ戻って終幕となる。

写真2　広島第一劇場で踊る牧瀬茜（撮影協力：広島第一劇場、2020年8月）

暗転とともに踊り子は退場するが、すぐに再び舞台に登場し、観客による写真撮影の時間となる。これは希望する観客が踊り子と一対一で写真を撮れる有料サービスで、同時に握手をしたり、ステージの感想を伝えたり、差し入れを渡すなどといった簡単なコミュニケーションも行われる。[*8]

これが終わると再び曲がかかり、短いオープン・ショーとなる。これは踊り子が舞台を囲む客席近くを順番に回って開脚（＝オープン）するもので、一九七〇年代には無音で行われることもあったようだが、現在は快活な音楽に乗って行われるために淫靡な雰囲気は薄く、むしろ一種の「アンコール」として、陽気な無礼講のように盛り上がって幕を閉じる。

ソロ・ショー⇒写真撮影⇒オープン・ショーというこの一連の流れはおよそ二五分で終わり、すぐに次の踊り子の出番となる。こうして五人前後の踊り子が順に出演し、全体で約二時間半の公演を構成する。一日に四公演行われるのが通常で、回ごとの観客の入れ替えは行わない劇場が大半である。[*9] 入場料は一般が五〇〇〇円前後、各種割引がある。

なお出演する踊り子たちは一〇日ごとに入れ替わる。つまり彼女らは各劇場と短期間の出演契約を結び、一〇日ごとに例えば京都から神奈川、そして福岡へといった具合に絶えず移動している。

3. 給付金支給対象からの除外による直接的な影響

では、コロナ禍により外出自粛や移動制限がある中で営業を続けたストリップ劇場は具体的にどのような影響を被ったのか。まずは外形的にうかがわれる部分を検討したい。

伊香保銀映（群馬）	4/11 〜閉館
ライブシアター栗橋（埼玉）	4/11 〜 5/29
蕨ミニ劇場（埼玉）	4/8 〜 5/31
浅草ロック座（東京）	4/8 〜 5/31
シアター上野（東京）	4/8 〜 5/21
池袋ミカド劇場（東京）	4/8 〜 5/23
新宿ニューアート（東京）	4/5 〜 5/31
渋谷道頓堀劇場（東京）	4/7 〜 5/6
川崎ロック座（神奈川）	4/8 〜 5/31
横浜ロック座（神奈川）	4/8 〜 5/31
大和ミュージック（神奈川）	4/8 〜 5/29
アタミ銀座劇場（静岡）	4/1 〜 5/21
まさご座（岐阜）	4/11 〜 5/31
あわらミュージック劇場（福井）	4/1 〜 5/20
ＤＸ東寺（京都）	4/11 〜 5/31
東洋ショー劇場（大阪）	4/8 〜 5/31
晃生ショー劇場（大阪）	4/8 〜 5/27
広島第一劇場（広島）	4/8 〜 5/31
ニュー道後ミュージック（愛媛）	4/3 〜 5/31
Ａ級小倉劇場（福岡）	4/8 〜 5/31

表１　第一回緊急事態宣言（2020 年）に伴う劇場の休業

３－１　経済的影響

先述の通り、ストリップ劇場の事業者は給付金の支給対象外である。福岡のＡ級小倉劇場への聞き取りによれば、受給できたのは自治体からの一ヶ月家賃控除のみだという（Ａ級小倉劇場、インタビュー、2021/10/10）。冒頭で参照した劇場オーナーも、緊急事態宣言の発令とともに自治体からの休業要請を受けた際に「自治体から一〇万程度の休業協力金の支給」を受けたのみであると話している[*10]［井桁 2022: 亡］。

自治体による休業要請が可能となる緊急事態宣言は二〇二〇年から二〇二一年にかけて四回発出された。この内、ストリップ劇場の大半は第一回の緊急事態宣言（二〇二〇年四月七日〜五月二五日、ただし地域によって長短の差がある）にのみ休館で対応し、それ以外は営業を

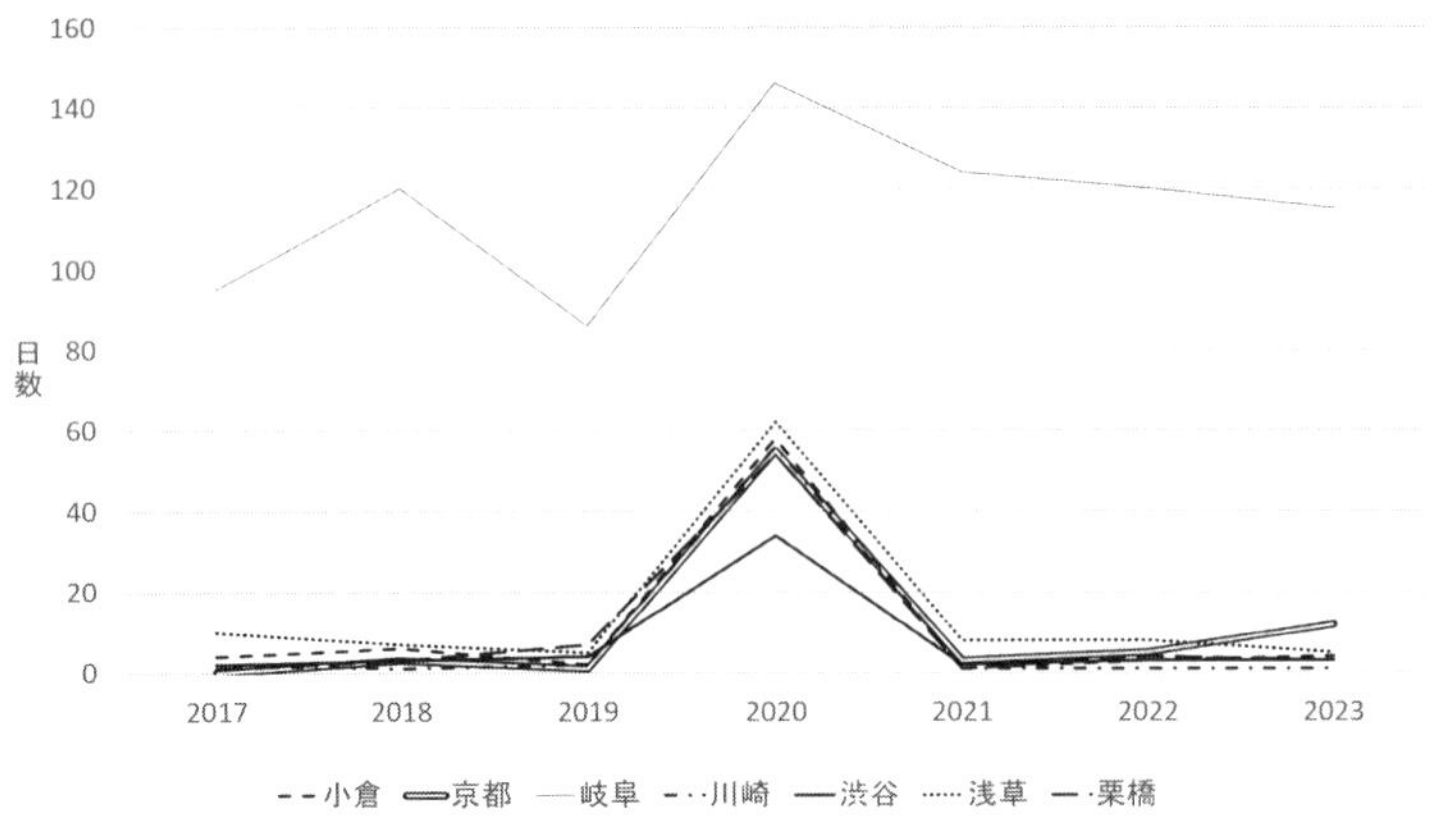

図 1-1

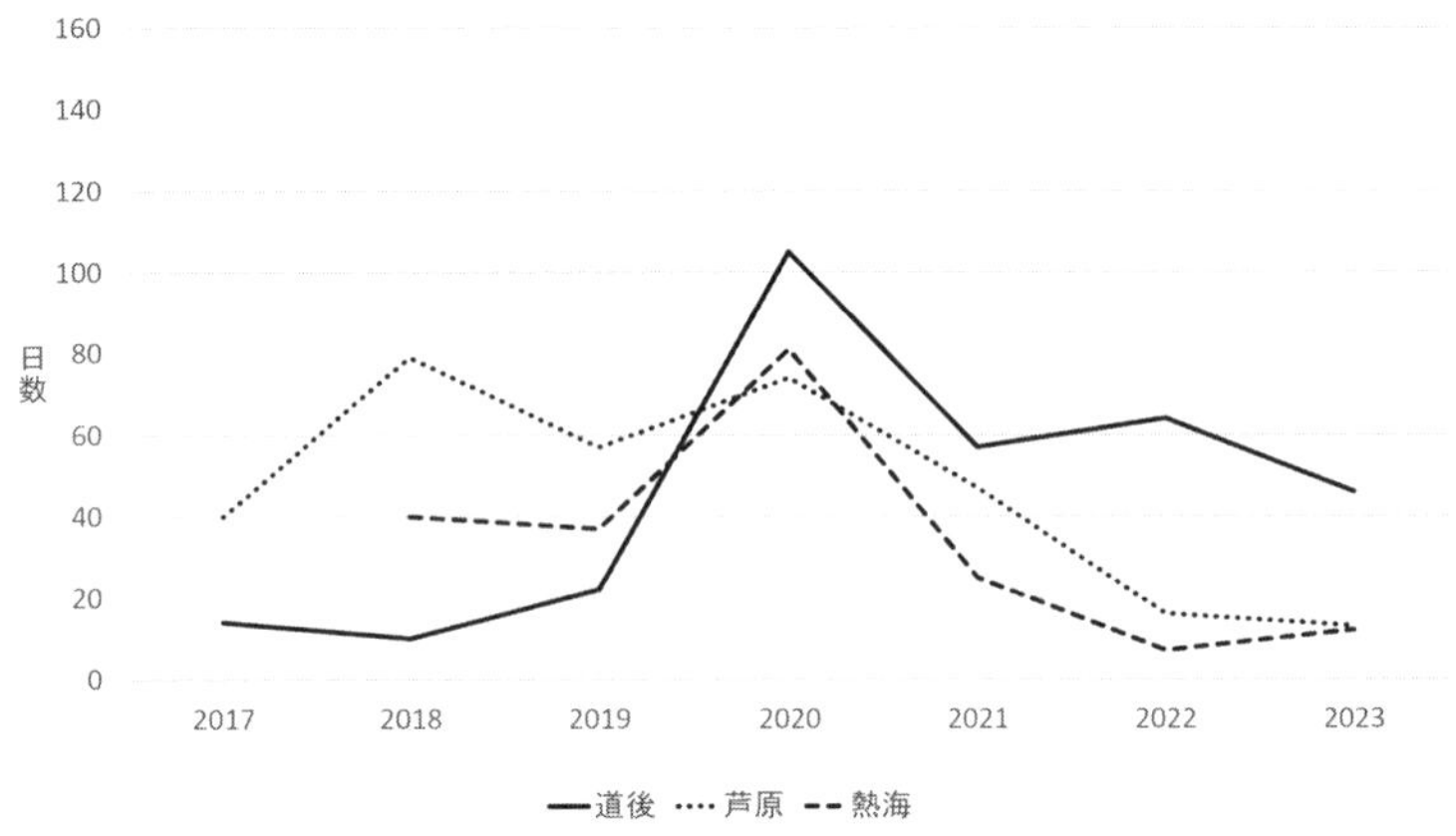

図 1-2

図 1　ストリップ劇場の休業日数
（ウェブサイト『Strip Navigator』および各劇場の公式 Twitter をもとに筆者作成。
なお熱海（アタミ銀座劇場）の 2017 年はデータに不足があるため反映していない）

続けた。各劇場の休業期間をまとめたのが**表1**である。例外は群馬の伊香保銀映で、宣言が解除されても再開せず、そのまま閉館した。

他方、営業時間短縮の要請に応じた劇場は少なくなく、通常は一日四公演のところを三公演に減らした劇場もある。観客の入れ替えがない場合、時短営業が入場者の総数を左右する度合は限定的とも思われるが、劇場は踊り子一人一人による写真の販売からも収益を得ており、この部分は公演回数の減少により影響を受けるはずである（また、踊り子の出演料は公演回数に応じて支払われるため、劇場から踊り子への支払いは変動する。四公演が三公演になった場合、単純計算で二五％減となる）。

しかし各劇場の休業日数を年毎に比較してみると（**図1**）、劇場によってはコロナ禍の「後遺症」が見られる。いうまでもなく二〇二〇年の休業日数が突出している点はおおむね共通する。しかし翌二〇二一年以降を見ると、町場の劇場はすぐに回復しているのに対し（**図1-1**）、温泉場の劇場（**図1-2**）は様子がそれぞれ異なる。ニュー道後ミュージックは十分に回復していないことが鮮明で、これは二〇二〇年三月一日から毎週水曜が定休日とされたためである。あわらミュージック劇場は、そもそも二〇二〇年の休業日数が二〇一八年を下回っており、二〇二一年以降はさらに減少している。したがってこのグラフからはコロナ禍の影響を読み取りにくいが、実際には、二〇二一年の第二回緊急事態宣言に伴う自治体からの休業要請を受け、二月一一日〜三月一〇日まで休業している（第二回以降の宣言に対して明確に反応したのはこの劇場のみである）。

このように、温泉場の劇場は町場よりもコロナ禍の影響を強く受ける面がある。それは、劇場に繰り返し通う固定客が多い町場とは異なり、動員をもっぱら観光客に依存しているためである。ある温泉場の劇場オーナーは、緊急事態宣言後に営業を再開しても「観光客はなかなか戻らない」なかったと窮状を訴えている［井桁 2022: 1］。

温泉場の劇場が地域社会の状況と密接不可分である事実は、翻って、町場の劇場の相対的な自律性を示唆するともいえよう。先述したように伊香保温泉の伊香保銀映は事実上二〇二〇年四月に閉館したが、これと対照的なのが、宣言解除を待たず五月七日に営業を再開した渋谷道頓堀劇場である（表1）。経済産業省が「持続化給付金」の申請要領等を発表し、性風俗事業者を支給対象から除外する方針を示したのが四月二七日であることを考えると、同劇場の判断はかなり早い。この例からは、町場の劇場が温泉場と異なり、国や自治体の施策などから距離を隔てて、むしろ出演者や常連客との強い結びつきの中で運営されている様子が顕著にうかがわれる。*11

劇場の観客動員数そのものは公式に数値化されていない。筆者が観察した限り、少なくとも町場の劇場では、感染拡大状況とは無関係に、立錐の余地もないほど混雑する日もあれば、観客が数人しかいないこともあった。第三回緊急事態宣言中の二〇二一年五月に池袋ミカド劇場を訪れた作家の花房観音も「全く以前と変わらぬ空間だった。平日だけど座席は埋ま」っていたと記している［花房 2022: 212］。A級小倉劇場への聞き取りによれば、ストリップ劇場の客の入りはそもそも「全く不規則」で、予測が立たないという。それでも全体としては、おおむねコロナ前の三分の一ほどであり、とにかく人気のある踊り子を揃える以外に方策はないとのことであった（A級小倉劇場、インタビュー、2021/10/10）。これに対してある温泉場の劇場オーナーは、売上は「十分の一以下」になったと話している［井桁 2022: 1］。

他方、個々の踊り子は事業者ではないため給付金の支給対象から除外されてはおらず、踊り子一人一人の稼働日数の変化も限定的である。二〇一七年一月以降持続的に活動している踊り子九二人を抽出し、二〇二〇年の稼働日数の平均を過去三年間の平均値と比較してみたところ、二〇一七〜二〇一九年の平均は二〇二・五日／年、これに対し二〇二〇年は一六五・五日／年で、一七・五％減であった（ウェブサイト『Strip Navigator』の情報をもとに算出。小数第二位を四捨五入)。[*12] ただし既述の通り、各々の出演料は一ステージ毎に計上されるため、稼働日数の減少の他に、時短要請に応じたステージ数の減少からも影響を受ける。また出演料の他に観客からのチップによる収入の減少も過小評価できない。

3-2　対策と変化

収入減に対して各劇場が講じた対策は様々で、試行錯誤の様相を見せた。

ライブシアター栗橋では踊り子プロデュースのCDやグッズの販売、横浜ロック座では配信ライブ、ニュー道後ミュージックではグッズの販売に加えてクラウドファンディングが行われた［あいだ2020: 64］。浅草ロック座では入場料が五〇〇〇円から六〇〇〇円に値上げされたが、踊り子やAV女優が「一日店長」となるメイドバーの実施、従来は実施していなかった観客による写真撮影の導入など、多様な試みがなされた［あいだ 2020: 64; 菜央こりん 2020: 172］。

大阪の東洋ショー劇場では、踊り子のステージ写真を載せた「フォトブック」(一五〇〇円)を毎月発売したり、ステージ衣装を着た踊り子の「アクスタ」(アクリル板に人物やキャラクターを印刷して型抜きし、台座を付けたもの)のガチャガチャ(一〇〇〇円)を設置するなど、独自の企画が話題となった［たなか 2022: 118］。特に後者は反響が大きく、他の劇場へも広がって定着した。

川崎ロック座では二〇二〇年四〜五月の休業期間中に「LIVE撮影会in川崎ロック座」を七年ぶりに実施した。一回当たりわずか四名という少人数に限定した予約制で、踊り子のステージを撮影できるという企画である。料金は二万円と、通常の四倍であるが、毎回すぐに予約はいっぱいになったという。

踊り子も様々な形で収入減に対応した。グッズ販売、撮影会、イベント出演など、劇場以外の活動を強化したり、あるいはSNSでの動画配信に力を入れた踊り子は多い[13]［菜央こりん 2020: 173］。

観客は、かなりの部分を高齢者が占めるためにコロナの影響は大きかったものと思われる。しかしあたかもコロナ禍で高齢の観客の足が遠ざかったのと入れ替わるようにして、若者や中年層の比率が増したという話も聞かれる。二〇一〇年代後半からストリップ劇場で女性観客が増加していることはメディアでもしばしば紹介されているが、それに続いてストリップの客層はさらに拡大している。[14]

実際にも、舞台やイベントが中止されているがゆえにストリップ劇場へ初めて足を向けたという証言が複数ある。ある観客はインタビューで、

> 暇でしたしね。コロナで観るものもないし、やっててくれてありがとう！　ストリップです。徐々にストリップが生活に根を張ってきた感じです。［きりん 2023: 128］

と答えている。これまで他の芸能などに関心を持っていた人々がストリップに目を向けることになったのは、紛れもなくコロナ禍の副産物といえる。

右のインタビューで「生活に根を張ってきた」と語られているように、公演期間が定まっている他の舞台芸術などとは異なり、ほぼ無休のストリップ劇場に頻繁に通うようになると、日常の行動パターンが変化する可能性がある。[15]つまりコロナ禍をきっかけとしてストリップ劇場に出会い、そこから「生活」そのものが変容した観客も存在するということである。[16]

他にも、以前からストリップを見ていたがコロナ禍でさらに熱が高まったという話はしばしば聞かれる。

トモコ　〔中略〕今思うと、コロナ禍も大きかったのかもしれない。半年近く何も舞台を観なかった後で、ストリップがものすごく輝いて見えたんです。至近距離で裸を見ることに「生の肉体！」という喜びを感じたのかもしれません。

おもち　私もアイドルをずっと追っかけてて、でもコロナでライブがなくなって。その辺りからストリップの比重がかなり上がりました。

うさぎ　劇場や踊り子さんたちは大変だったと思いますが、実は追い風になった部分もあるのかも。［sailor・おもち・トモコ・うさぎ 2023: 46-47］

感染爆発と医療現場の逼迫が連日報じられるなか、ストリップ劇場は何よりも生々しい「肉体」を目の当たりにできる例外的な場であった。「至近距離で裸を見る」という、この芸能の本質は、ソーシャル・ディスタンスの対極として改めて強く実感されたに違いない。しかしそれは同時に、感染リスクに直接晒される劇場スタッフや踊り子たちの不安と恐怖の代償の上に成り立っており、劇場へ足を運ぶ観客もまた同様であった。歌人の山中千瀬は、感染症が流行している最中での劇場をめぐる葛藤を記述しつつ、「「経済的に支えるためにお金を落としに行く」か「踊り子さんや他の客、そして自分の命のために行かない」かの二択のような状況を生んでいる行政のありかた」に対する怒りを吐露している［山中 2021: 97］。

また、持続化給付金を得られないストリップ劇場は、休業期間や外出自粛による観客減少に持ちこたえられず閉館してしまうのではないかとの懸念も高まった。

中村　私がよく来るようになったのは、緊急事態宣言が出て全国的に劇場が休館して、そこから再開して以降。な

くなっちゃうかもしれないという危機感から通ってるうちに面白くなってきて。［中村・そらこ・うさぎ 2023: 90］

この「危機感」は、必ずしも自分の行きつけの劇場のみについて言われているのではない。現行の風営法のもとでは、ストリップ劇場の新設や大規模改修が事実上不可能となっているため［花月 2021］、もし閉館する劇場が出た場合、シーンの全体が不可逆的に縮小し、踊り子たちの活躍の機会が減ってしまうのである。しかしそのような逆境にかえって奮い立つ観客が集まるのもまた、社会の周縁に位置するカウンターカルチャーならではといえよう。

このように、以前からストリップに通っている人々においても、コロナ禍という特殊な状況はストリップとの向き合い方を変容させる契機となったのである。

3-3 集団感染

ストリップ劇場におけるクラスターの発生や、それに伴う休館が表立って報告されることはなかった。しかし、複数の劇場関係者に濃厚接触者が生じたことを公表して臨時休業した例と、とくに理由を明確にせず複数日にわたって臨時休業した例を合わせると、二〇二一年に一件、二〇二二年に四件となる（町場の劇場のみを調査対象とした）。

4. 感染リスク

この他に、踊り子の「体調不良」などによる降板はしばしば見受けられた。

では次に、こうした状況下でのストリップ上演の現場ではどのような感染リスクが考えられるか。踊り子と観客の側に分けて検討する。

4-1　踊り子

ステージそのものについては、基本的に一般的な舞踊などと変わらず、大部分の演目は終始無言であるが、踊り子によっては若干の発声を伴う場合もある。ただし写真撮影においては数十秒程度、観客との会話がある。いずれにしても、感染者数が増えている時期であっても踊り子が上演中にマスクを着用する場面には出会わなかった。やはり踊り子の外見が、ストリップにおいて大きな比重を占めるからであろう。

踊り子同士は、出演者が交代する際の舞台袖や、公演全体の最後に全員が登場するフィナーレなどで互いに近接するが、そもそも多くの劇場で楽屋が共用となっており、客からの差し入れなどで飲食を共にしている様子もSNSで日常的に投稿されていた。劇場によっては楽屋で宿泊し、共同生活をする場合もある。踊り子の新井見枝香はこのように記している。

> どの劇場も、舞台と客席のコロナ対策は講じているが、楽屋はほぼ、いつも通りだ。踊り子たちが、同じ空間で何時間も共に過ごす。まさかマスクをしたまま化粧はできないし、狭い部屋をビニールで仕切るなんて不可能だ。［新井 2023: 85］

上演中、踊り子はステージで全裸になるが、演目によっては自分の指や小道具を舐める場面があり、自慰行為を演じることも多い。また舞台裏で踊り子を補助するスタッフはおらず、踊り子は自身が使用する衣装、小道具、大道具の一切を自らの手で持ち込み、設置から撤収までを一人で行うが、上演中に脱いだ衣装を舞台袖に投げ込むと、それを次の出演者が手早く片付けることがある。このように踊り子同士の近接の度合には独特なものがあり、体液や粘膜を介した感染リスクは比較的高いように思われる。しかし、出演者が交代するたびにステージを消毒するなどの措置が取られることはごく稀にしか見られなかった。これは踊り子たちがほぼ一日中、劇場内におり、共同生活のような状態にあることをふまえれば、さほど違和感はないようにも思えるが、劇場で寝泊まりせずに毎日通ってくる踊り子もおり、また一〇日経てば全員が移動することを考えると、決して十分に安全とはいえない。劇場の所在地は、東は埼玉県の栗橋から、西は福岡県の小倉までにわたり、長距離移動の場合は新幹線が利用される。こうした一〇日ごとの移動は、緊急事態宣言の最中であっても変わらず続けられた。

また踊り子と観客の間では、上演中に、踊り子から観客に対する軽い接触が行われる場合がある（観客からの接触行為は禁止）。また衣装や小道具（例えば着物の帯や帽子、ボールなど）を観客の一人に一時的に渡し、再び回収する遊戯的な場面も演目中のアクセントとしてしばしば見られる。チップや差し入れの手渡しが可能な劇場では、踊り子は観客から紙幣や物品を直接受け取る。これらはいずれも上演の熱気と高揚感の中で即興的に行われるため、その都度、手指消毒が行われることは滅多にない。この他に、ごく一部の踊り子は「タッチ・ショー」と呼ばれるレパートリーを持っている。これは観客一人一人の近くを回って順に乳房を触らせるパフォーマンスであり、その際に軽い会話もなされる。

4−2　観客

先述の通り、ストリップ劇場は基本的に小劇場である。開演は通常昼の一二時前後で、閉演は二三時前後となるが、その間、観客の入れ替えはなく、各踊り子が公演ごとに演目を変えるため長時間滞在する観客は多い。また一度入場すれば劇場を出ても再入場できる仕組みゆえに観客の出入りは頻繁であり、座席指定がないため、より良い席が空けば速やかに移動する。荷物を床に置いておき、一時的に離席する際にこれを座席に置く客も多い。また場内での飲食が可能である。

写真撮影の際に使用するカメラは踊り子の私物もしくは劇場の所有物であるが、観客はこれを共用する。また撮影した写真には踊り子がサインを入れ、次の撮影時に受け取るのが一般的な仕組みである。撮影時には踊り子と観客が、握手、ツーショットや、肩に手を回すなどの軽い身体的コミュニケーションをとることがある。

さらに劇場側が用意する余興として、踊り子が履いた下着や、無料入場券などの景品が当たる抽選会が行われることがある。観客は挙手でじゃんけんやビンゴ大会に参加し、勝ち取った景品は踊り子から直接手渡される。

また、踊り子が劇場から劇場へと一〇日ごとに移動するのと同様、熱心なファンはそれを追って広範囲に移動する（「遠征」という）。

5. 感染対策とその影響

上記のような感染リスクに対し、劇場側はどのような対策を講じてきたか。劇場設備、踊り子、観客のそれぞれに対する働きかけを検討する。

5―1　劇場設備

実際にできることは決して多くないとはいえ、各劇場ではそれぞれに工夫を凝らした。まず客席の間引きや、ステージと客席の距離の確保である。間引きは通常の劇場と同様であるが、ストリップ劇場はステージと客席が近いことが特徴であり、この点においてソーシャル・ディスタンスを確保しようとすれば上演の質が犠牲となる。とりわけ客席に近いのが盆であるが、「本舞台に近い席はテープで封鎖」されたという報告もある［新井 2023: 80］。椅子が固定されていない劇場では床にテープで目印を貼って対応していたが、観客はしばしば椅子を動かしてしまい、スタッフがその都度注意する場面が見られた。

ただし、いかに場内が混んでも入場制限はなされず、立見客が満員電車並みに混雑することもあった。換気を促進するため場内の換気扇を常時運転したり、送風機や空気清浄機を設置する劇場もあった。写真撮影時に劇場のドアを最大限開放する対策は多くの劇場で実施され、これはスタッフだけでなく観客がいち早く積極的に行うことが習慣として定着している。

観客席の消毒については、入替制でないためもあり、ほとんど見られなかった。にもかかわらず床やゴミ箱を頻繁に消毒する劇場は見受けられた。

5―2　踊り子

踊り子が毎日ＰＣＲ検査を受けているという話は踊り子たちの口から時折聞かれた。実際に発熱など感染の疑いがあった場合はすぐに別の踊り子に交代するため、コロナ禍以前に比べて香盤の変更が頻繁に行われており、二〇二三年に入って感染状況が比較的鎮静化してからも、この傾向は定着している。

上演中の、踊り子から観客への接触は稀薄になっている。明確に禁じられたのは、チップを手渡しで受け

ご来場のお客様へのお願い

当面の間、以下のウィルス感染予防対策にご協力をお願い致します。

● ご入場の際に体温検査及び手指消毒をさせて頂きます。
※体温が37.5度以上の方はご入場頂けません。消毒液は当館がご用意致します。

● 館内ではマスクの着用をお願い致します。
※お持ちで無い方には当館よりお配り致します。またマスクは鼻から顎に掛けての着用をお願い致します。

● 場内では演目中以外でも、お客様同士の会話はなるべくお控えください。
また声を出しての応援はご遠慮下さい。
※なるべく会話はロビーや外出の上でお願い致します。

● 場内でのお食事は、おつまみも含めご遠慮下さい。お食事は手洗いや手指消毒の上、ロビーでお願い致します。またドリンクを飲まれる際のマスクの着脱は手短にお願い致します。

● タレントとの握手はご遠慮下さい。（ポラ撮影時・オープンショー時等）

● タレントへの差し入れ及びチップの手渡しはご遠慮下さい。
※スタッフがお届け致しますのでお預け下さい。チップのみポラ撮影の際にタレントが用意する専用カゴにお入れ頂くこともできます。

● ポラ撮影時に手指消毒をさせて頂きます。またツーショット、持込の小道具及び衣装を使用しての撮影はできません。
※お釣りの出ないように窓口にて事前の両替をお願い致します。消毒液はタレントがご用意致します。

● 一部のお座席がご利用頂けなくなります。

● ご入場の際や、観劇中にご体調がすぐれないと見受けられる方にはお帰り頂く場合が御座います。（頻繁な咳き込み等）

※以上にご協力頂けない場合は、ご退場頂くことが御座います。

皆様には大変なご迷惑とご不便をお掛けいたしますが、何卒ご理解とご協力のほど宜しくお願い申し上げます。

図2　横浜ロック座が2020年6月1日の営業再開に際して発表した来場者へのアナウンス（「横浜ロック座BLOG」2020年5月27日のポストより）

取ったり、写真撮影をした後、その観客と握手をする習慣である［菜央こりん 2020: 170］。この他は厳密に禁じられたわけではなく、踊り子やその場の空気によっては軽い接触が行われる場合もあった。タッチ・ショーでは、踊り子がアルコールを含んだウェットティッシュを持って廻り、観客一人一人の手を拭いていた（ただしこれはコロナ禍以前からの習慣だという）。

5-3　観客

まず、声を出しての応援の禁止が挙げられる。また観客の中には、演目中にタンバリンを叩いたり、踊り子の了承を得た上でリボンを投げるなど、上演に深く関与する形での応援をする者もいるが、こうした応援も時期や劇場によっては禁止され、代わりに手拍子で応援するよう促すなどのアナウンスがなされた。[*17]

オープン・ショーではチップや差し入れを観客が踊り子に直接渡すことができるが、一部の劇場ではこれが禁止され、写真撮影時に渡すシステムになったり、踊り子に直接渡すのではなくスタッフに預けることとしている劇場もあった。この結果、チップによる収入は激減したという。

観客入場時の検温、手指消毒、およびマスク着用が必須とされ［菜央こりん 2020: 169］、場内での飲食については制限に様々な変化があった。具体的には飲料のみ可能としたり、アルコールは不可とするなどである。[*18] 劇場によっては、不織布マスクを指定したり、鼻までしっかり覆う、あるいは飲み物を飲む際に一時的にマスクを外した後すぐに戻すなどといった、非常に細かな指示がなされた。

また写真撮影時には備え付けの消毒液による手指消毒が促され、踊り子と観客の握手やツーショット、身体的接触は会場内の掲示やアナウンスを通じて禁じられた。また時期によっては「お盆正面の最前列は、フェイスシールドの着用をお願いしていた」という報告もある［新井 2023: 80］。

その一方で、観客の氏名や住所が記録されることはなかった。これは入場券の前売が行われない慣習と同時に、そもそも一般的にストリップの観客が自身のプライバシーを重視することも大きな理由と考えることができよう。古くから通う観客の一人の言葉を借りるなら、ストリップは「人目を忍んでこっそり出かけるようなところ」だったのであり、観客が多様化した現在もそうした感覚をもつ人は珍しくない。

6. コロナ禍を通して浮かび上がるストリップの姿

以上、ストリップにおける感染リスクと感染対策およびそれがもたらす影響を具体的にみてきた。こうした観察を通していえることは何だろうか。三点にまとめて考察する。

6-1 接触と官能

コロナ禍において、芸能をはじめとするイベントの開催が問題となったのは、まずもって多数の観客が集まることで空間的に密な状況を生み、感染リスクを高めることであった。ストリップにおいては、さらにステージと客席の間の様々なやり取りに伴う感染リスクが加わることは見てきた通りである。

パフォーマンス研究のブラフマ・プラカーシュは、エロティックな舞踊のショーの分析において、官能は必ずしも単に踊り手の即物的な身体に属するものではなく、踊り手と観客それぞれの身体が参加する「あらゆる感官の交流する場（the field of the entire sensory exchange）」によって生成されるものであると指摘している［Prakash 2022: 195］。このことは、風営法が「性的好奇心をそそるため衣服を脱いだ人の姿態を見せる興行」と定義するストリップについても同様である。

しかし少なくとも今日のストリップは、素朴な意味で「性的好奇心」に主眼を置くものとはいえない。そして単に「衣服を脱いだ人の姿態」を見るために、これほど熱烈な観客が足繁く劇場へ通っているわけでもない。ストリップにおける官能は、裸体の露出や媚態などにのみ由来するのではなく、舞踊を軸とした踊り子およびスタッフ（照明や音響）のパフォーマンスに加えて観客のパフォーマンス、すなわち声援や手拍子、チップ、握手、飲酒、写真撮影でのツーショット、さらに観客同士のコミュニケーションなどといった、多様な形を取る

「感官の交流」を通して作り出されている。いいかえれば、ストリップ劇場は踊り子と観客が単に同じ空間を共有するに留まらず、複数の身体の即物的ともいうべき「接触」の場であって、だからこそ感染拡大状況における他の舞踊や芸能のような、無観客での上演をオンラインで配信するといった代替策もおよそ意味をなさないのである。*19

一例として、チップ手渡しが禁じられた劇場と、そうでない劇場を比較すると、チップのもつ非合理的な性質は明瞭になる。観客はすでに入場料を払っているにもかかわらず、踊り子に対してしばしばチップ（多くは千円札）を渡す。これは演目の最後ではなく、観客一人一人との短い即興的なやり取りが起こるオープン・ショーにおいてであり、演目での踊り子のパフォーマンスや、写真撮影時の場内の盛り上がりなどに応じて、あたかも観客の情動が千円札へと実体化するかの如く、時には踊り子は両手に持ち切れないほどのチップを持って帰ることもある。こうした場では、貨幣は単なる交換価値を超えた一種の贈与と化している。しかもそれは踊り子に対する贈与であるだけでなく、その場を盛り上げるという意味では他の観客たちへの贈与ともなり、チップを渡すことがさらに別の観客からチップを引き出す側面も多分にある。例えばこうしたバタイユ的な意味での集団的蕩尽が、規範を逸脱した過剰性としての強い官能の磁場に寄与していることは明白であり、コロナ禍でのチップ手渡し禁止がもたらしたインパクトはこの文脈の上で捉えられるべきだろう。

6-2　経済と感情

このようにコロナ禍は「あらゆる感官の交流する場」に多かれ少なかれ変容をもたらすが、それだけでなく、目に見えないところにも影響を及ぼしているはずである。具体的には、コロナ禍によって劇場へ足を運びにくくなった高齢者たちの存在がある。

連日のように劇場を訪れて長時間滞在する高齢の常連客は多く、踊り子にとっても他の常連客にとってもお馴染みの存在となっている。中には、上演中はいつも居眠りをしているが、憎めない存在として認知されている人もおり、踊り子がそれをおどけた口調で軽くたしなめたりすることで場を和ませることもある。こうした高齢の常連客の姿が見えなくなると、常連客同士あるいは踊り子との会話の中で、「どうしたんだろうね」等と話題に上がる。つまりストリップ劇場は、一部の観客にとっては「居場所」としての側面があり、また他方、観客も単なる匿名の存在ではなく、個性を持った一人一人がこの場の構成要素となっているのである。

こうした常連客が姿を消すことは、踊り子にも心情的な影を落とす。ある踊り子は、

やっぱり今まで来てた人たちが離れちゃったし。あと、なくていいやって思っちゃうと人って足を止めてしまうじゃないですか。あと転勤してね、来れなくなったって人も多かったし。お客さんと会えなくなったのは辛かったですね。（翼裕香、インタビュー、2023/1/29）

と語り、それが他方では自分に対する劇場側からの評価にもつながっているはずだとも付け加えた。また踊り子のゆきなは、第一回緊急事態宣言の際に突然劇場が休館したため、二ヶ月半という、踊り子になって以来経験したことのない長期休業によって自分が観客に忘れられてしまうのではないかと、「漠然とした不安を毎日抱いて」いたことを述懐している［たなか 2022: 106］。

このようにストリップ劇場は、一般的に考えられているような「性的好奇心」とはほど遠い、観客と踊り子、あるいは観客同士の、情緒が絡み合う場である。それはまた、なるほどショービジネスではあるが、同時に決して感情労働などと割り切ることのできない複雑さを持っており、それゆえ踊り子や観客はこうした交流を可

能にする劇場に対しても特別な愛着を抱いている。

その一端は、東洋ショー劇場がコロナ禍による観客減少への対策として設けた「サポーター」制度によく表れている。これは月額三〇〇〇円を支払うことで「特典として五〇〇円分の撮影・ドリンクチケットが六枚、優先入場券という入れ替え時に優先的に入れるファストパスのような券が三枚」つくというもので［たなか 2022: 118］、金額を考えれば観客のメリットは三枚の「優先入場券」のみである。このような制度がいかなる意味を持つかといえば、明らかに観客側からの支援、そして観客と劇場の紐帯の強化であろう。劇場スタッフはサポーター用のSNSアカウントも作り、「お客さんをきちんとケア」することで、「よりいっそう劇場のファンになってもらえる」ことを期待したという［たなか 2022: 118］。ここにも単にショービジネスには還元できない情緒的な関係が認められる。

また二〇二三年一月にデビューした踊り子の風花カフカは、ステージの経験を積むごとに自身の体と劇場との「融合」が進んでいくのを感じるという。

> 劇場との一体化そして融合によって、私はもう以前の自分を思い出せない。踊るたびに融合は進み、また変化する。それはストリップが、音楽、ステージ、照明、客席、劇場で起こる全てと私との相互作用により培われるショーであるためだ。我々は裸を見せる・見る行為の先にあるエクスタシーを共に希求しているのだと思えてならない。お客さんによる様々な応援、ステージから目が合う瞬間、正解無く解釈される私の表現、これら全ての交錯が私を悦ばせる。私は、私ひとりで私なのではなく、劇場に包まれることではじめて私になる。［風花 2023: 21-22］

ここに示されているのは、複数の身体による「感官の交流」［Prakash 2022: 195］が持続的な自己変容を引き起こすとともに、それを可能とする稀少な場としての劇場が身体化（embody）されていく過程といえよう。

6-3　差別とアナーキズム

他方、ストリップ劇場の感染症対策を見ていると、総じて論理的な一貫性が見えないことが多い。例えば客席を消毒せずに床やゴミ箱を消毒する、座席を間引くにもかかわらず立ち見客の人数制限はない等といった点がそうであり、観客にマスク着用を指導しているにもかかわらず劇場スタッフが（一時的にではあれ）していない場合や、外国人の観客には指示がなされていないこともあった。あるいは反対に、二〇二三年五月に新型コロナウイルス感染症が五類感染症へと移行し、一般的な劇場やホールなどではマスクの着用が個人の判断に委ねられた後も、一部のストリップ劇場ではマスク着用を必須としているという事実もある。

ここに見て取れるのは、対策としての論理性や実効性よりも、可能な限りの努力をすることを優先する姿勢であるように思われる。一見不可解ではあるが、これはコロナ禍以前からの、社会に対するストリップ劇場の行動原理からある程度は理解することができる。

一例として、A級小倉劇場では普段から市内に宣伝カーを走らせているが、スポーツの国際大会などが予定されている時期には進んで自粛しているという[*20]（A級小倉劇場、インタビュー、2021/10/10）。また同劇場では公演の合間に踊り子による社会福祉協議会への募金集めが行われ、場内には感謝状が掲出されている（社会福祉協議会からの感謝状を掲示している劇場は複数ある）。つまりストリップ劇場にとって、自らが社会的に害のある存在でないことを積極的にアピールすることは一つの行動の指針なのである[*21]。劇場が講じるコロナ対策が、時に論理性を欠きつつも、極端な厳格さを示すことがあるのも、こうした社会的なパフォーマンスとしての切実さに由来するのではないか。つまりここには、謂れなき差別に対する自己防衛の様態を読み取ることができるのである。

写真3　2021年5月に閉館した広島第一劇場（2021年5月14日）

こうした自己防衛の姿勢は、必ずしも法規や、国や自治体の要請に沿って行われるものではない。それはむしろ積極的な自治というべきものの一側面であって、それゆえコロナ禍では、劇場と踊り子、観客の間でなかば暗黙裡かつ柔軟に実践されることになる。

例えば、劇場が採用する感染症対策には、観客の側からも積極的な関与が多々見られ、写真撮影の際に劇場のドアを開けて換気する、写真撮影の列に並ぶ際に消毒液を後ろの人に手渡していくといった作業は率先して行われていた。また、マスクを外していたり、鼻を出している人に対する、瞬間的な促しのスキルを持つ常連客も散見された。彼らは当該の観客と巧みに目を合わせ、言葉を発することなく、きわめて簡潔な所作で目的を達成する。これらは社会的に弱い立場にあるストリップ劇場を守ることへの個人的なコミットメントであり、同時に、劇場内での社交の契機でもある。

その一方で、ある引退したベテランの踊り子が一日だけ限定復帰した際、集まったファンはアイドルの親衛隊のように熱烈な掛声を合わせて舞台を盛り上げたが、(既述の通り声援は禁じられたにもかかわらず)劇場はこれを止めなかった。またある踊り子の引退公演という、当人にもファンにも非常に大きな意味を持つ場において、例外的にチップ手渡しが解禁になったとの報告もある[りょう・ちぇる・りん・うさぎ・なかもと 2023: 114]。さらに、二〇二一年五月に広島第一劇場が閉館する際には、観客が長蛇の列を作り、場内は立ち見ですら入り切れないほどの混雑となった。それでも劇場側はスペースを作り出して全員を入れようとする一方、一部の観客は積極的に退出して他の客に場所を譲ったという[たなか 2021: 49]。これらいずれの場合においても、それまで実践されていた感染症対策は中断され、劇場の非合理的な熱狂に場を明け渡している。

このように、コロナ禍のストリップ劇場ではしばしば暗黙裡かつ柔軟な判断が集合的になされていた。こうした自治の様態は、皮肉にも、法秩序や公共の福祉からなかば排除されることで自己防衛の手段として機能している。それは一種のアナーキズムとしての自律性ともいえよう。

7．結び

本章では、コロナ禍がストリップ劇場にどのような影響を与えたかを調査し、それをふまえることで可能となる考察を試みた。

ストリップ劇場にとって、コロナ禍は感染リスクのみならず社会的圧力にも晒される過酷な経験となった。その不当性はあくまでも争われていかねばならない。*22 しかしそうした負の特殊性が、逆説的にも、場としての相対的な自律性をますます際立たせた面もあることは、この調査を通じて明らかになったと思われる。
コロナ禍の最中に警察の摘発を受けたシアター上野では、営業停止期間中の家賃を補うためクラウドファンディングを行ったところ、目標金額の二〇〇万円をはるかに上回る八八四万円が集まった。[*23] こうした動きもまた、官能や感情の非合理性を擁護しようとする積極的な価値観が共同的に保たれ、培われていることを鮮明に示している。それはあたかも、レベッカ・ソルニットが指摘する、災害に見舞われた人々の示す相互扶助を想起させる。

ヒエラルキーや公的機関はこのような状況に対処するには力不足で、危機において失敗するのはたいていこれらだ。反対に、成功するのは市民社会のほうで、人々は利他主義や相互扶助を感情的に表現するだけでなく、挑戦を受けて立ち、創造性や機知を駆使する。［ソルニット 2020: 456］

いわばストリップは、法秩序から排除されていると同時に、ある意味で超越している。その様相を、コロナ禍の試練は浮き彫りにしたといえるだろう。

追記

脱稿後、二〇二四年八月二〇日にライブシアター栗橋が閉館した。コロナ禍での収入減による負債が主な要因の一つだという。

注

1 この裁判についてはNPO法人CALL 4ウェブサイト『CALL 4』「『セックスワークにも給付金を』訴訟」(https://www.call4.jp/info.php?type=items&id=I0000064、二〇二四年二月二三日アクセス) に関連資料がまとめられている。法学の分野では研究や判例への評釈などが複数公表されているが、特に憲法との関連では亀石・三宅[2024]、尾形[2024]を参照。またコロナ禍の性風俗への影響や訴訟に至る経緯については坂爪[2021]が詳細に報告している。なお厚生労働省が設けた「小学校休業等対応助成金・支援金」および「雇用調整助成金」については、発表当初は性風俗事業者を支給対象外としていたが、セックスワーカー支援団体「SWASH」による抗議やマスコミ報道などを受けて、後に支給対象へと改められた[あいだ 2020: 65]。

2 日本のストリップでは演者を「踊り子」と呼び習わすため、本章もこれに従う。

3 その一端は例えば踊り子の一条さゆり(一九二七(?)~一九九七)が一九七二年に「公然わいせつ罪」で逮捕・起訴され、一九七五年に有罪の確定を受けた経緯に示されている[小沢 2007]。また日本での性表現をめぐる規制の歴史については、園田・臺[2017]を参照。

4 東京オリンピックの開催が迫りつつあった二〇二一年四月一四日、シアター上野が警察の摘発を受けた。「公然わいせつ罪」の疑いに基づくストリップ劇場の摘発は二〇一三年一月二八日のTSミュージック(東京)以来であり、業界に衝撃を与えた[あいだ 2021;「私はストリップの仕事が好き」公然わいせつ容疑で劇場摘発、踊り子たちの思い」]。こうした恣意的な「環境浄化」と、給付金に関わる職業差別は通底しているように思われる。

5 参与観察の対象となるストリップ劇場は全国の一五ヶ所、期間は二〇二一年二月~二〇二三年一二月であり、調査回数は二〇二一年:四六回、二〇二二年:七四回、二〇二三年:六一回である。筆者はコロナ禍が始まって以降にこの調査に着手しており、コロナ禍以前について直接的な知見を有さない。しかし感染状況および対策には波があり、それに応じて劇場・踊り子・観客の行動様式にも変動が観察できたため、そうした変動の幅を手掛かりとしつつ、聞き取りなど間接的な情報と突き合わせることで、コロナ禍以前との差異を汲み取ることに大きな支障はないと判断した。

6　「公然わいせつ」の罪を問うのであれば、観客が同意の上で入場するストリップ劇場での露出より、こうした舞台で予告なしに行われる露出の方にこそ妥当するはずである。

7　一九八五年施行の新風営法によってストリップ業界は大きな打撃を受け、最盛期には二〇〇館とも三〇〇館とも言われたストリップ劇場も、二〇二四年二月現在わずか一八館となった。

8　観客による写真撮影は一九八一年に東京で始まり［川上 1988: 118］、初期は局部を撮影するなどといった性的サービスの一種であったものが、現在は踊り子とのツーショット撮影などのファンサービスへと性質を変えている。地下アイドルのライヴにおける写真撮影との類似はしばしば指摘される。

9　このような公演の組み立ては少なくとも一九六〇年代半ばまでには完成しており、以後ほとんど変化していない［中谷 1981: 77］。

10　さらに「銀行などの金融機関からの借入も、最近は風俗業ということで一律で拒絶されていると聞いており、申し込みもしませんでした」と続けている［井桁 2022: 1］。

11　二〇二〇年二月二六日、首相官邸から「多数の方が集まるような全国的なスポーツ、文化イベント等については〔中略〕今後二週間は、中止、延期又は規模縮小等の対応を要請する」と発表があった際（第一四回新型コロナウイルス感染症対策本部）、ロック座の系列館（浅草ロック座、新宿ニューアート、川崎ロック座、横浜ロック座）は二六日当日のみ臨時休館した。

12　比較対象として『ライブ・エンタテインメント白書 ２０２３』［ライブ・エンタテインメント調査委員会 2023］を見ると、二〇二〇年の市場規模（音楽コンサートとステージでのパフォーマンスイベントのチケット推計販売額合計）は、二〇一九年の六二九五億円から一一〇六億円へと八〇％以上減少した。二〇二一年も三〇七二億円に留まり、二〇二二年にようやく五六五二億円まで回復した。

13　動画配信プラットフォームには視聴者が課金できるものもある。また各踊り子の配信などの情報をまとめたブログ「仮設シアター（臨時）」http://odoriko-live.jugem.jp/ もファンによって作られた（二〇二四年二月二三日アクセス）。

14　二〇一八年に放映されたＮＨＫのドキュメント番組『ノーナレ』はストリップ劇場に通う女性観客を取り上げ、二〇一九～二〇二〇年に講談社の青年漫画誌『イブニング』に連載された菜央こりん『女の子のためのストリップ劇場入門』は二〇二〇年に単行本化された。女性が中心となって作る同人誌『イルミナ』も二〇一九年から刊行されている。さらに近年は女性に限らず多様な観客がストリップを身体表現の一つと捉え、足を運ぶようになっている。池田［2018］、武藤［2022］を参照。

15　歌人の山中千瀬はストリップに通うようになってからの行動パターンの変化をこう記している。

> ストリップに出合ってからはっきり日常が変わりました。劇場の香盤〔＝キャスト表〕が発表されるたびにチェックし、予定を立てる。実際に劇場に行く。ときどき夜行バスや新幹線に乗って遠くの劇場にも向かう。劇場に行くたび追いかけたい踊り子さんが増えていく。［山中 2021: 96］

目当てとする踊り子が絶えずあちこちの劇場に出演しているため、ストリップを見に行くことは必ずしも非日常的なイベントではなく、日常生活の一部に組み込まれ、その全体に影響が及ぶことになる。いとー［2023］も、二〇二一年の暮れに初めてストリップ劇場を訪れて以降の生活の変化を語っている。

16　似た事情は踊り子の側にも見られる。二〇二二年一月にデビューした踊り子の白雪は、もともとショーパブで働いており、「コロナ禍で収入が減ったのと、そこでは基本的に群舞だったんで一人で踊りたいってのがあって、バイト移すような感覚で」劇場へ問い合わせ、デビューを決めたという［白雪 2023: 9］。対照的に、踊り子の星崎琴音は二〇二一年一二月に引退した。

ストリップ好きだしやってて楽しかったんですけど、コロナになっていろいろ考える中で、ずっとはつづけられないなって思いが自分の中にあったんです。次にやりたいこともあったし。じゃあその引き際をいつにするかって漠然と思っていて。［たなか 2022: 90］

17 このようにコロナ禍での休業期間は踊り子に人生を見つめ直す時間を与えた面もある。

18 ストリップでは、ファンが長いリボンの束をステージ上空に投げて上演を盛り上げるという応援の形態がある。

19 飲料は劇場内の自動販売機などで市価よりも高値で販売されており、その売上にも影響があったと推測される。

エリカ・フィッシャー＝リヒテによれば、歴史的に西洋の劇場においては観客が演者を「見ること」が本質と考えられ、演者と観客の間の身体的な接触は忌避されてきた。背景には、劇場は公的なメディアであり、それに対して接触は親密圏に属する行為だとの考え方がある。しかし実際には、演者と観客の接触はこうした二項対立を超えたリミナルな経験を引き起こす契機ともなり得る［フィッシャー＝リヒテ 2009: 88-95］。

20 近年では他にも、二〇一九年のG20大阪サミットの開催に合わせ、大阪の東洋ショー劇場、晃生ショー劇場が二日間休業した例がある。

21 広岡敬一は、一九七〇〜八〇年代の滋賀県・雄琴の特殊浴場（いわゆるソープランド）業界においても、福祉団体への寄付、高校総体や国体の開催に合わせた営業自粛などが見られたことを報告しており、「長いモノには巻かれろの先取り」と表現している［広岡 2016: 53］。

22　また現実に社会を構成している一部の人々の感染リスクから故意に目をそらせば、他の人々の感染リスクを高める結果になることは自明で、防疫の観点から見ても愚かな判断である。

23　クラウドファンディングのサイト『Motion Gallery』、「上野のストリップ劇場が存続の危機に。現存する数少ない劇場を残していくために皆様の応援が必要です！」（https://motion-gallery.net/projects/theater-ueno、二〇二三年一二月三一日アクセス）を参照。

参考文献

〈日本語文献〉

あいだ 2020「劇場は今――コロナ禍で浮き彫りになる性風俗差別」『イルミナ』1: 64-69。

―― 2021「シアター上野摘発から考えるストリップの未来」『イルミナ』2: 107-113。

新井見枝香 2023『きれいな言葉より素直な叫び』講談社。

池田録 2018「現代ストリップは多彩なボディーパフォーマンスの場に　女性たちが憧れるストリップの多様性」『messy』二〇一八年一一月二二日配信、https://mess-y.com/archives/67642（二〇二三年一二月三一日アクセス）。

井桁大介 2022「聞き取り報告書　甲90（ストリップ劇場のオーナー）」https://www.call4.jp/file/pdf/202212/b0c3eb4e402ddd83d4bee5d837f28d47.pdf（二〇二三年一二月三一日アクセス）。

石川良子 2021「コロナ禍のもとのストリップ」『日本オーラル・ヒストリー研究』17: 155-166。

いとー 2023「ハロー、私のニュー実家」『ab-ストリップのタイムライン』pp.72-79。

うさぎいぬ 2021「インタビュー　ストリップを語ること――うさぎいぬ」『ab-』pp.35-47。

尾形健 2024「「セックスワークにも給付金を」訴訟をめぐって――憲法研究者の観点から」『判例時報』2588: 13-20。

小沢昭一 2007『小沢昭一座談③　本邦ストリップ考――まじめに』晶文社。

風花カフカ 2023「眠れる森のカフカ」『イルミナ』5: 16-22。

花月 2021「ストリップ劇場をめぐる法規制の現状と未来」『イルミナ』2: 103-106。

亀石倫子、三宅千晶 2024「「セックスワークにも給付金を」訴訟について」『判例時報』2588: 5-12。

川上譲治 1988『さらばストリップ屋』朝日新聞社。

きりん 2023（インタヴュー）『ab- ストリップのタイムライン』pp.123-131。

坂爪真吾 2021『性風俗サバイバル——夜の世界の緊急事態』筑摩書房。

白雪 2023「白雪インタビュー——端っこで見てるあなたにも届けたい」『イルミナ』5: 8-15。

sailor、おもち、トモコ、うさぎ 2023「座談会　作・演出・主演　桜庭うれあ」『イルミナ』5: 45-55。

園田寿、臺宏士 2017『エロスと「わいせつ」のあいだ——表現と規制の戦後攻防史』朝日新聞出版。

ソルニット、レベッカ 2020『定本　災害ユートピア——なぜそのとき特別な共同体が立ち上がるのか』高月園子訳、亜紀書房。

たなかときみ 2021『広島第一劇場の閉館とその翌日——続　踊り子さんの来る街』トーカ。

—— 2022『ストリップをよろしく——初心者・女性にやさしいストリップ劇場入門』トーカ。

菜央こりん 2020『女の子のためのストリップ劇場入門』講談社。

中谷陽 1981「特出しストリップの極致」南博、永井啓夫、小沢昭一編『さらす——ストリップの世界』白水社、pp.61-93。

中村、そらこ、うさぎ 2023「スト客お茶会　日本最古の温泉から」『イルミナ』5: 83-90。

花房観音 2022「池袋の疫」中村淳彦、花房観音『ルポ池袋アンダーワールド』大洋図書、pp.201-226。

広岡敬一 2016[=1980]『ちろりん村顛末記』筑摩書房。

フィッシャー=リヒテ、エリカ 2009『パフォーマンスの美学』中島裕昭、平田栄一朗、寺尾格、三輪玲子、四ツ谷亮子、萩原健訳、論創社。

武藤大祐 2022「ストリップの現在進行形——ダンスのハードコアここにあり。女性客も惹きつける現代ストリップの新たな表現とは」『Tokyo Art Beat』二〇二二年九月二〇日配信、https://www.tokyoartbeat.com/articles/-/strip-review-2022-09（二〇二三年一二月二一日アクセス）。

山中千瀬 2021「自粛スト客の感情」『イルミナ』2: 96-98。
ライブ・エンタテインメント調査委員会 2023『ライブ・エンタテインメント白書２０２３　２０２２年ライブ・エンタテインメント市場規模は、コロナ禍前の約９割まで回復』https://live-entertainment-whitepaper.jp/marketsize.php（二〇二三年一二月三一日アクセス）。
りょう、ちぇる、りん、うさぎ、なかもと 2023「座談会　踊り子の引退と残されたスト客」『イルミナ』6: 112-120。
「「私はストリップの仕事が好き」　公然わいせつ容疑で劇場摘発、踊り子たちの思い」『47News』二〇二一年六月二五日配信、https://nordot.app/780340426592862208（二〇二三年一二月三一日アクセス）。

〈外国語文献〉

Prakash, Brahma. 2022. The Erotic Power of the Dancer, *South Asian History and Culture* 14(2): 186-201.

〈ウェブサイト〉

『Strip Navigator』https://www.stripnavi.com/strip/（二〇二四年二月二三日アクセス）

第Ⅲ部　学びを維持する

第5章　コロナ下での学校における音楽活動
——教員へのインタビュー調査に基づく報告

小塩さとみ

1．はじめに

二〇二〇年二月二七日の夕刻、安倍晋三首相（当時）が記者会見で新型コロナウイルスの感染拡大防止のために三月一日から全国の学校に対して一斉休業を要請すると発表した。[*1] 発表の翌日が年度内の最終登校日となり、休業期間は地域によって異なるが最長で三ヶ月にわたった。通常であれば学校の授業や行事は事前に入念に決められた計画に沿って行われる。しかし、コロナ下では、学校で教える教員たちも、子供を持つ家庭も、先行きが見えない中で試行錯誤をすることとなった。未知のウイルスへの警戒心、通常の社会生活を可能な範囲で維持することの必要性、様々な情報の中でどの情報を信頼すればよいのかなど、これまで経験したことのない状況の中で、学校ではどのような運営が行われたのであろうか。

本章では、小中学校を主たる対象として、コロナ下での学校における音楽活動の状況を、二〇二一年の夏に実施した教員へのインタビューと教員養成大学に勤務する筆者の見聞きした体験をもとに紹介する。コロナ下の活動を振り返ることで、学校で音楽を学び、演奏することの意味も見えてくるはずである。

インタビューは二〇二一年八月にインターネット会議システムのZoomを利用して、座談会形式で六回行った。*2 インタビュー協力者は筆者が勤務する教員養成大学の卒業生二六名で、学生時代の知り合いをグループにしてインタビューを実施した。座談会形式としたのは、多くの学校の状況を把握でき、調査協力者が緊張せずにありのままの状況を話しやすい環境を作ることが大切だと考えたからである。

グループ作成にあたっては、学校種や勤務地域を区別せずにグループを作成した。回によって参加人数も二名から一一名と差があるのは、協力者が話しやすい環境を重視したためである。協力者の勤務する学校種で分類すると、小学校が一〇名、小中一貫校が一名、中学校が一二名、中高一貫校が一名、高校が二名となる。また学校の所在地は、仙台市が九名、宮城県(仙台市以外)が七名、東京都四名、千葉県二名、福島県二名、栃木県一名、北海道一名である。協力者には、卒業年度と勤務地の所在地は公表してよいとの許可を得ている。

インタビューを実施した二〇二一年の夏は、前年度の徹底した感染防止体制から、少しずつ学校活動を取り戻すことに重点が置かれるようになった時期であった。各回の座談会では、「二〇二〇年度の学校における音楽活動」「二〇二一年度前半の学校における音楽活動」「参加者の個人的な音楽活動」の三点について質問したが、本章では二〇二〇年度の学校における音楽活動を中心に報告と考察を行う。

2. 学校における音楽活動

コロナ下の学校における音楽活動の状況について述べる前に、学校で行われている音楽活動を概観しておこう。学校における音楽活動は、大きく「授業」と「学校行事」と「部活動・クラブ活動」に分けることができる。これらは学校という同じ場所で行われる音楽活動ではあるが、それぞれに異なる性格をもつ。

「授業」は学校教育法施行規則によって年間の標準授業時数が定められ、学習指導要領によって指導内容が定められている「必ず」「全員が」参加する音楽活動で、評価の対象となる。音楽科の学習は「表現」と「鑑賞」の二領域に分類され、さらに表現領域は「歌唱」「器楽」と「音楽づくり」(小学校)または「創作」(中学校)の三分野に分類される。これらをまんべんなく学習できるように教員は授業を行う。歌唱はもっとも基本的な音楽活動として多くの時間が割かれ、みんなで声をあわせて歌うこと、曲の雰囲気にあわせた歌い方を工夫することなどを演奏体験の中で学ぶ。「器楽」に関しては、小学校低学年ではカスタネットやタンブリンなどの打楽器と鍵盤ハーモニカを学び、三年生からはリコーダーの学習が始まる。リコーダーは穴を押さえる指の組み合わせを変えることで様々な音高を出すことができる吹奏楽器で、複数年かけて運指法を覚え、息のコントロールの仕方を身につけていく。いろいろな楽器を学ぶことで合奏の幅も広がる。中学校ではアルトリコーダーを学び、箏などの和楽器も演奏を体験する。「鑑賞」や「音楽づくり」「創作」も必ず行う活動ではあるが、音楽の授業の中心は「歌唱」と「器楽」にあると言っても過言ではないだろう。

学校における音楽活動は授業だけではない。入学式や卒業式では校歌や国歌が歌われ、入学や卒業を祝うために在校生が音楽演奏を行う。学校に入学すると校歌を覚え、歌うことで学校への帰属意識が育まれる。小学校の学芸会や学習発表会で音楽演奏を行うことも多い。学校によっては授業前の朝の活動で歌を歌ったり、全校で音楽集会を開催して季節ごとの歌を歌ったりする。中学校で重要な行事は校内合唱コンクールで、クラスの団結を促す大事な行事と考えられている。地域によっては学外の音楽ホール等を借り、保護者も聴きに来ることができる形で開催している。これらの行事は、「望ましい人間関係を形成し、集団への所属感や連帯感を深め、公共の精神を養い、協力してよりよい学校生活を築こうとする自主的、実践的な態度を育てる」ことが目的で行われるもの〔文部科学省 2017c: 12〕で、授業と同様に基本的には学校の児童・生徒が全員参加することが前提の活動であるが、評価の対象ではない。

部活動・クラブ活動は、児童や生徒の興味や関心に応じて行うもので、小学校では音楽クラブや金管バンド、中学校・高校では吹奏楽部や合唱部などが代表的である。他にも軽音楽（ポピュラー音楽）や箏曲、地域の伝統芸能を扱う部などもあり、部活動は学校の特色をつくる要素のひとつともなっている。吹奏楽や合唱の場合には、夏に開催されるコンクール出場を活動の大きな柱とする学校が多い。さらに冬に開催されるアンサンブルコンテストやソロコンテストにも出場して演奏技術の向上を目指す学校もある。コンクールの他にも入学式や卒業式での演奏、定期演奏会や地域のイベントでの演奏など様々な演奏の機会があり、放課後や週末に練習時間を確保して本番に向けて準備を行う。吹奏楽の場合、部活動で初めての楽器に挑戦する生徒が多いので、特に多くの練習時間が必要となる。

このように、学校における音楽活動は多岐にわたる。これらの活動のほとんどがコロナ下で「中止」や「活動制限」の対象となった。

3. コロナ流行初期の状況

3–1　卒業生をどう送り出すか――二〇二〇年三月の対応

二〇二〇年三月一日に始まる全国一斉休業は、教育関係者にとっては突然のことで、帰宅時の運転中にラジオで首相の記者会見を聞いて耳を疑ったと話した協力者もいた。三月は学年末が近く一年の学習のまとめをする時期であり、卒業式や終業式などの行事が控えている時期でもある。休業宣言の翌日は年度内最後の登校日となった。

インタビュー調査では、この年度内最後の授業日に合唱や合奏など音楽を演奏したという発言が複数の協力者からあった。卒業式では卒業生が歌を歌って六年間を過ごした学校に別れを告げることが多い。また卒業式とは別に、卒業生が学校（先生や下級生）や保護者に向けて感謝を示す会（謝恩会）や、下級生が主体の「卒業生を送る会」などの行事を開催する学校も多く、これらの行事でも合唱や合奏が披露される。すでに練習を始めていた学校は多く、休業前の最後の一日に、「謝恩会を開催して合唱や合奏を行った」「予餞会を前倒しで決行し、短縮バージョンで歌とメッセージの交換のみを行った」「六年生が練習していた合唱の録音を慌てて行ってそれを卒業アルバムに添付した」などの発言があった。

一斉休業中に行われた卒業式は、人が集まることは感染リスクを高めると強く避けられていた状況下で開催されることとなった。「卒業生が講堂に集まって行った」「二回にわけて講堂で行った」「屋外（運動場）で行った」「クラスごとに行い校長先生が三回同じ話をした」など学校ごとに工夫をしていたことがわかる。保護者の参列は認めずに「先生と卒業生のみ」で行ったという学校が多かったが、人数を制限して保護者の参列を認めた学校も複数あった。

通常の卒業式では歌が大きな役割をもつが、卒業式での歌への対応も様々であった。「音楽はなにもなく式典だけを行った」「国歌のみ録音で流した」「校歌のみ録音で流した」など生演奏を避けた学校が多かった。しかし制限の中で歌を歌った学校もあった。「国歌のみマスクをつけて歌った。本番だけで練習はなし」「卒業生は通常は三曲を演奏するが練習ができなかったので、一曲のみを歌詞カードを見ながら二メートルの間隔をあけて歌った。国歌や校歌は歌わなかった」「卒業式のために二曲練習していたが、一曲のみを卒業式で歌った。保護者が参列できなかったので録画して配布した」「練習していた曲をマスクをつけて歌ったが、声を出すことに抵抗をもつ生徒もいた」「卒業生の歌は行った。歌の練習用の録音を作成して配布し各自が家庭で練習した」「在校生の歌は取りやめたが卒業生には歌わせた」「卒業生の合唱は保護者からの強い要望があり実施した。通常は雛壇で並んで演奏するが、自分の座席で歌った」など、調査協力者の約三分の一の学校では曲数を減らしたり感染対策を行ったりした上で歌が歌われた。

3−2 全国一斉休業中の「音楽」への対応——二〇二〇年四月・五月

二〇二〇年三月に始まった全国一斉休業は、新しい年度に入っても継続され、二〇二〇年度は学校の授業開始が大きく遅れることとなった。文部科学省では三月二四日以降、臨時休業や学校再開に関するガイドラインの提示、学校再開に関するQ＆Aの作成、通知文書による留意事項の伝達等をこまめに行っている。[*3] ガイドラインやQ＆Aは追加情報を加えた改訂版が何度も作られた。休業期間中の学習に関しては、教育委員会や学校に対して、児童生徒の実態を踏まえ適切な家庭学習のための教材を提供するよう指示を行うとともに、その支援の一環として公的機関等が作成した教材や動画を紹介する学習支援コンテンツポータル（通称「子供の学び応援サイト」）を開設した。[*4] また登校日の設定や、児童の家庭学習状況の把握、特に配慮を要する児童生徒の登校など、きめこまやかな対応の工夫を学校に求めている。さらに臨時休業中の「子供の居場所確保」のために、放課後児童クラブ等のために学校の教室等を積極的に提供するように促している。教員は休業期間中も上記のような様々な業務に携わることとなった。

家庭学習に関しては、四月二一日付で初等中等教育局長が通知した「新型コロナウイルス感染症対策のために小学校、中学校、高等学校等において臨時休業を行う場合の学習の保障等について」[*5]という文書において、「学校が課す家庭学習の充実」を指示し、「各教科等において」「教科書及びそれと併用できる教材等に基づく家庭学習を課すこと」や学習計画表などを作成させて「計画性をもった家庭学習を課す」などの工夫を講じることを求め、さらに「児童生徒の学習状況の随時把握」や「ICTの最大限の活用」も指示している。

インタビュー調査では、臨時休業期間中に音楽の学習教材を作成した協力者は多くはなかったが、何人かいた。以下にいくつかの事例を紹介しよう。

東京の区立小学校で教えている協力者は「当初音楽科は教材の作成を行わなかったが、五月になって新しい内容も加えることになり、音楽のプリント課題を出すようになった。教科書の内容を取り上げ、「歌ってみましょう」「聴きながら楽譜を指でなぞりましょう」などの課題を作った。学校として「時間割」を作成し、その中に「音楽」の時間も加えた」と話した。年度当初は国語や算数などの基本教科の課題を主に出していたが、休業期間が長引くなか、自宅でも学校と同じように時間を使う習慣をつけさせ、学校再開後にスムーズに順応できるような工夫を行ったものと思われる。この協力者は、他に校歌の動画配信やNHKの番組紹介も行った。

休業期間中の課題として校歌を紹介する課題を作った協力者は他にも何人かいた。宮城県の中学校で教える協力者は「校歌を先生達に歌ってもらって録音し、それを学校のホームページに載せることで一年生に校歌を紹介した」と述べ、仙台市内の中学校で教える協力者は「一年生に校歌を覚えるという課題を出した」と語った。通常中学校一年生の音楽の授業は、四月に校歌をみんなで歌って覚えることから始めることが多く、それを反映した課題である。「上級生の課題として、一年生に校歌の歌い方についてアドバイスを書いてもらった」という協力者もいた。他には、「教科書に載っている歌唱教材に関するプリント課題を作成した」（仙台市中学校）

という回答や、「《アナと雪の女王》や《鬼滅の刃》などを鑑賞課題とした」（仙台市小学校）という回答もあった。後者は児童生徒が好む楽曲を「課題」として出している点が興味深い。

学習支援のための動画づくりを行ったり、オンラインで授業を実施した協力者も何人かいた。宮城教育大学附属小学校では、休業期間中にオンデマンドの授業配信を行った。当時附属小学校の音楽専科教員だった協力者は、「校歌を教える動画も含めて音楽関連の動画を数本作成した。[*6]まだ会ったことのない児童にむけて一方的に発信し、どう受け止められているかがわからないのが不安だった。グーグルフォームで感想を書いてもらえるようになってからは、児童の反応がわかり動画作成が楽しくなった。特に好評だったのは副校長や他の先生達にも演奏で参加してもらった《ミッキーマウスマーチ》で、家で動画と一緒に演奏したという感想がうれしかった」と話した。「動画作成は教員が新しいことにチャレンジする機会となったが、スケジュールに追われている感じがあり、保護者も見るというプレッシャーもあった」という。

宮城県の高校で教えている協力者は「高校全体が「学びを止めない」をスローガンに学習支援動画を一〇〇本ほど作成し、自分は音楽関連の動画を四本作った」と回答した。この高校では、前年度（二〇一九年度）にスタディサプリ[*7]の導入を決めていたため、休業期間中の課題配信、授業動画のリンク共有、生徒とのやりとりなどにこのシステムが活用できたという。「音楽関連の動画では紙コップを使ったリズム創作の教材をつくった。学習指導要領の示す内容に合致し、どの生徒の家庭にもあるもので取り組むことができ、感染症対策が取れることを意識した」という。この年の文化祭では合唱のかわりにこの教材で演奏発表を行うなど、その後の学校での音楽活動とも結びつけることができたという。

授業動画の配信は学校側の配信体制と、児童生徒の家庭におけるインターネット環境の両方が整わないと実現できないが、教室にいる先生の顔や声を見聞きし、学校の雰囲気を味わいながら学べる点が長所である。ただし動画作成は、動画に適した教材を選択し、配信に適した動画の長さを決め、その時間枠にあった構成を考えた上で撮影や編集を行う必要があるため、教員にとって多大な時間を費やす作業であった。

特に課題を作らなかったという協力者も多かったので、主要教科中心で課題を構成していた学校も多かったと考えられる。

4. 登校再開後の学校での音楽活動について――二〇二〇年度六月以降

三月に始まった一斉休業期間の終了時期は地域によって異なるが、大半の学校では六月から登校再開となった。しかし、すぐに以前と同じような授業を行うことができたわけではない。当初は「密を避ける」ために午前・午後の分散登校を行った学校が多かった。マスク着用や手指消毒といった児童・生徒自身が行う対策に加えて、児童の帰宅後に机や教具を消毒するなど、教員は感染防止対策のために奮闘することとなった。

文部科学省は五月一五日付の通知文書で新型コロナウイルス感染症対策を徹底した上で「学びの保障」を行うよう指示し、「学校教育が協働的な学び合いの中で行われる」ことを強調し、「授業時数の確保」だけでなく「学校行事等も含め」学校でしか学べない教育活動を進めることの重要さを確認している。一方、五月一三日付の「新型コロナウイルス感染症に対応した小学校、中学校、高等学校及び特別支援学校等における教育活動の再開等に関するQ＆A（五月一三日時点）」*8では、「各教科等の指導について、感染症対策を講じてもなお感染の可能性が高いため実施することができない学習活動」として、長時間のグループ活動や家庭科の調理実習などとともに、「音楽科における狭い空間や密閉状態での歌唱指導や身体の接触を伴う活動」が挙げられた。ま

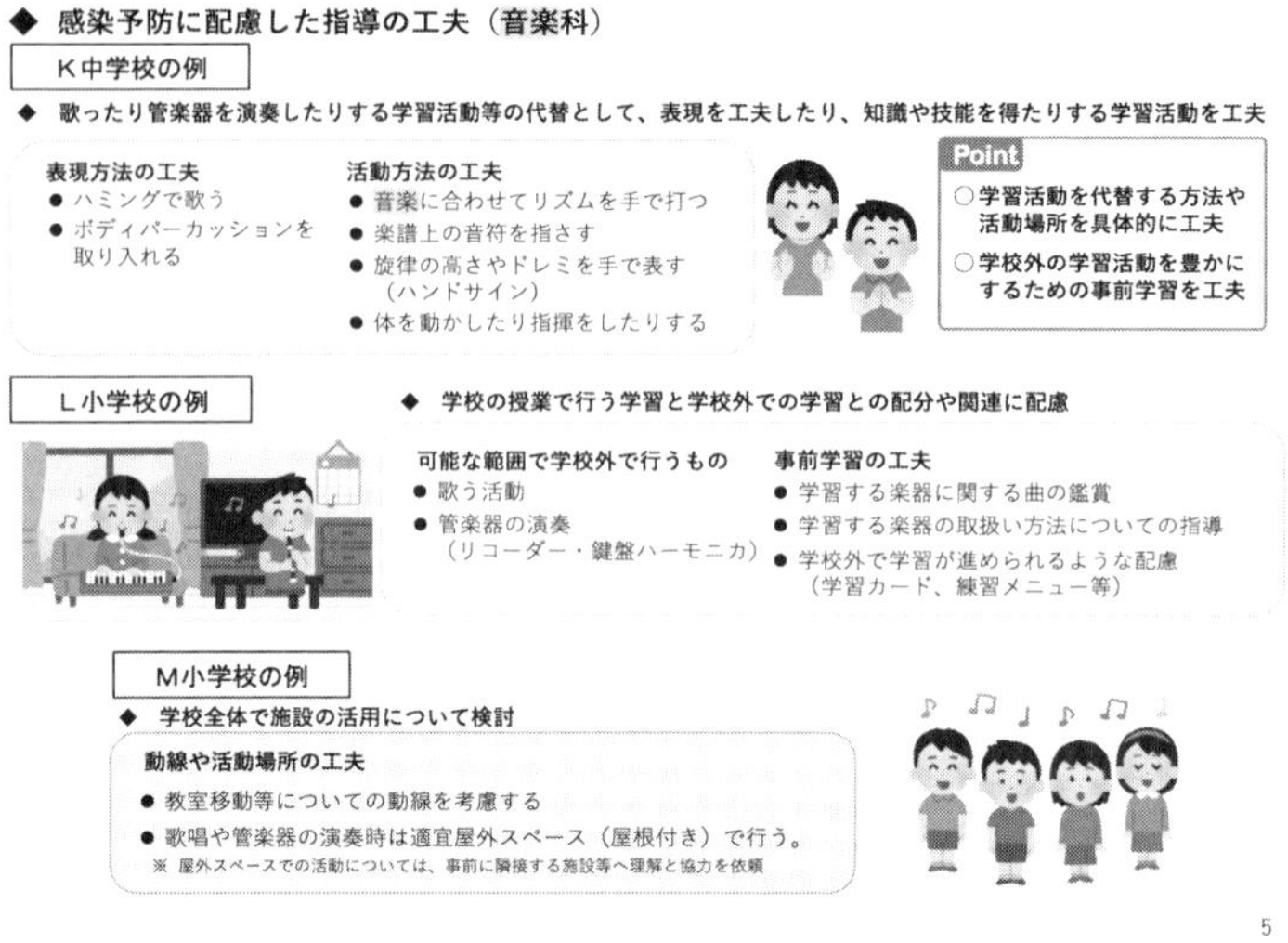
◆ 感染予防に配慮した指導の工夫（音楽科）
K中学校の例
◆ 歌ったり管楽器を演奏したりする学習活動等の代替として、表現を工夫したり、知識や技能を得たりする学習活動を工夫
表現方法の工夫
● ハミングで歌う
● ボディパーカッションを取り入れる
活動方法の工夫
● 音楽に合わせてリズムを手で打つ
● 楽譜上の音符を指さす
● 旋律の高さやドレミを手で表す（ハンドサイン）
● 体を動かしたり指揮をしたりする
Point
○学習活動を代替する方法や活動場所を具体的に工夫
○学校外の学習活動を豊かにするための事前学習を工夫
L小学校の例
◆ 学校の授業で行う学習と学校外での学習との配分や関連に配慮
可能な範囲で学校外で行うもの
● 歌う活動
● 管楽器の演奏（リコーダー・鍵盤ハーモニカ）
事前学習の工夫
● 学習する楽器に関する曲の鑑賞
● 学習する楽器の取扱い方法についての指導
● 学校外で学習が進められるような配慮（学習カード、練習メニュー等）
M小学校の例
◆ 学校全体で施設の活用について検討
動線や活動場所の工夫
● 教室移動等についての動線を考慮する
● 歌唱や管楽器の演奏時は適宜屋外スペース（屋根付き）で行う。
※ 屋外スペースでの活動については、事前に隣接する施設等へ理解と協力を依頼
5

図1　感染予防に配慮した指導の工夫（音楽科）
文部科学省 2020a「新型コロナウイルス感染症対策に伴う児童生徒の学習保障に向けたカリキュラム・マネジメントの取組事例について」【令和2年10月30日：第3弾】より

た六月五日付の「学校の授業における学習活動の重点化に係る留意事項等について」[*9]という通知文書では、「音楽づくりや鑑賞の学習を、歌唱や器楽の学習のうち全員で歌ったり演奏したりする学習より先行して行ったり、知識や技能に関する学習の一部などを学校の授業以外の場で先に学習を進めておいたりするなどの工夫が考えられる」と記している。文部科学省はその後も頻繁に通達や情報提供を行った（**図1**）。

各市町村の教育委員会は文部科学省からの指示に基づいて独自のガイドラインを定め、各学校は市町村のガイドラインに基づきつつ、地域の特性や学校の教育方針に従って学校独自のガイドラインを作成した。インタビュー調査からは、文部科学省からの同じ指示に基づきながらも、地域や学校により音楽活動に対する方針や実際の活動内容が大きく異なっていたことが明らかになった。以下に具体的

な例を見ていこう。

4-1　二〇二〇年度の音楽の授業――学校の事例

前述のように音楽科の授業活動は「狭い空間や密閉状態で」行うとリスクが高いと位置づけられた。特に歌唱やリコーダーのように息を用いて演奏する活動は、クラス内に感染者がいた場合に、クラスター（集団感染）を引き起こす可能性があるため、厳重な注意が必要となった。インタビュー協力者の回答からは、二〇二〇年の夏休み前に授業で行うことができた活動には大きな制限が課せられ、その後少しずつ活動を広げていった学校が多かったことがわかる。

小学校の場合、最初に授業で行った活動はリズム打ちと鑑賞が多かった。北海道の学校に勤める協力者は「歌と器楽は認められず、できたのはリズム打ちと鑑賞だけだった。活動内容が限られていたため一学期の通知表に評価は記載しなかった」と語った。同じく前期の通知表には評価を入れなかったという仙台市の協力者は「歌と楽器はしばらくやらないようにと言われ、授業でやったのはリズム打ちのみ。評価ができるほどの活動ができていないことを校長に報告した」という。千葉県の協力者は「再開直後から音楽の授業はあったが鑑賞しかできず、次第に子供たちが飽きてきたので、リズムパーカッションや箏の活動を加え、楽器使用後は手洗いを徹底させた」と話した。この学校では七月頃からマスクを着用すればハミングで歌うことも認められたが、保護者からは「そんなことをやらせてよいのか」という心配の声も出たという。東京二三区で音楽専科として教えている協力者は「前期は歌の活動は認められず、鍵盤ハーモニカもリコーダーもできなかった。後期になって、歌の時には外側を向いて歌うようにと区から指示があったが、一緒に歌っている感じがせず違和感があった」と話してくれた。

写真１　コロナ下での教育実習生の授業（2020 年 9 月）
実習生も児童もマスク着用で授業を行っている。児童の中にはマスクが苦手な子供もいる。この学校ではこの時期にはグループ活動も行っていたが、その後感染が広がるとグループ活動は禁止となった

活動制限がより厳しい学校もあった。「音楽の授業を始めたのは九月頃からで、鑑賞とリズム打ちだけが認められた。楽器も使うことができなかった」と話す区立小学校の教員は、限られた活動内容で授業を継続させるために、教科書にない曲も取り上げて工夫をした。制限が厳しかったのは「地域にコロナ患者の受け入れ病院があり、感染リスクに敏感な保護者や教員が多かった」ためで、「年明けに十分な距離を確保してリコーダーをやりたいと思ったが認められなかった」と話した。近隣の小学校と比べて、自分の勤務校での活動制限が厳しいことに疑問を感じた経験を話してくれた協力者もいた。「市内の音楽部の教員が相談してガイドラインを作成し、北海道の感染状況がステージ2であれば通常の活動、ステージ3の時の歌唱はハミングまでならば可とすると定めた」が、「授業内容について最終判断をするのは校長で、自分の勤務校では、絶対にクラスターを出したくないという理由で歌もリコーダーも鍵盤ハーモニカも認められなかった。市内の別の小学校ではリコーダーを勉強しているのに、学習内容に差が出ていることに対して複雑な気持ちがあった」と語った。北海道は大規模な感染が発生し、学校現場でも緊張感が強く、校長による判断も学校ごとに異なったものと思われる。

音楽の授業を屋外で行い歌唱活動を実施した学校、感染リスクが高い「息を伴う活動」に時間制限を設けたり、「小さな声で」「弱い息で」演奏させることを条件に活動を認めた学校もあった。宮城県の小学校に勤務する協力者は、「ガイドラインは学校で独自に作成した」といい、「音楽部の教員で相談して、授業では二メートル以上の距離を確保すること、外で行うことが可能な活動は屋外で行い、教室で歌う時は口ずさむ程度でと決めた」という。「鍵盤ハーモニカや歌は、ラジカセを持参して外で行うことができたが、移動に時間がかかるので実質の授業時間は短く」、「一年生の担任だったため、教室内で小さな声で歌うように言っても、歌っているうちに大声になってしまい、教頭がやってきて注意されたこともある」と語った。

写真2　コロナ下での授業風景（2021年7月）
「箏をつかった音楽づくり（4年生)」の授業風景。音楽づくりはコロナ下でさかんに行われるようになった活動でICTを活用するものも多く提案されたが、楽器を使って音を鳴らし、グループで話し合う活動の中で学べることは多い（インタビュー調査協力者の調査後の授業）

「朝の会での歌は認められなかったが、授業での歌唱は密にならなければよいと言われた」のは宮城県の小中一貫校で働く協力者である。授業では「音楽室や広い教室を使って、歌もリコーダーも行った。密にならないように小さなグループに分け、子供たちが向かい合わせにならないように気をつけた」という。千葉県で勤務する協力者は

「マスク着用で口ずさむ程度であれば歌も歌えた。鍵盤ハーモニカについては教務主任に相談したが許可が出ず、息を楽器に吹き込まずに指の練習だけをさせ、教室のオルガンで同じ旋律を弾く機会を作った」という。音楽の授業にとって、自分が音を出すという経験が重要だと考えての工夫である。鍵盤ハーモニカで指の動かし方を覚えた後にオルガンを弾く時には「音を出せる機会が少ないのでみんな真剣にやっていた」という。与えられた条件の中で、音楽らしい活動をなんとか行いたいと、多くの教員が工夫を凝らしていたことがわかる（写真1、写真2）。

4-2 二〇二〇年度の音楽の授業――中学校の事例

中学校の場合も歌唱やリコーダーを避けて授業を始めた学校が多かったが、小学校と比べると歌唱活動の再開時期が早い学校が多かった。中学生は状況を理解して自律的な行動ができることに加え、教科の専門性が高く、担当教員の意見もある程度尊重されたことが理由として推測される。さらに中学校では学校行事として校内合唱コンクールを行うことが多く、生徒が声を出して歌うことの重要性が音楽以外の教員にも共有されていた可能性が考えられる。「学校行事」の事例として後述するように、二〇二〇年度の合唱コンクールについては、実施・中止どちらの対応もあったが、合唱コンクールは中止しても授業では歌唱を認めたという学校もあった。また合唱コンクールの実施を決めたことと連動して、授業での歌唱再開を決めた学校も多かった。

具体的にいくつかの回答を紹介しよう。仙台市は市のガイドラインがあり、六月の授業再開直後は「創作と鑑賞」を行った協力者が多かった。しかしその後の活動拡大の詳細については学校により違いがある。「歌唱や器楽は一〇月から教えることができるようになったが、大きな声で歌う時間は最小限に抑えるようにし、デジタル教科書で歌の手本を聞かせた上で声を出させるようにした」、「例年七月に行う合唱コンクールは一旦中止となったが、その後一一月の実施が決まり、夏休み明けの授業から練習を始めた。声を出す時にはマスク着用を必須とし、生徒間の距離を確保した。リコーダーは年明けから始めたが、マスクを外すので最小限の息で吹くようにと指導した」、「秋に教頭に相談して歌唱活動が許可されたので、音楽室を模様替えして十分な距離を確保できるようにした。合唱はパート練習で密になりやすく危険なので三年生のみが行い、他の学生は独唱や箏の授業を行った。リコーダーは許可が出ず実施していない」など、学校独自の判断に沿って音楽教員が工夫していたことがわかる。

仙台市で教える別の協力者は、この年の活動状況について詳しく話してくれた。「音楽の授業は鑑賞から始め、教科書に載っている鑑賞教材をすべてやりつくした頃に、「そろそろ歌を歌いたい」と生徒たちから声があがった。ちょうど文部科学省や日本合唱連盟から歌唱時の指針が出た時期だったので、その資料も見せながら校長に相談したところ「歌も歌わないといけないね」と授業での歌唱を認めてくれた。周囲の学校ではハミング程度の声出ししか認められていない時期だった。授業ではマスクをつけて歌わせ、歌のテストは別室で一人ずつ歌ってもらった。この年の合唱コンクールは、感染防止対策を提示して何度も実施を願い出たが中止となった。けれども長野県の中学校との交流活動で、全校生徒が校庭に出てみんなで一緒に歌を歌う機会が得られたのはよかった。リコーダーについては自分の判断で実施しなかったが、今年入学した一年生が小学校でリコーダーを吹いたと話しているのを聞いて、やってもよかったのかなという思いもある」という協力者の話からは、校長、音楽教員それぞれが生徒の安全を守りつつ学習体験を確保したいと試行錯誤した様子が伝わってくる。

授業再開直後から歌唱を実施した学校もあった。宮城県内の中学校で勤務する協力者は「市内の感染者数が少なかったので、マスクをつけて距離を保てば歌唱も行うことができた。しかしリコーダーはマスクを外さないと演奏できないため実施できなかった」と言う。「校長や教頭と相談し、できる限り通常通りの授業活動を行った」という仙台市の中学校で働く協力者は「マスクをつければ歌も歌ってよく、一年生には最初の授業で校歌を教えた。ただしリコーダーはやっていない。その分、鑑賞に時間を使うようになり、これまで扱っていなかった曲を生徒が興味をもって聞いてくれた」と話した。仙台市のキリスト教系私立中高で音楽を教えている協力者は「讃美歌は口ずさむ程度の歌い方が認められていたので、授業でも換気を行いマスク着用で歌を歌った。しかし器楽は楽器の使い回しが発生するという理由で一切認められなかった」と言う。福島県の中学校で教える協力者は「換気を行い、マスク着用で一年生には校歌を教えた」が、「県のガイドラインでは合唱とリコーダーは不可だったので、その後は創作と鑑賞を中心に授業を行った。七月に合唱も可能になったので、合唱コンクールが実施できるかはわからなかったが、曲を選び練習を始めた」と話した。中学校の場合、歌唱よりもむしろリコーダーの学習に慎重を期した回答者が多かった。

4-3　二〇二〇年度の学校行事

小学校では「朝の会」「音楽集会」「学習発表会」、中学校では「合唱コンクール」や「文化祭」が音楽に関わる行事として重要である。また入学式や卒業式でも歌が歌われることが多い。行事は授業以上に学校や地域の事情によって実施状況に違いがあることがインタビュー調査から明らかになった。しかしどの学校でも何かしらの音楽行事が行われていたこともわかった。まずは小学校の事例から見ていこう。

朝の会での歌の活動は中止した学校が多く、全校集会は校内放送やインターネットを利用して実施した学校が多かった。それに伴って音楽集会を中止した学校も多いが、それぞれの教室で歌を歌って集会を継続した学校、歌のかわりに教室で全校生徒が同じ曲を聞き感想を述べ合う「鑑賞集会」を行った学校など、工夫をしながら日常的な音楽行事を継続した学校もあった。

演奏発表の場も多くの学校で確保された。「校長が規模を小さくしても行事はなるべくやりたいという考えをもっていた」という区立小学校では、「区の教育委員会からの通達には、運動会・音楽会は中止にすることがのぞましいとあったが、人数を減らし規模を縮小して運動発表会、音楽発表会とすればやってもよいとも記されていたため、一一月に音楽発表会を開催した」という。例年よりも曲数を減らし、「合唱をやめて、各学年がリコーダーまたは鍵盤ハーモニカの曲と合奏曲の二曲ずつを演奏した」という。協力者は後になって同じ区内で音楽発表会を実施した学校は少なかったことを知るが、「子供の行事に対して積極的な家庭が多く、特に保護者からのクレームはなかった」という。この学校では「卒業式前には謝恩会を開催して、六年生が保護者に向けて、打楽器中心の合奏を披露した」り、「卒業式では事前に歌った歌を録音してそれを式で流」すなど、音楽に取り組む機会が多数確保されていた。

他の学校でも「カスタネットやタンブリン、鈴など学校にある打楽器を集め、楽器を使い回さないで済む形で合奏を行った」、「授業でリズム打ちしかできなかったので、学習発表会でも《ミッキーマウスマーチ》に合わせてリズム打ちの発表を行った」など、できる範囲で工夫して発表機会を作った小学校が多かった。

児童生徒が演奏発表をする機会はまったく作れなかったが、区が主催する音楽鑑賞会に六年生を参加させたという協力者は、「行事に関しては校長や教頭から指示されたものをやる感じだった。工夫して行事をやった学校もあったので、自分の学校でも何か工夫してできたかなとも思うけれども、保護者の意見も大きく影響するので無理だったかなとも思う」と話した。音楽鑑賞会は区内の音楽専用ホールで開催されるため、例年は公共交通機関を利用してホールに行くが「感染対策のためにバスを借り上げることになり、その調整が本当に大変だった」という。多くの学校がバスを利用するため駐車場にバスが入る時間を相互に調整したり、ホールで検温や消毒をスムーズに行うやり方を検討したり、体調不良者が出たときの対応策を事前に検討してホールに

写真3　コロナ下で行われた「合唱の会」(2020年12月)
通常よりも前後左右の距離を広く確保して歌い、客席の前方は感染対策のために空席にしてある。写真は小学校での実践例である

提出したりと、多くの業務が発生したという。

中学校では校内合唱コンクールが重要な音楽行事であるが、やはり地域の感染状況や、校長や教頭の行事に対する考え方によって対応が分かれた。実施を見送った学校も多かったが、何人かの協力者の学校では二〇二〇年度にも合唱コンクールを実施していた（写真3）。

感染者が少ない地域だった仙台市内の中学校では、「マスクをつけ距離を確保すれば歌唱活動が可能だったので、例年通り一〇月に実施した。窓の方を向いてクラスごとに課題曲と自由曲の二曲を歌い、例年行う全校合唱は行わなかった」という。この学校では、立志式や卒業式の合唱もマウスシールド[*10]をつけて実施した。

「校長や教頭が生徒に聴衆の前で演奏する経験をさせたいと考えて合唱コンクールの実施を決断した」という別の中学校では、「音取りはマスクを着用してハミングで行ったが、本番は距離を確保してマスクを外して歌い、例年通り外部から審査員も招いて」実施した。地道に練習を重ね、その成果を一度きりの本番の舞台で聴衆に向けて歌うことは、音楽的な学びだけでなく、目標に向かって努力することや、やり直しのできない大事な場面で全力を尽くすことを体験する機会でもある。

行事実施のために校長自らが積極的に対応策を模索した中学校もあった。例年七月に実施していた合唱コンクールが中止となったが、「伝統的に合唱活動に力をいれてきた中学校としてどうしても実施したいと近隣の民間屋外運動施設に交渉し」、一〇月の午前中に屋外で「合唱祭」を実施したという。スタジアムを借りたので「学年を縦割りにした一〇〇人規模の合唱を十分な距離を確保して行うことができ」た。合唱祭に向けた練習は、夏休み前には音楽の授業でハミング歌唱を行い、夏休み明けには教室の窓を開けマスクを着用させた上で教室でのパート練習を許可した。「音楽科を担当する自分ですら実施は無理だとあきらめていたが、合唱祭を行うことで異学年との交流やみんなで一緒に何かを行う体験をさせることができてよかった」と協力者は語った。

他にも最後の学年である三年生だけに対して合唱コンクールを実施したという学校や、人数を減らすために学年ごとに開催して保護者の来場を認めた学校、「上級生の合唱を下級生が聴くことで次年度の目標になる」という理由で保護者を入れずに全校生徒が参加する形で実施した学校など、同じ行事でも、その意義のどの部分に着目するかで実施方法は異なっていた。

4-4　部活動・クラブ活動について

インタビュー調査協力者の中には、小学校の金管バンドやマーチング、中学校・高校の合唱部や吹奏楽部の顧問も多かった。吹奏楽や合唱の活動は夏に開催されるコンクールを大きな目標としている場合が多いが、二〇二〇年度は五月上旬に全日本吹奏楽コンクールの中止が決まり、*11 その後地方大会や県大会の開催の中止も発表された。合唱もNHK全国学校音楽コンクールや全日本合唱連盟主催のコンクールが中止となった。小学校の場合ほとんどの協力者が「二〇二〇年度はほぼ活動ができなかった」と回答した。新入メンバーも入らず、活動休止中にモチベーションが維持できず辞めていくメンバーもいて、翌年度の活動に影響が出ているという声も聞こえた。

一方で、中学校の場合は、学校によって違いはあるものの、二〇二〇年度も新入部員が加わって何らかの活動を行うことができたところが大半であった。コンクールが中止となったため、最終学年である三年生の演奏発表の場を確保したいと小さな演奏会を開催できるよう学校と交渉したという協力者が多かった。「八月に校内の多目的ホールでミニコンサートを実施した。入場できるのは合唱部の保護者のみで、二曲だけマスクをとって歌わせた」、「コンクールの練習のために予約してあった音楽ホールで八月に合唱部の保護者だけが来場できる演奏会を行った」、「九月に吹奏楽部三年生の引退演奏会を学校外のホールを借りて行った。二時間以内で終えること、来場できるのは三年生の保護者のみという条件だった」、「文化祭が中止になってしまったので、文化祭が行われるはずだった日に体育館で吹奏楽部の卒業コンサートを実施して保護者に聞いてもらう機会を作った」、「コンクールが中止になったので、発表機会を作るために市内の中学校の吹奏楽部が音楽ホールを借りて合同演奏会を行った」、「吹奏楽のミニコンサートを学校の中庭で行った」、「一〇月に学校の武道場で合唱部の演奏会を行った。保護者のみ来場ＯＫとした。初めての試みで手探りだったが、思ったよりも多くの方が聞いてくれた」など、演奏会の規模は様々であった。「学校外の広い会場を借りて演奏会を行う予定だったが、最終的には観客を入れずに演奏だけを行うことになった」という学校もあった。

新入部員を迎えるにあたっては、勧誘演奏ができなかったことに加え、吹奏楽部は楽器選びの難しさがあった。「通常であれば上級生が説明をしながら何種類かの楽器を体験した上で担当楽器を決めるが、体験なしで楽器を決めてもらい上級生との交流も行わなかった。部員数が少なく少人数編成で演奏を行うので、希望の楽器になれない人も多かった」という学校もあれば、「一日一人一楽器の体験を行うことにして、二週間ぐらいかけて楽器体験を行った。使用後には楽器を水洗いで消毒した」、「楽器は使ったら次の使用まで三日あけるルールで行った」、「楽器を貸し出して、リードを個人持ちで負担してもらって楽器体験を行った」など、楽器選びの体験方法は学校によって様々であった。楽器を決めた後も、「一年生は楽器の仕組みを知らないので、どの部分に唾がたまるか、感染予防のために何に気をつけたらよいかなど事細かに説明する必要があった」、「通常であれば楽器指導は上級生が行うが、それができないので大変だった」など、例年と異なる活動の難しさがあった。

部活動の再開時期は、早い学校では六月、遅いところは七月の下旬ごろと違いがあった。「二〇二〇年度はほとんど活動できなかった」と回答した協力者もあったが、多くの学校では「換気を行い、一つの教室で練習する人数を制限して距離を十分に確保」することで、練習は認められた。

夏のコンクールは中止となったが、冬のアンサンブルコンテストは無観客で開催されることになった。例年とは異なる活動状況の中で、「部員が話し合い、コンテストには出場せずに時間をかけて次の年のコンクールに向けて準備することを決めた」という学校もあれば、「目標がないと活動のモチベーションが維持できないので、出場できるような演奏レベルではなかったが、無理やり参加することにした」という学校もあった。

5. インタビュー調査から見えてきたこと

学校の音楽活動は多岐にわたり、その大半がコロナ下では制限の対象となった。文部科学省の通達に基づいて、教育委員会や各学校が対策を考えることになるため、コロナ下での音楽活動の状況は、大枠では共通する。しかし、インタビュー調査から、感染防止を最優先してほとんど音楽活動ができなかった学校もあれば、感染防止対策を行いながら音楽活動を工夫して実施した学校もあったことが確認できた。困難な状況の中で音楽活動を実現させるためには、校長や教頭の判断、音楽を担当する教員の努力、他の教員の理解、保護者の理解や協力など多くの条件を満たす必要があった。

音楽は歌や鍵盤ハーモニカ、リコーダーのように息を使って演奏するものが多く、これらの活動は国語や算数のような教科に比べれば感染リスクが高い。しかし、学校教育の中で音楽は重要な役割を担ってきた。音楽を通して自己を表現すること、他の人と一緒に演奏することで協調性を身につけること、目標に向かって練習を重ねその成果を人前で発表して達成感を経験することなど、音楽が学校教育の中で担ってきた役割は多方面に及ぶ。学校は小学校であれば六年間、中学校や高校であれば三年間と期間が限定される場所であり、それぞれの学年で学ぶことが決められている。行事やクラブ活動では上級生が下級生を指導し、指導を受けた下級生がいずれは上級生となって指導する立場へと移行していく。また最終学年はコンクールや卒業式などにおいて、それまでの学校生活の総括を音楽活動によって行い、それを聞いた下級生が将来の自分の姿をそこに見る。

感染防止を徹底するために音楽活動を厳しく制限した学校もあったが、多くの学校で様々な工夫を重ねながら少しでも音楽活動を行うことができたのは、音楽が学校教育において重要で、児童や生徒のために学びの機会を確保したいという教員たちの使命感や熱意に支えられたからであった。その工夫は「距離の確保」「換気の徹底」「消毒の徹底」「活動時間の短縮」「活動内容の厳選」「リスクの少ない動線の確保」など多方面に及び、それぞれに検討や実施に多大な時間と労力が伴った。

本章では二〇二〇年度の活動に焦点を当てて報告した。この年はどのような対策が必要なのか答えが見えないままに試行錯誤を重ねた時期であり、後に効果がないと判明した対策も行われている。感染者がまだ少なく、感染者が特別視される状況であったため、「とにかく感染は避けるべき」という考え方と、「対策を行った上で必要な活動は行うべき」という価値観の対立が起こりやすい状況であった。刻々と状況が変化していく中で、初年度の学校の対応について詳しく記録しておきたいと考えて本章を執筆した。

二〇二一年度は少しずつ音楽活動が再開されたが、感染者数は増加し、前年度とは異なる対応が必要となった。学校行事を復活させる学校は増えたが、開催を予定していても地域の感染状況が悪化して延期や中止にせざるを得ない状況も起きた。部活動に関しては、吹奏楽コンクールが観客を出場団体関係者に限定するなど最小限に抑える形で開催されたが、感染者が出て出場できない団体もあった。

歌やリコーダーが多くの学校で復活したのは、二〇二二年

写真4　感染対策に留意しながら開催された「学習発表会」(2022年10月)
保護者は事前に参観申し込みを行い、マスク着用、手指消毒を行い、間隔を開けて配置された椅子に座って参観し、発表する児童はマスクをはずして舞台に立つ

度であった。筆者は勤務校の学生の教育実習中に宮城県の小学校を訪問して授業を参観したが、実習生が担当した歌の授業がその学校ではコロナ以後初めて歌唱を扱った授業で、児童が戸惑いながら歌う様子が強く印象に残った。実習後に授業を担当した学生から、「子供たちは学校でそれまで大きな声を出すことを避けるように指導されていたので大きな声を出すという経験がなく、どうやって歌わせたらよいか非常に苦労した」と聞いた。この年にようやく「学習発表会」を復活させた学校もあった（**写真4**）。

二〇二三年五月八日に新型コロナウイルス感染症は、それまでの感染症法の二類相当から五類に変更となり、感染対策も行政が関与するのではなく、個人の選択が尊重されるようになった。学校における音楽活動も、感染対策は行いながらも、ほぼコロナ状況の発生前に戻ったと言えるだろう。しかし、学校の先生と会うと、「歌を歌わせてもなかなか声が出ない」「リコーダーに苦手意識をもつ児童が多い」などの話を聞くことが多い。コロナ期間の影響は依然継続中であり、長い時間かけてそれを克服していくことになると思われる。

注

1 翌日付けで文部科学省から出された通知文書は https://www.mext.go.jp/content/20200228-mxt_kouhou01-000004520_1.pdf（二〇二四年二月一〇日アクセス）で確認できる。

2 二〇二一年八月一五日：参加者一一名（小中一貫校一、中学校八、中高一貫校一、高校一）、一六日：参加者二名（小学校一、高校一）、一七日：参加者二名（小学校二）、一八日：参加者四名（小学校四）、一九日：参加者五名（小学校三、中学校二）、二一日：参加者二名（中学校二）。

3 学校再開に向けた通知等は https://www.mext.go.jp/a_menu/coronavirus/mext_00001.html（「学校の再開に向

けて（Q&A、通知等）」）で、令和二（二〇二〇）年度のコロナウイルスに関連した文部科学省からの情報発信については https://www.mext.go.jp/a_menu/coronavirus/2020.html（「令和2年新着情報一覧（新型コロナウイルスに関連した感染症対策に関する対応について）」）で確認できる（二〇二四年二月一〇日アクセス）。

4　「子供の学び応援サイト」https://www.mext.go.jp/a_menu/ikusei/gakusyushien/index_00001.htm（二〇二四年二月一〇日アクセス）。

5　「新型コロナウイルス感染症に対応した小学校、中学校、高等学校 及び特別支援学校等における教育活動の再開等に関するQ&Aの 送付について（五月一三日時点）」https://www.mext.go.jp/content/20200513-mxt_kouhou01-000004520_2.pdf の pp.100-115 に記載がある（二〇二四年二月一〇日アクセス）。

6　休業中に作成した動画については小塩・早坂［2022］の中で詳しく紹介されている（https://mue.repo.nii.ac.jp/records/1640　二〇二四年二月一〇日アクセス）。

7　リクルートが運営する学習コンテンツを提供するインターネットサービスで、有料個人会員向けの学習コンテンツの他に、「学校向けサービス」も提供している。

8　「新型コロナウイルス感染症に対応した小学校、中学校、高等学校及び特別支援学校等における教育活動の再開等に関するQ&Aの 送付について（五月一三日時点）」https://www.mext.go.jp/content/20200513-mxt_kouhou01-000004520_2.pdf（二〇二四年二月一〇日アクセス）。

9　「学校の授業における学習活動の重点化に係る留意事項等について（通知）」https://www.mext.go.jp/content/20200605-mxt_kouhou01-000004520_1.pdf（二〇二四年二月一〇日アクセス）。

10　マウスシールドは当初感染防止効果があると考えられていたため、表情が見えることが好まれて使われたと推測される。

11　『朝日新聞』2020「全日本吹奏楽コン中止　バンドフェス、マーチングコンも」二〇二〇年五月一〇日、

https://www.asahi.com/articles/ASN5B3T1KN58ULZU00G.html（二〇二四年二月一〇日アクセス）。

参考文献

小塩さとみ、早坂英理子 2022「子供とともに学ぶ教員――附属小学校での音楽科の授業を振り返る」『宮城教育大学教職大学院紀要』4: 205-218。

文部科学事務次官 2020「新型コロナウイルス感染症対策のための小学校、中学校、高等学校及び特別支援学校等における一斉臨時休業について（通知）」https://www.mext.go.jp/content/202002228-mxt_kouhou01-000004520_1.pdf（二〇二四年二月一〇日アクセス）。

文部科学省 2017a『小学校学習指導要領（平成29年告示）解説　音楽編』https://www.mext.go.jp/component/a_menu/education/micro_detail/__icsFiles/afieldfile/2019/03/18/1387017_007.pdf（二〇二四年二月一〇日アクセス）。

―― 2017b『中学校学習指導要領（平成29年告示）解説　音楽編』https://www.mext.go.jp/component/a_menu/education/micro_detail/__icsFiles/afieldfile/2019/03/18/1387018_006.pdf（二〇二四年二月一〇日アクセス）。

―― 2017c『中学校学習指導要領（平成29年告示）解説　特別活動編』https://www.mext.go.jp/component/a_menu/education/micro_detail/__icsFiles/afieldfile/2019/03/18/1387018_013.pdf（二〇二四年二月一〇日アクセス）。

文部科学省 2020a「新型コロナウイルス感染症対策に伴う児童生徒の学習保障に向けたカリキュラム・マネジメントの取組事例について」【令和二年六月三〇日時点】https://www.mext.go.jp/content/20200701-mxt_kouhou01-000004520_1.pdf（二〇二四年二月一〇日アクセス）。

―― 2020b「新型コロナウイルス感染症対策に伴う児童生徒の学習保障に向けたカリキュラム・マネジメントの取組事例について」【令和二年七月三一日：第2弾】https://www.mext.go.jp/content/20200731-mxt_kouhou01-000008530_3.pdf（二〇二四年二月一〇日アクセス）。

―― 2020c「新型コロナウイルス感染症対策に伴う児童生徒の学習保障に向けたカリキュラム・マネジメントの取組事例について」【令和二年一〇月三〇日：第3弾】https://www.mext.go.jp/content/20201030-mxt_kouhou01-000004520_2.pdf（二〇二四年二月一〇日アクセス）。

文部科学省初等中等教育局教育課程課長：文部科学省初等中等教育局教科書課長 2020「学校の授業における学習活動の重点化に係る留意事項等について（通知）」https://www.mext.go.jp/content/20200605-mxt_kouhou01-000004520_1.pdf（二〇二四年二月一〇日アクセス）。

文部科学省初等中等教育局健康教育・食育課 2020『新型コロナウイルス感染症に対応した小学校，中学校，高等学校及び特別支援学校等における教育活動の再開等に関するQ＆Aの 送付について（五月一三日時点）』https://www.mext.go.jp/content/20200513-mxt_kouhou01-000004520_2.pdf（二〇二四年二月一〇日アクセス）。

エッセイ1
コロナ下、台湾の学校の伝統音楽クラブは如何にしてつながりを保ってきたか

長嶺亮子

1. 台湾の漢人社会と伝統音楽・北管

台湾で伝承される漢族系伝統芸能のなかでも、北管《ベイグァン》は歴史が長く、また現在でも隆盛し続けるジャンルの一つである。清朝乾隆年間（一八世紀末）頃、中国の閩（福建）からの移民に伴って台湾へ伝わった。北管の使用楽器は合奏編成によって異なるが、主に旋律楽器のいわゆるチャルメラである吹《チュイ》（嗩吶《スオナー》、噯仔《アイナー》などとも）と、太鼓類の小鼓《シャオグゥ》・通鼓《トングゥ》（堂鼓《トングゥ》とも）・大鼓《ダーグゥ》、金属打楽器の鑼《ルオ》・響盞《ヒャンツァン》（小鑼）・大小鈔《ツァオ》（シンバル）が用いられる。また、吹とともに弦楽器の提絃《テヒエン》や吊規子《ティアウクィジ》（どちらも二胡系の擦弦楽器）が合奏で用いられることも多い。[*1] 北管は座奏のほか、外を練り歩きながら奏する形式や、器楽合奏形式劇および劇音楽の形式がある。

現代の台湾においては北管には二つの活動の場がある。ひとつは地域社会、もうひとつは学校。伝統的な漢人社会の生活と道教の信仰は密接に絡み合っており、北管はその中で営まれてきた。現代の地域社会においても、北管は人々が奏で、歌い、聴いて楽しむ娯楽であると同時に、民俗習慣や信仰活動に付随する儀式音楽としての存在意義がある。一方、一九九〇年代以降に高まっていく台湾本土化意識のなかで、一九九四年には小学校に「郷土教学活動」、中学校に「郷土芸術活動」および「認識台湾」という科目が設けられた。この科目には台湾の歴史や行事、祭事、諸文化、言語などが含まれており、北管もその中のひとつに含まれている。つまり北管は単なる伝統芸能というカテゴリーに収まるものではなく、台湾の漢人移民の歴史であり、民俗文化であり、現在の台

湾社会を構成する大事な要素のひとつと位置づけられている。そのため、学校教育において、北管は郷土（台湾）と関連づけて語られることが多い。

　台湾の新北市にある新北市立丹鳳高級中学は、中等部（国民中学部、略して国中部）と高等部（高級中学、略して高中部）の中高一貫校である。二〇一七年に中等部の新科目としてクラブを設置することになった際に、その内の一つとして北管音楽クラブ・丹鳳新聲北管社*2（以下、丹鳳北管社と略称）もスタートした。比較的新しい団体ではあるが、クラブ設立当初から、台北芸術大学および大学院で北管を専門に学んだ楊晨琦氏が指導教員として配属されていた。

　二〇一九年一一月、丹鳳北管社は、一〇八学年度*3（二〇一九年度）、学生音楽コンクールの新北地区大会で好成績をおさめ、翌年三月に開催予定の全国大会出場権を初めて獲得した。しかし、同年一二月末に、中国の武漢で新型コロナウイルス（中国語表記は新冠肺炎）が発生。瞬く間に世界規模で広がっていくその影響で全国大会の団体の部は中止となり、丹鳳北管社の全国大会出場の機会も見送られることになった。翌年の一〇九学年度（二〇二〇年度）大会もコロナで再び中止となったが、一一〇学年度（二〇二一年度）は様々な感染症対策規制のもとで二年ぶりに全国大会が再開、丹鳳北管社も一一〇学年度大会と一一一学年度（二〇二二年度）大会に二年連続で出場することができた。

　コロナ時代の社会では、感染症対策のもとでソーシャル・ディスタンスやステイホームが求められ、従来「普通」であった様々な行動や振る舞いに制限がかけられた。時には自他問わず「不要不急」の線がひかれ、そのままフェードアウトしてしまった事象も少なくない。本稿では丹鳳北管社のコロナ下での様子を時系列的に見ていきながら、台湾の学校における伝統音楽クラブがどのように活動を継続し、メンバー同士のつながりや演奏技法の伝授を保たせていたのかを見ていく。また、コロナ下での地域で行われる北管と学校で行われる北管の活動の違いをみることで、学校で伝統音楽が学校で行われる意義は何なのか、あらためて捉え直してみたい。

2. コロナと台湾社会

台湾のコロナ感染症対策は、初動からの迅速さと厳正さにより、「世界の優等生」「台湾の奇跡」と称されるほどの成功をみせた。元来、台湾では民間習俗や宗教行事が年間を通じて盛んに行われている。例えば旧暦一月の春節（正月）、旧暦三月の清明節、旧暦三月の媽祖生誕祭、旧暦七月の中元節（盂蘭盆）などが挙げられるが、こういった民間行事は、現代においては商業や観光などとも関わり合い、賑やかさを増す。人の大規模な移動や密集につながることは免れず、しかしその雑踏が季節の風物詩でもあり、台湾らしさの表象としてポジティブに受け止められてきた。コロナ時代の始まりとなった二〇二〇年一月は春節期間にあたったこともあり、国外からの帰省や観光客も多く見込まれたが、台湾政府は活動を厳しく制限した。コロナ時代に世界各地がそうであったように、年に一度しか行われない大祭ですら開催を見送る異例の状況が、台湾でも起きていた。いうまでもなく、人の密集が感染拡大の火種になることを懸念し、「社交距離（ソーシャル・ディスタンス）」を確保するためである。

とはいえ、民間習俗や人生儀礼や宗教儀礼は、何年にもわたって中止や延期できるものでもない。幸いなことに、政府と国民が一丸となることで起きた「台湾の奇跡」、そしてその維持によって、二〇二〇年四月という早い段階で台湾は感染者ゼロを達成した（同年一二月二二日に海外からウイルスが移入されるまで二五二日間も続いた）。そして、三月から延期となっていた大甲媽祖遶境進香（道教の媽祖集団巡礼）が同年六月一一日に実施された。これが実質的にイベント解禁のきっかけとなり、他の神事もぞくぞくと復活し始めた。行事やそれに付随する音楽や芸能も、儀礼の再開とともに規制のなかでいち早く動きだした。参加人数の制限やマスク着用の義務化、儀式内容の規模縮小があったとはいえ、場を清める爆竹の音と煙、そして嗩吶や金属打楽器や太鼓を打ち鳴らす北管の音は、神様の生誕を祝福するとともに、コロナ下で閉じ込められていた社会と人々の心体を解放するように鳴り響いた。

台湾はコロナの感染者数・死亡者数が他国と比べて少ないとはいえ、それでも感染拡大期と減少期の波を繰り返しながら、コロナ時代の数年を過ごしてきた。その都度、政府の衛生福利部・中央流行疫情指揮センターを軸に、文化部など他の部署と連携して様々な場面に応じたコロナ感染対策を制定・改定してきた。興味深いのは、感染者率減少で対策規定が一旦緩やかになった後、再び感染者率が増加したために民間活動を基本的に停止しなくてはならないという厳しい措置に改定されても、台湾では大きな反対の意見やアクションがほとんどみられなかった点である。*4 その根底には、政府に対する信頼だけではなく、民衆自身による台湾の国際評価への積極的な貢献、さらには二〇〇三年のSARS体験からくる危懼の意識が少なからず影響している。*5

3. コロナ下の学校と北管クラブ活動

一方、コロナ下の台湾では学校とクラブ活動はどうだったのか。

先に述べたように、コロナの第一波が起こった二〇二〇年一月から二月は、台湾全土はちょうど春節休暇のタイミングだった。当初二月一〇日までだった学校の冬休みは延長され、二五日から新学期開始となった。その間に、政府の教育部にはコロナ下における教育の専門部署が設けられ、教育現場での防疫方針を次々と公布した。オンライン授業のガイドライン「線上課程實施参考指引」が、早くもこの時点で提供されている。

台湾で感染者が増加したのは二〇二〇年一二月から翌年二一年七月で、防疫警戒レベルが第三級になった*6 二〇二一年五月一九日には中学校以下での対面授業を禁止し、全面的にオンライン授業へ切り替えた。また、一七歳以下へのワクチン接種は二〇二二年三月からで、学校の対面授業が完全復活するまでに時間がかかった。

他地域と同様に、台湾においてもコロナ下でも学びを止めずにいられたのは、オンライン授業のためのデジタル教科書が配布されたほか、学校や各教員が創意工夫をこらして資料や動画などを作成したためである。ただし、体育および芸文（美術・音楽・パフォーミングアーツの総合）科目の、とくに複数人での団体行動を要する内容は対面授業を待たなければならず、リモート期間はこれらの授業は休講となることも多かったようだ*7（楊、インタビュー、2022/12/27）。

オンラインを通して一般科目の授業が継続されたのに対し、丹鳳高級中学のクラブ活動は再始動までにさらなる時間を要した。合奏が基本の北管音楽に取り組む丹鳳北管社にとっては、密集を回避するためには仕方がないことでもあった。感染者率減少期に休校措置が解除されて対面練習が可能になっても、しばらくするとまた感染者数の増加でふたたび出校停止ということが繰り返され、継続的な練習の維持が困難だった。コンクール出場を目標に掲げながらも思うように練習できなかった頃を振り返り、鳳丹北管社のメンバーの一人は「休校の間は楽器に触れられず、夏に（新学期が始まり出校ができるようになって）再び楽器に取り組むと大変なことになっていて、また一からやり直さなければならなくなったということがありました」と述べる（丹鳳北管社メンバー、アンケート、2022/12/22）。実は、メンバーのほとんどはクラブに参加するまで北管音楽を経験したことがなく、二〇二二年度の時点では一年生から三年生までの一三人全員が、中学入学以前は北管未経験だった。コロナ前から経験を積んできた上級生が卒業し代替わりする中で、新年度が始まっても新入生が思うように集まらず、またコンクール

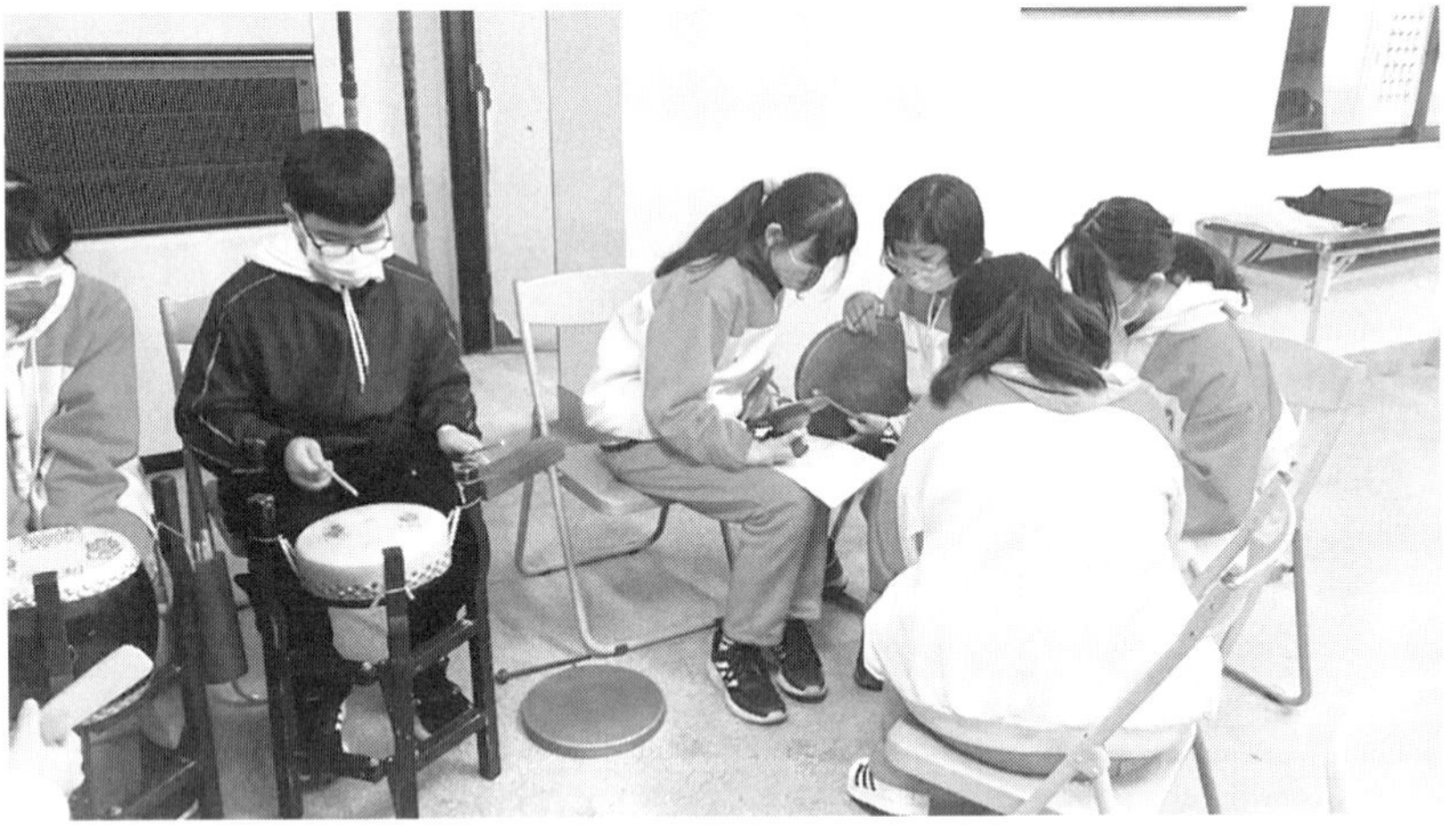

写真１　鼓介のメモを見ながら教え合う（2022 年 12 月 29 日）

のための合奏人数を揃えるためには、演奏技術がまだ十分ではない新入生も加わらなくてはならなかった。

先に述べたように、同じ北管であっても、風習や信仰に付随する中で行われる北管と学校で行われる北管では、活動の文脈が異なる。台湾ではいわゆる「不要不急」という言葉や、それを意味する表現で、コロナ時代を生きる何かと何かに要不要の順列をつけることはなかった。ただ、北管が行われる場の違いは、結果的には社会にとって「不要不急」なものかそうでないかを区別することになったのかもしれない。

コロナ下では密集を避けることが優先されて、丹鳳北管社の活動は思うように進められなかった。北管は歴史的にみても社会との関わり合いの中で行われるもので、必然的に集いながら活動する。北管の伝統的な習得方法もまた、顔と顔を見合わせたうえで行われることを前提としている。こういった北管の背景が、学校のクラブである丹鳳北管社の北管がうまく活動できなかったことも関係している。

北管音楽の旋律は、五線譜や数字譜で記譜することも可能だが、伝統的には工尺譜（音高を表す漢字を用いた文字譜）が用いられる。ただし、工尺譜に記されるのは旋律のアウトラインと拍の位置、歌詞がつく場合はそれと音の対応関係くらいで、リズムや楽想、アーティキュレーション、そして呼吸、間は含まない。実際に奏でられる時には、演奏団体で受け継がれてきた表現や奏者の個性ないし経験が、音の肉付けとして必要になる。つまり、譜は記憶の補助であり、基本的に「口伝心授」いわゆる口伝による教授法が用いられる。打楽器も同様に、習いはじめに「鼓介《ゴォガイ》（京劇などでは鑼鼓経《ルォグージン》）」という擬音によるリズムパターンを唱歌で口伝し、覚えていく。それを繰り返し唱えて体内に染み込ませて、自分以外のパートも含めた打楽器の打音や間を会得し、楽器を鳴らしていく。鼓介を書き記したものや工尺譜も必要に応じて用いるが、これら自体が一般的なものではなく、用い方や読み方、発音や意味を口伝する必要がある。

このように、社会的背景だけでなく、音楽の教授方法や演奏様式からみても、北管は他者との関わり合いのなかで音楽を成立させていく。個人的な「点」の音楽ではなく、人が集い、伝授し、価値観を共有し、それをまた次につないでいく、縦横に結びつきあうのが北管音楽だ。

写真２　コンクール本番前の待機場所は規定により音出し禁止、小声で鼓介を唱え最終確認（2023年３月５日）

丹鳳北管社を指導してきた楊晨琦によれば、丹鳳北管社の音楽伝授と習得方法もまた、基本的に「口伝心授」で行われる（楊、私信、2023/3/4）。

楊はまた、北管音楽の合奏を通したコミュニケーションにおいて仲間同士の信頼を築くことも、学校のクラブ活動としての学習目的のひとつであると述べる（楊、同上）。これは政府の教育部が定めるクラブ活動に関する規定の第三項「学校におけるクラブ活動の実施は、生徒の興味、ニーズ、身体的・心理的発達、学校の発展や地域社会の資源を考慮する必要がある。経験、内省、実践を通して、生徒は自らの価値観や意味を構築し、問題解決能力を高め、チームワークを強化し、全人格的な発達を促進することができる」［台湾政府教育部主管法規査詢系統 2023］とも合致し、いかにも学習要領どおりの模範的な回答と思わなくもない。しかし、先輩から後輩へ口伝で北管が教え伝えられ、その繰り返しの中で学年を超えた交流や結束力、自信が育まれるというのは、北管に伝統的に備わっていた関わり合いの側面が、教育のなかで強く発揮されたともいえる。

コロナ下で丹鳳北管社の活動が思うように進められな

かったのは、この口伝による関わり合いが対面によって成立すると考えていたからだ。しかし、コロナ時代の二年目になって、丹鳳北管社は口伝教授のメリットを練習動画というかたちへ変換を試みている。

一一一学年度（二〇二二年度）の音楽コンクール参加を目標に練習を始めた二〇二二年五月頃、台湾はオミクロン株による大規模な感染拡大時期に入った。度重なる休校と、その補講があり、集まって練習することが難しかった。そのため、丹鳳北管社の指導教員の楊と上級生は練習動画を作成してオンラインで共有し、メンバーが視聴できるようにした。上級生と指導教員が鑼鼓《ルオグー》（打楽器合奏）の曲を模範演奏し、それに合わせて画面下部に「鼓介」の字幕を表示する。さらに、演奏と字幕に合わせて教員が「鼓介」を唱える。隔離期間中であっても、この動画を視聴し、通常の対面時に近い状態で個人練習を続けることで、再び集ったときに「一からやり直す」ことが回避できる。

動画による口伝のメリットは、

①「鼓介」の唱えと表音字を同時に確認できる

写真３　動画による合奏の動作指示と鼓介。下部の横書き漢字は鼓介、音声ではそれを演奏に合わせて唱えている（動画作成：楊晨琦）

②「鼓介」と各打楽器の形状と実音とリズムを同時に確認できる
③合奏の映像を見ながら「鼓介」を一緒に唱えることで、自分のパート以外のリズムも認識できる
④「鼓介」を映像と共に唱えることで、楽器が手元になくても練習できる
⑤所属するクラブのメンバーが奏する映像を視聴することで、小鼓（合奏の中心的役割）担当者の呼吸や癖にも慣れておくことができる
⑥小鼓が叩きながらバチの動作で示す音楽の展開のタイミングを、視覚的に確認できる

鼓介は楽器と人、パートとパートを結びつける大事な役割を担う。鼓介を繰り返すことで体に染み込ませるが、その暗号のような唱えを聴覚だけで捉えるのはとても難しい。また、書き記された鼓介の記号は、それがどのような音を発声しているのか、どの楽器とどの楽器の音の重なり合いがそれとなるのか、楽器のどのあたりを叩くのか、視聴覚両方のイメージが掴めなければただの無意味な文字でしかない。顔を見合わせて行う口伝というコミュニケーションがあって初めて成立する。

実のところ、この練習動画の大きな意義は、⑤と⑥にあったように思う。例えばYouTubeで検索すれば、同じ曲を演奏する別団体の動画がいくつもヒットするので、参考動画には不自由しない。しかし、同じ曲でも団体が変わればヴァリアントが様々で、初心者がその差異を判断するのは難しい。また、動画に鼓介の表記があった場合でも、自分たちが用いているものとは異なる表音字であることも少なくない。*8 だから、やはり自分が所属する団体の音や呼吸を仲間と一緒に繰り返しておかなくては、本当の意味での「わかる」「できる」にはならない。直接顔を見合わせられないコロナ下でも、動画を通じた口伝と練習が継続できたことで、自分たちの音楽——それは演奏技術の保持だけでなく、呼吸や仲間意識をも含めた音楽のつながりを保つことができた。

丹鳳北管社のメンバーとの対話のなかで気がついたのは、実際のところ、生徒らは北管という伝統音楽が特別好きなわけでも、そもそも台湾という「郷土」を学ぼう

としているわけでもないということだ。クラブを選択するときに、小学校で参加していた国楽団（中国楽器による大編成合奏）が丹鳳高中にはなかったから似たような音楽だろうと思って北管を選択した人、兄姉や年上の友達がやっていたからなんとなく北管を選んだ人、新入生歓迎会で見て面白そうだと思った人。きっかけがなんであれ、丹鳳北管社に参加し、一員となって北管の技や音や空気を共有しつながりあっていく中で、学校そして丹鳳北管社というクラブの団体という小さな単位の社会に親しみ、それを愛し、誇りに感じている。丹鳳北管社のメンバーに「学校の丹鳳北管社がきっかけで北管を知った後、地域で行われる廟（寺）の活動でも北管に参加したくなったか」と質問した際、その場にいた一二人全員が口を揃えて「それはない」と答えたのが印象的だった。私は最初、それを「北管への熱意がない」「郷土教育はあまりうまくいっていない」と捉えた。だが、メンバー間のやりとりやコロナ下での活動を観察しているうちに、これは熱意の有無ではなく「丹鳳北管社でなくては意味がない」という意味だということに気づいた。

丹鳳北管社で北管を始める以前の音楽経験が基本的に五線譜や数字譜であったメンバーにとって、伝統芸能を学ぶ上で必要な口伝とその補助となる工尺譜と鼓介という方法は、北管をはじめた当初のハードルのひとつだったようだ。だが、口伝という対面のコミュニケーションを通じてメンバーの心的距離が近くなり、音楽としても団体としても連帯感が強まっていった。コロナ下では集合しての活動を制限せざるをえなかったクラブ活動だが、北管は動画を用いた口伝で「対面練習空間」の共有を続け、それが音楽だけでなくメンバーのつながりを維持させる手段の一つになったのだとしたら興味深い。それこそ、「地域社会の資源を考慮」［台湾政府教育部主管法規查詢系統 2023］し「経験、内省、実践を通して、生徒は自らの価値観や意味を構築し、問題解決能力を高め、チームワークを強化」［台湾政府教育部主管法規查詢系統 2023］するというクラブ活動の指針に適っている。

ステイホーム中でもアパートで楽器の音が鳴らせなくても、鼓介を身につけていればモノに頼らなくても一人で練習できるから良いね、と私が言うと、楊はこう答えた。「それはそう。でも、北管はやっぱりみんなで集まらないと楽しくない」。だから、また集うのだ、と。

注

1 そのほか、琵琶や月琴、揚琴など撥弦楽器が使用される場合もある。とくに劇の音楽として北管が奏される際は、管弦楽器が多用される［国立芸術学院伝統音楽学系主編 2000］。

2 正式名称は新北市立丹鳳高級中学国中部・丹鳳新聲北管社。「高級中学国中部」とは中高一貫校の中等部を指す。北管のクラブ活動は中等部のみで、メンバーは中等部を卒業すると自動的に丹鳳北管社を引退することになる。高等部には北管クラブはない。

3 台湾では、年および年度を示す際に中華民国暦（略して「民国」とも称する）で示されるのが一般的である。また、台湾の学年度は九月に始まり八月に終わる。よって、例えば民国一一〇年は西暦二〇二一年だが、民国一一〇学年度は西暦二〇二一年九月から二〇二二年八月までとなる。

4 ただし、いわゆる「自粛警察」的な民衆の言動や、周りを気にした結果自主規制するといった動向がなかったわけではない。

5 台湾政府のコロナ初期初動の速さや国民の一致団結感は、二〇〇三年のSARS（重症急性呼吸器症候群）の経験が強く影響していることは間違いない（世界的流行は二〇〇二年一一月から〇三年七月だが、台湾で最初の感染者が見つかったのは〇三年二月）。SARS以後の台湾では、N95マスクの着用や手洗い消毒といった感染症対策の基本方法のほか、発症前一〇日間の旅行歴や接触歴の報告、隔離および消毒の範囲対象などが、政府の衛生福利部によって細かく示されている［台湾政府衛生福利部疾病管制署

2018]。また、SARS状況下では、図書館や学校、レストランなどの公共の場所に入る際は体温識別シールを体に貼る対策が取られていた。二〇二〇年にコロナが猛威を振るい始めた直後、政府だけでなく人々も自主的に、SARSで経験した対策行動を瞬時に思い出し再現したという。こういったエピソードは、台湾の人との会話や、SNSサイトや報道、コラムなどでも度々見かけた。

6 防疫警戒レベル第一級は「域外感染によりわずかな市中感染例が出た場合」、レベル第二級は「感染源不明の域内感染者が出た場合」、レベル第三級は「一週間以内に三回以上の市中集団感染が発生、または一日で感染源不明の域内感染例が一〇人以上出た場合」、レベル第四級は「一四日以内に新規域内感染者数が毎日一〇〇人以上増加し、かつ新規感染者の半数以上は感染源が見つからない場合」。

7 丹鳳高級中学国中部の芸文・パフォーミングアーツ科目を担当していた楊晨琦による（二〇二一年当時）。ただし、学校や指導者によって学習時間配分や授業方法は異なる。なお、体操や歌唱、リコーダーなどの個人練習が可能な内容に関しては、学習目的のほかステイホーム中の生徒の健康維持や気分転換の効果を期待した動画が生徒に配信された。これらの一部は、現在も動画サイトなどで視聴することができる。

8 鼓介はもともと打楽器音の口真似だが、それを記録の便宜上、一音一文字（漢字）で視覚的に記している。そのため、団体あるいは個人によって、同じ音に異なる漢字を当てることがしばしば見られる。例えば、チッ（シンバル似の円盤二枚一組の楽器を閉じ気味に打ち合わせる）という音は「七」とも「叱」とも書き表す場合があるし、ドゥ（太鼓表面中央を両手のバチで打つ）という音は「嘟」とも「啄」とも書くことがある。要するに、その音を鳴らす楽器の種類と鳴らし方を記憶していれば、書き示し方はどちらでも良い。

参考文献

国立芸術学院伝統音楽学系主編 2000『伝統音楽参考手冊』台北：国立伝統芸術中心籌備處。

台湾政府教育部主管法規査詢系統 2023「教育部主管之高級中等學校學生社團活動課程實施要點」https://edu.law.moe.gov.tw/LawContent.aspx?id=GL001843（二〇二四年一月二八日アクセス）。

台湾政府衛生福利部疾病管制署 2018「疾病介紹」https://www.cdc.gov.tw/Category/Page/Kou_i6ATU8jUnmKlAORhUA（二〇二四年二月一日アクセス）。

第Ⅳ部　拡大するつながり

第6章　パンデミック下のシンガポールにおける芸能をめぐるコミュニケーション

竹村嘉晃

1．パンデミック下の芸能とテクノロジー

世界中の人々の暮らしに大きな戸惑いと混乱を巻き起こした新型コロナウイルス感染症（以下、COVID-19）の蔓延は、暗黙のうちに前提としてきた当たり前の日常から我々を切り離した。それまでの社会生活における対人関係とはまったく異なるソーシャル・ディスタンスの重要性が叫ばれると、音楽や舞踊、演劇などの身体を基軸とした上演芸術では、観客だけでなく実演家たちの間でも距離をとることが求められ、上演自体やそれをめぐる様々なコミュニケーションの変化を強いられた。[*1]

年間一九一〇万人（シンガポール政府観光局発表の二〇一九年統計）の観光客が訪れる東南アジアの小さな都市国家のシンガポールでは、二〇二〇年一月二三日に保健省が国内初の新型肺炎症例として、中国・武漢市から来訪した中国籍男性（六六歳）の感染確認を発表した。翌日、リー・シェンロン首相（当時）は旧正月を祝う演説

のなかで、新型肺炎の感染状況は重症急性呼吸器症候群（ＳＡＲＳ）の時と比べてまだ深刻ではないと述べ、「準備は整っている。〔中略〕ＳＡＲＳを経験して以来、我々はこうした事態に十分に備えてきた」と自信を見せた。首相の演説後、公共機関の出入り口ではサーモグラフィーや検温器によるチェック、ＩＤの確認などが行われるようになり、感染拡大を警戒する態勢が整備されていった［竹村 2023: 6］。

当時、シンガポールでインド系コミュニティの芸能実践に関するフィールドワークを行っていた私は、国内初のCOVID-19感染者の発表以後、人々の間でパンデミックに対する不安や恐怖が拡がっていくのを目の当たりにした。予定していた実演家との面談が突如キャンセルされたり、舞踊教室に通う生徒の親からはインタビューを電話やオンラインで済ませたいと返答を受けたり、教室側からレッスンの視察を控えるよう求められるなど、対面での聞き取りや参与観察のアプローチが明確に避けられていく経験をした。こうした出来事は、フィールドワークが身体的な移動に基づく行為であるということだけでなく、芸能を上演あるいは教授・学習する行為が人と人との身体的なコミュニケーションを核に成り立っていることを再認識させ、その手段が対面からデジタル・プラットフォームへの代替を余儀なくされていることを実感させるものであった。

現代社会における我々の日常は、テクノロジーの進化によって大きく変化している。スマートフォンの急速な普及によって、以前は当たり前の光景であった電車内で週刊誌や漫画雑誌に熱中する人々の姿は消え、誰もがスマートフォンの操作に夢中になっている。イヤホンやヘッドホンを耳に装着し、スマートフォンから漫画やゲーム、音楽や動画を視聴する人々の光景は日常となった。また音楽コンサートでは写真や動画を撮影する観客が溢れ、撮影したものをＳＮＳ上にアップロードする行為も珍しくなくなった。言うなれば、音楽や芸能などの鑑賞機会を含めた我々の日常における経験や体験は、写真や動画を撮影するという行為と一体化したものとなっている。また社会人類学者の小西公大が論じるように、コロナ状況下で慣習化したライブ音楽配信は、サブスクリプションによる音楽のデータ化やパッケージ化をより一層促進し、流通しやすい消費物としての側面を助長した［小西 2024］。そして、通話や録画・再生、配信を含めた多様な機能を併せ持つパソコンやスマートフォンは、既存のメディアを集約し、それらが担っていたコミュニケーション形態を再編する道具にもなっている［谷口 2015: 7; cf. マーヴィン 2003］。

一方、スマートフォンの普及は一回性の上演芸術に対する鑑賞経験自体をも変容させている。例えば、インド南東部にある港町チェンナイ（旧マドラス）では、タミル暦のマールガリ月（一二月～一月）に市内の様々な劇場で古典音楽と舞踊の公演が毎年開催されるが［寺田 2010］、会場では主催者側の度重なる注意にもかかわらず、コンサートを動画撮影して友人に転送する観客の姿が日常的にみられる。本書の編者である吉田ゆか子がバリ島の儀礼時における芸能鑑賞の実態を論じたように［吉田 2016: 125］、近年のコンサート会場ではこうしたスマートフォンを片手に芸能を断片的に鑑賞する観客の存在が浮かび上がっている。[*2] かれらは一回性の生の経験の享受よりも、SNSを通じた同時経験というライブ感、すなわちスマートフォンの画面上に表示される人々と「同じ時間を共有している」「「今」をシェアしている」という感覚やつながっている他者と自分の時間を共有することができた、と感じることに重きが置かれているのである[*3]［戸谷 2023: 47］。

芸能とメディアやテクノロジーとの関係性を論じた研究は、民族音楽学の領域を中心にこれまで蓄積されてきた［cf. Katz 2010; Taylor 2010］。インド芸能を例にあげれば、ゴスワミはインド国営ラジオ放送の開始が古典音楽の実演家たちに演奏機会を提供しただけでなく、ランキングの設定によって彼らの技芸に対する価値づけを標準化したと論じている［Goswami 1996］。マニュエルは、カセット・プレーヤーという新しいテクノロジーの登場が多国籍LPメーカー一社による事実上の独占状態から、何百ものローカルなカセット・メーカーによる自由競争をもたらし、その結果インドのポピュラー音楽の量、質、多様性、さらにはその普及と消費のパターンに大きな変化が起こったと指摘した［Manuel 1993］。シェレストヴァは、インド映画産業のグローバルな発展とダンスシーンの隆盛には、YouTubeなどのニュー・メディアによって動画が繰り返し再生産されていることが大きく関わっていると主張する［Shresthova 2011］。このように、インドの芸能は過去においても現在においても、メディアやテクノロジーに取り囲まれ続けており、それらが芸能の発展に大きく寄与してきたことは疑いない。

シンガポールのインド系芸術団体の活動もまた然り、芸能とメディアやテクノロジーの密接な結びつきがうかがえる。近々に迫る公演のリハーサル時には、舞台袖で次の振付を動画で確認する若手実演家の姿や古典音楽の公演時にiTunesのアプリを使って太鼓をチューニングする演奏者の光景がみられる（**写真1**）。こうした行為は同時代の技術と補完的であり、芸能やそれをめぐる人々のコミュニケーションにも影響を及ぼしている。

写真1　公演のリハーサル前にアプリを使って太鼓（ムリダンガム）のチューニングをする若手演奏家（シンガポール、2019年）

COVID-19の世界的な感染拡大のさなか、今日的なメディア環境やテクノロジーは、芸能の表象や情報はもとより、上演そのものや教授・学習の方法にいかなる変化をもたらしたのだろうか。本章では、コロナ状況下のシンガポールにおいて進展したデジタル・プラットフォームに焦点をあて、インド芸能と人々のコミュニケーションをめぐる一端を考察する。次節ではシンガポールにおけるCOVID-19の感染状況と政府の対応、とくに芸術文化政策との関わりについて初期段階に焦点をあてて概観し、その後パンデミック下でデジタル・プラットフォームを活用した動向とその後の様子について検討する。*4

2. シンガポールにおけるパンデミックと文化芸術政策

写真2　ロックダウン前のチャンギ空港には人の姿がなくなった(2020年3月末)

2-1　COVID-19の感染状況と政府の対応

シンガポールでCOVID-19感染者が初めて確認された二〇二〇年一月当時は、旧正月を迎えるために中国からの帰国者や旅行者が増え始めた時期であったことから、警戒感が漂った。首相の演説は、人々に落ち着きをもたらしたものの、国民初の感染者が確認されると、政府は即座に省庁を越えた一四〇人に及ぶ対策専門チームのタスクフォース（COVID-19感染対策本部）を設置し、感染者への聞き取りや濃厚接触者の特定と隔離、治療など諸々の体制を整備していった。チャンギ空港（**写真2**）や港湾、隣接するマレーシア国境では出入国の監視が強化され、発熱者の取り扱いや感染ルートの追跡、外出禁止（自宅待機命令）の要請、感染者とクラスターが発生した建物の消毒と閉鎖、全国民への体温管理の周知などが徹底されていった。徐々に国内での感染が拡がっていったものの、三月上旬までの一日あたりの新規感染者数は一〇人以下に抑えられており、欧米諸国のメディアはこぞって政府の初動時における感染防止策とその対応を「優等生」として評価した[*5]［岡本 2021: 69］。

四月七日、政府は感染拡大を阻止するために「サーキットブレーカー（回路遮断器）」[*6]と名付けた部分的なロックダウンを発令し、生活に欠かせないサービスを除いた外出制限を国民に課した。当初は一ヶ月間を予定していたものの、感染拡大が収まらなかったことから六月一日まで延長された[*7]。多くの人々が在宅勤務やオンライン学習を余儀なくされ、市街地からは人影や車の往来が途絶えた。職場の多くは閉鎖され、営業を継続したのは医療やスーパーマーケット、銀行などの生活に必要不可欠なサービス産業と製造業や貿易関連のみであった。飲食店は持ち帰りとデリバリーのみの対応となり、運動や食品の買い出し以外に不要不急の外出は認められなかった。またすべての学校および高等教育機関はオンラインなどの在宅学習に切り替わり、プレスクールとチャイルド・ケア施設はサービス停止を命じられ、私立学校でも在宅学習か授業中止の措置がとられた［本田 2021: 319］。

「超管理」社会として知られるシンガポールは、罰金国家ともいわれるほど日常生活の細かな事柄に罰則が設けられている。文化や慣習の異なる多民族が共存することから、社会の秩序と規律を維持するために罰金という強制的な手段が課せられているといわれる。パンデミック下では、ソーシャル・ディスタンスや外出時のマスク着用義務違反には三〇〇シンガポール・ドル（二〇二一年八月時で約二万四〇〇〇円）、感染者の隔離措置違反には一万シンガポール・ドル（約八〇万円）の罰金、または最長六ヶ月の収監もしくはその両方が課せられるなどの罰則が新たに導入された。また政府は三月から二〇二二年四月までの間、個人情報をとらずに接触追跡を行うアプリ（Trace Together）の使用を義務づけた。こうした政府の手法には、開発優先の権威主義的独裁体制を続けてきたシンガポールでは経済的繁栄を最優先し、国民の自由が制約されることを厭わないという政治的思想が強く反映している。

2―2　文化芸術分野に対する政府の支援策

観光客が一年中訪れるシンガポールでは、年間を通じて様々な文化・芸術イベントが至る所で開催されているが、パンデミックは関連業界に甚大な経済的打撃を与えた。*8 感染拡大が見られ始めた二月一五日には、政府が大規模なイベントを開催する企業に対して一〇〇〇人以上が参加する催しの中止を推奨し、その後の三月一三日には二五〇人以上が参加する催しの延期または中止を勧告した。さらに三月二四日には国内の累計感染者数が四三〇名前後に留まっていたにもかかわらず、劇場や映画館、バーやナイトクラブ、ディスコやカラオケといった娯楽施設の閉鎖を発令した。そして三月二六日には参加人数を一〇人以下に厳格化したことで、各種公演は事実上開催不可能となり、すべてのイベント等の延期・中止が通達された。追って四月七日には、娯楽施設、テーマパーク、美術館、カジノ、スポーツ施設などもすべて閉鎖された［The Straits Times 2022］。

一方、一九九五年に〈芸術のためのグローバルシティ〉を標榜し、創造産業の振興を強力に推進するシンガポール政府は、感染拡大の初期から文化芸術活動への支援策をいち早く打ち出している。三月六日には文化芸術分野へ一六〇万シンガポール・ドル（約一億二八〇〇万円）の支援金支給を発表し、その二〇日後には芸術文化復興支援パッケージ（Arts and Culture Resilience Package：ACRP）として五五〇〇万シンガポール・ドル（約四四億円）の支援を公表した。その後、翌年の三月には二〇〇〇万シンガポール・ドル（約一六億）の追加支援を決定し、同パッケージによる芸術支援は総額七五〇〇万シンガポール・ドル（約六〇億）にのぼった。

ＡＣＲＰの内訳は、（一）各種芸術関連団体に対する給与助成、（二）国家芸術評議会（National Arts Council）が保有するアートセンター等を借用する団体への賃料免除、（三）アーティストの能力向上への特別支援、（四）

オンライン発信を前提とした作品のデジタル化支援、という四つの重点項目から成っている。このほかに、フリーランスの芸術関係者も対象に含んだ雇用維持と所得補填スキームを通じた支援を行うことで、きめ細かなアーティスト支援の体制を整備していった。*[9]

くわえて二〇二一年五月二八日には、文化芸術関係者の生活を保護する施策を発表し、各種団体の運営費補助、借用している賃貸料の軽減、公演時の会場使用料の補助、団体の組織変革をするための助成金、さらに自営業者への助成金と復旧活動への補助金などの詳細が明らかにされた。また芸術・文化関連の組織を含む、過去一年間のパンデミックによる制限を最も受けた中小企業に対して、一回限りの現金サポート（Small Business Recovery Grant）も提供した。政府によるこれらの積極的な支援は、コロナ状況下における各種文化・芸術団体の活動の維持と新たな発展に貢献したことはもちろんのこと、アーティストたちの経済的な不安を取り除き、国の文化芸術政策に対するかれらの信頼を揺るぎないものにしていった。*[10]

3. インド芸能の教授法をめぐる変容とオンラインレッスン

3-1 シンガポールにおけるインド芸能の発展

多民族国家のシンガポール社会は、ＣＭＩＯ（Chinese：華人系、Malay：マレー系、Indian：インド系、Others：その他）分類による人口管理にもとづいた多文化主義に依拠しているが、その大多数は華人系で構成されており、マイノリティのインド系が占める割合は九％弱に過ぎない。ただし、インドの芸能は華人系やマレー系と同様に「ナショナル」な文化として位置づけられている。*[11] 歴史的には、一九世紀の英領マラヤ時代に流入した南インド出身のデーヴァダーシー（ヒンドゥー寺院付の侍女）によってインドの音楽や舞踊が伝播した。*12 その後一九二〇年代頃までは、現在のセレギィー地区辺りの公共空間において、インドの舞踊や演劇、民俗芸能などがインド人実演家たちによって上演されていた。だが初期のインド系移民たちは日々の生活を維持することで精一杯であり、芸能を鑑賞する余裕などなかったといわれる［Rajan 2008; 竹村 2015］。

一九五〇年代以降になると、インド系の有志や公演のために訪れたインド人実演家たちが音楽や舞踊を教授する団体を相次いで設立し、インドの音楽・舞踊文化がインド系コミュニティを中心に浸透していった。代表的な団体には、シンガポール・インド芸術協会（一九四九年）、バスカーズ・アカデミー・オブ・ダンス（一九五二年、現バスカーズ・アーツ・アカデミー）アプサラ・アーツ（一九七七年）、デンプル・オブ・ファイン・アーツ（一九八一年）などがある。これらの主要団体は総じて「ビッグ・フォー」と称され、長きにわたってシンガポールのインド芸能シーンを牽引してきた。*13

歴史的にインド系移民の多くが南インドに出自を持つことから、シンガポールのインド芸能は南インドのカルナータカ音楽や古典舞踊のバラタナーティヤムを中心に発展してきた。だが二〇〇〇年代以降、ＩＴ（情報技術）や金融業界で活躍する北インドからの新移民の増加に伴い、*14 北インドのヒンドゥスターニー音楽や古典舞踊のカタックの人気が高まってきた。またインド映画のダンスシーンを抽出したボリウッド・ダンスなどは、最新のエクササイズとして華人系シンガポール人たちの間でも親しまれている。これらの芸能は、ヒンドゥー寺院の祭礼や各団体が主催する舞台公演、インド遺産センターの文化行事や政府の観光イベント、さらには上演芸術の中心拠点であるエスプラネード・シアター・オブ・ザ・ベイで毎年開かれるインド芸術祭（カラ・ウルサワム）などで上演されている［竹村 2021］。

くわえて国の文化芸術政策の舵取りをする国家芸術評議会は教育にも力を注いでおり、全国インド音楽コンクールやユース・フェスティバル、芸術教育プログラムへの各団体の参加などを支援し、「ナショナル」な文化としてインド芸能の普及と次世代の育成に取り組んでいる［竹村 2023: 120-123］。つまり、マイノリティとはいえ、インド芸能はシンガポール社会の文化的多様性を彩る重要な文化の一つなのである。

3-2　インド音楽・舞踊のグローバルな発展とオンラインレッスン

経済成長とイノベーションの推進力としてデジタル技術を重視しているシンガポールでは、二〇一四年より国をあげて「スマート・ネーション」構想を推進してきた［Ho 2017］。*15 社会学者の吉見俊哉は、パンデミックによる閉塞的な状況のなかで、人々のコミュニケーションを維持する手段としてオンライン・プラットフォームが全世界で爆発的に普及したことは歴史に刻まれるであろうと述べている［吉見 2020: 196］。シンガポールでも職場でのテレワークや教育現場でのオンライン授業など、これまで十分に活用が進んでいなかった分野においてデジタル化が一気に拡がっていった。二〇二〇年四月には感染拡大を防ぐ政府の方針のもとで各種の音楽・舞踊教室が閉鎖されると、前述のインド系芸術団体は早々に教授法を対面からオンラインレッスンに切り替えていった。

ここで注目したいのは、パンデミック以前のシンガポールではオンラインレッスンが浸透していなかったのに対して、欧米諸国とりわけ北米で暮らすインド系移民の子女たちの間では、インドの音楽・舞踊に関するグローバルなオンラインレッスンがすでに発展していたことである。

今日、北米のインド系コミュニティではインド音楽と舞踊がこれまでにない活況を呈している。*16 一九九〇年代以降、高度な専門技術を有するインド人の新たな移住によって、北米の各地に形成されたインド系移民コミュニティでは、増大する経済力を背景に伝統的な音楽や舞踊の公演が頻繁に行われるようになった。著名なインド人実演家がインドからたびたび招聘され、なかにはツアーのごとくインドと北米やヨーロッパを廻りながらノマド的な生活を送る者もみられるほど、彼らの海外公演の機会は著しく増えている［Krishnamurthy 2018］。インド音楽研究者の寺田吉孝は、このような公演が移民一世世代の母国に対するノスタルジーを補完し、必ずしも友好的ではないホスト社会での精神的な拠り所にもなっていったと指摘する。また一九七〇年代半ば以降には、北米の主要都市でインド音楽団体が相次いで設立されており、公演やワークショップの企画のほか音楽や舞踊の学校も併設されていった。こうした場は、海外で生まれ育つインド系移民の子女たちにインドの文化を教える重要な機会をもたらし、インド系移民二世、三世の若者たちの間で古典音楽や古典舞踊を学ぶ者が増えていった［寺田 2021: 328］。

さらに二〇〇〇年代以降では、ブロードバンドの急速な発展によってインドと北米がネット上で容易につながるようになると、インド系移民の若者たちの中にはインドのグル（師匠）が提供するオンラインレッスンを活用する者が現れた。こうした背景には、インドの経済発展が国内のネットインフラの成長と整備をもたらしたことで、オンラインレッスンの環境が整ったことがあるだろう。インド系移民一世の親たちは、自宅に居ながら母国インドの著名な実演家やグルによる音楽や舞踊のレッスンを子供たちに提供することができ、かつそれはインドの文化的遺産とのつながりを保ち、インド人としてのアイデンティティを強固にする手立てとなることを期待したのである。

インド音楽のオンラインレッスンについて論じるクリシュナムルティによれば、北米では一九九〇年代から対面とは異なる遠隔指導がすでに始まっていたといい、当初は同地域内でのやり取りのみであったと指摘する。そのフォーマットは固定電話から始まり、その後、携帯からブロードバンドの発展によってSkypeやGoogle talksのような画面上で対面できる音声・ビデオ会議プログラムに移行し、次第にインドのグルからオンライン

写真３　チェンナイの自宅の一室をオンラインレッスン用に整備した古典音楽の指導者（チェンナイ・インド、2019年）

レッスンを受けることがインド系移民の子女たちの間で拡がっていった［Krishnamurthy 2013, 2018］。

パフォーミング・アーツのオンラインレッスンに関しては、これまでにネット環境による音声や映像の遅延、標準的な音声や映像の品質、通話障害、限られた音楽的制限など様々な課題が指摘されており［cf. Chu et al. 2022; Krishnamurthy 2018; Bauer 2020］、本書のなかでも増野らがバリやジャワのガムラン音楽や舞踊レッスンを例に報告している［本書第3章参照］。だからといって、北米のインド系移民の若者たちとインドのグルとのコンタクトゾーンとなっているオンラインレッスンは、地理的環境による「教育格差」を埋め、双方にとって有益なものであることに疑う余地はない。インドと比べれば圧倒的に指導者の数が少なく、インド芸能の鑑賞機会も限られている北米で暮らすインド系移民の若者にとって、グルの指導をうけるためにわざわざ渡印することは旅費や時間の観点だけでなく、生活面の様々な部分で負担を強いられるものである。それゆえ、北米での「快適な」生活や習慣を維持しながら、祖国インドの著名なグルから気楽にレッスンを享受できることはかれらにとって大きな利点に他ならない。

他方、グルからすれば、たとえ個別指導とはいえ、画面上で同時に複数の生徒を指導することが可能なオンラインレッスンは経済的に大きなメリットである（**写真3**）。海外や国内の大都市へ公演に出かけて行く場合、通常はレッスンを休まざるを得ないが、オンラインの場合には公演先でも指導が可能である。クリシュナムルティは、著名なグルが多忙な国際演奏スケジュールの合間をぬって初中級レベルの生徒をオンラインで指導し続ける最たる理由は経済的なものであると指摘し、「オンラインレッスンは米ドルを稼いでインド・ルピーで暮らす最も簡単な方法だ」というグルの言葉を明らかにしている。印米間の経済格差による恩恵によって、グルたちはインドの生徒たちが支払う数倍のレッスン料を北米の生徒から手にしているのである[*17] [Krishnamurthy 2013]。

3-3　師弟関係のヴァーチャルな再構築

もともとインドの芸能はグルクラ（gurukula）とよばれる伝統的な徒弟制度のもと、何世代にもわたってグルから弟子へと代々受け継がれてきた。グルクラの生徒は、何年間もグルのもとで生活を共にしながら家事などをこなす傍ら、集中的で全人格的な音楽・舞踊の訓練を受けていく。いうなれば、グルへの献身という本質的な感情を植えつけ生み出してきたのがこの徒弟制なのである[*18]。

二〇世紀に入り、近代化の過程において芸術機関や音楽・舞踊を教授する学校が設立されると、芸能の伝承はそれまでのグルクラによる師資相承から制度化された近代教育システムのカリキュラムに基づく学校でのクラス単位の教授法へと変化した。そして、インドが植民地支配から独立を果たす一九四七年頃までには、地方の各種芸術機関で音楽や舞踊を学ぶ生徒の数も増え、音楽・舞踊は伝統的な様式を基盤にしつつ舞台芸術へと昇華されていった[*19]。

一方、デジタル・テクノロジーの飛躍的な発展と共に浸透したオンラインレッスンは、近代教育システムによるグループ・レッスンとは異なる経験を学習者たちにもたらしている。たとえば、画面上に複数の生徒が並列して映し出されるので、対面とは異なり視線が集中する感じが薄れ、緊張感なく参加できるという。ただ、興味深い点は、クリシュナムルティが明らかにしたように、オンラインレッスンではグルとのface to faceによる一対一の個人的な関係性が構築される、あるいはそのように生徒は感じている、という点である。また生徒たちのなかには、グルクラ的な親密性を「感じる」と述べる者もみられるという［Krishnamurthy 2013］。オンラインレッスンが顔を中心とした二次元的空間世界で構成されていることが、学習者にグルとの親密性をより感じさせる要因なのかもしれない。

その反面、徒弟制の全人格的な関与とは異なり、身体性を伴わないオンライン上でのつながりは脆弱な部分も存在する。例えば、インド系移民の子女たちのなかには、個人の嗜好や欲求に基づいてグルとの関係を簡単に接続・断絶する者がみうけられる。北米の文化圏で育ったかれらは、インド的なグルとの権威主義的で密な関係性よりもフラットでカジュアルなつながりを求めており、なかには合理的に自分が学びたい部分だけに特化してレッスンを受けたり、演目ごとにグルを変えたりするものもみられる（ラーマナータン氏、インタビュー、チェンナイ、2019/10/20）。グル側も熱心に弟子を育てようという意識は希薄で、オンラインレッスンの生徒とはインドでの公演時に初めて対面するということも決して珍しくない［寺田 2021］。いうなれば、かれらの間で相反する側面をもつオンラインレッスンには、著名なグルから指導をうけたというステイタスの獲得と経済的な利益や海外公演の機会の斡旋を得るという実利的な関係が存在しているのである。*20

3-4　シンガポールの文脈で完結されるインドの音楽・舞踊

欧米で暮らすインド系ディアスポラを中心に発展したインド音楽や舞踊のオンラインレッスンは、

COVID-19のパンデミック以前のシンガポールにおいて浸透してはいなかった。前述したビッグ・フォーをはじめ、国内には多数の教室が対面レッスンを運営しており、それらはインド国籍のインド人教師による「本場」の指導が多数を占めている。インド系子女たちはわざわざインドのグルからオンラインで学ぶ必要性を感じてこなかった。また国内ではヒンドゥー寺院の祭礼はもとより、様々な文化・観光イベントやユース・フェスティバルなどにアマチュアの立場でも出演する機会が多数あることから、祖国インドでの公演機会を求めたり、技芸のさらなる向上を目指して渡印したりする子女はほとんどみられない。地理的環境からインドへの渡航費用が低コストで収まるにもかかわらず、国内のインド系コミュニティが活発であることから、かれらのなかではインドの文化的遺産とのつながりの保持やインド人としてのアイデンティティの強化といったインドを希求する意識は低く、わざわざインドのグルにオンラインレッスンを求める志向は高まってこなかった。いうなれば、かれらのなかでインドの音楽や舞踊を受容するネットワークはシンガポールの文脈で完結されていたのである。

4．デジタル・プラットフォームがもたらしたもの

4－1　作品のデジタル化とオンライン配信

二〇二〇年六月一日、シンガポール政府は四月に発令したサーキットブレーカーを二ヶ月間で終了することを決定し、フェーズ一として感染リスクの低い事業から順次再開することを発表した。その後、フェーズ三においては社会的、文化的、およびビジネス上の集会、イベントなどが徐々に再開されていった。一方、各種文化・芸術団体は、国家芸術評議会が打ち出したＡＣＲＰの財政支援のもとで作品のデジタル化を進め、各種イ

ベントや公演のオンライン上演と配信を積極的に行っていった。

二〇二〇年九月、シンガポールのインド人街（リトル・インディア）の中心に位置するインド遺産センター[*21]は、オンラインと対面のハイブリッド形式による文化イベント〈CultureFest 2020: Digital Edition〉を二週間にわたって開催した。例年は劇場や野外で対面形式に行われていたが、コロナ状況下ではデジタル・プラットフォームを用いた作品の配信が多数を占め、FacebookやYouTubeなどで公開された。同イベントはシンガポール国内の各インド系団体が参加し、のべ一〇〇名以上の出演者と四〇に及ぶプログラムで構成され、インドの叙事詩である「ラーマーヤナ」をテーマにした多種多様な演目が披露された。

多くの公演が無料で視聴可能であったことから、同イベントのサイトには国内外から数多くのアクセスがあった。同センターのゼネラル・マネージャーであるマリア・ババニ・ダス氏によれば、二〇二〇年九月二〇日時点でシンガポールを中心にインド、マレーシア、オーストラリアなどからのべ一四〇万以上の人々が同イベントの動画を視聴し、多くの視聴者からは高評価のコメントや激励の声が寄せられたという［Connected to India 2020］。対面によるプログラムが少ないハイブリッド型のフェスティバルにもかかわらず、イベントの成功を十分に感じさせる反響がみられた。とくにインドで暮らす出演者の親族からの反響は大きく、渡航費などの諸事情からこれまで孫や甥・姪たちの公演を鑑賞できなかった人々から感謝のコメントが多数寄せられた。ダス氏は「参加者、視聴者、コミュニティパートナーから、今年のデジタル版は魅力的で、自分の都合に合わせて柔軟にコンテンツを楽しむことができた、という好意的なフィードバックやコメントをいただいており、心強く感じています」と述べている。

こうした作品の配信は、小西が指摘するように、ヒト・モノ・空間が混ざり合い、身体と情動を躍動させる芸能空間の場で起こる上演をパソコンやスマートフォンという小さな画面に起きる消費される記号へと還元させてしまったかもしれない［小西 2024: 16］。しかしながら、会場の臨場感や他の観客とのふれあいは感じられないものの、このオンデマンド／オンラインによる配信を通じて、本来はシンガポールという空間に限定した一回性の舞台公演である作品が、国内だけでなく出演者の親族が暮らすインドでも同時に享受できたことはデジタル・プラットホームの恩恵にほかならない。

また同イベントの配信は、出演グループのグローバルなネットワークの拡張を間接的にサポートもした。同イベントのオープニングでは、前述したビッグ・フォーの一つであるアプサラ・アーツの作品《*Anjaneyam*》[*22]のデジタル版がオンデマンドで配信され、シンガポールだけでなくインドや世界各地のインド系コミュニティの間で高い評価を得ることにつながった［竹村 2022］。これをきっかけとして、同作品は二〇二一年五月にオランダのコルゾ劇場で開かれた〈India Dance Festival〉でも公開される好機に恵まれている。この作品はプロジェクション・マッピングを用いた舞台空間を表現しており、映像との親和性をもっていることも理由の一つとして推察されるが、作品をデジタル化したことでグローバルなネットワークに参入しやすくなったことは事実であろう。とくに舞踊団の海外招聘は技術スタッフを含め膨大な費用がかかることから、ロックダウン期間中に作品がオンデマンド配信を介してヨーロッパで事前に受容されて評価を得たこと、かつ現地のインド系コミュニティとのつながりがもてたことは同グループにとっては公演機会をグローバルに展開する大きな契機となった。[*23]

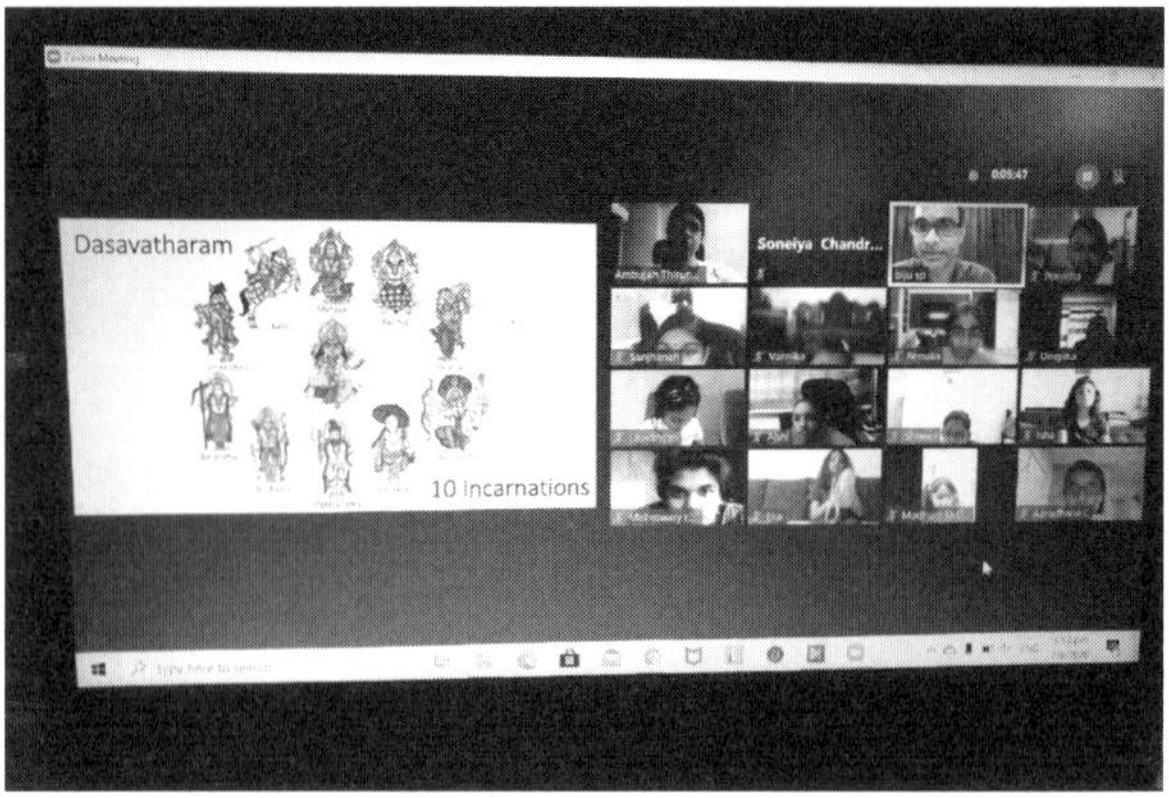

写真4　ヒンドゥー教の神話が教授されるオンラインレッスン
（バスカーズ・アーツ・アカデミー、2020年）

4-2　オンラインで舞踊と文化を学ぶ

前述のビッグ・フォーの一つであるバスカーズ・アーツ・アカデミーでは、教室閉鎖の要請が出た二〇二〇年四月からレッスンをオンライン（Zoom）に切り替えた（写真4）。同アカデミーの舞踊指導者に話を聞くと、オンラインレッスンの運営ではいくつの問題点が浮上したという（ミーナクシ氏、オンラインインタビュー、2020/7/30。ニドゥウィン氏、インタビュー、2020/8/1）。通常、教室ではレベルに応じてクラス分けがなされており、なかには個人レッスンを受ける生徒もいる。個別レッスンはもともと公演を間近に控えている技術的に高いレベルの生徒が集中的に受けるものであり、モチベーションが維持されやすい。一方、グループ・レッスンの生徒たちは小中学生が中心で動機も様々であり、親の言いつけによる習い事の一つとして通っている者も少なくない。オンラインレッスンでは、「グループ・レッスンの生徒たちのモチベーションを維持することが最も困難であった」と指導者は述べている。ネット回線やアクセス上の不具合が発生するオンラインレッスンでは、対面時にはコントロールできるレッスンのテンポ感や調子をとるリズムがずれたり崩れたりすることが度々起こった。そのため、低学年の子どもたちは通常の対面レッスンよりも集中力が続かず、飽きやすくなったという。また自宅で受けるオンラインのグループ・レッスンは、教師の視線を感じることが希薄であるため対面レッスンの教室に漂うような緊張感がなくなり、生徒の練習不足が深刻化し、プログラムに基づく学習プロセスが大幅に停滞していった（パラヴィ氏、オンラインインタビュー、2020/8/11）。

さらに、画面操作などの技術的な問題も生じ、グループ・レッスンでは生徒たちが自分の身体全体を画面に収めるのに苦労したり、顔だけを映す者がいたりした。そのため生徒たちが話を聞いてるのか、聞いていないのか判断しづらかったという。哲学者の河野哲也が論じるように、我々は意識的であれ無意識的であれ、表情や目線、姿勢、仕草、動作など身体の動きによって言葉によるコミュニケーションを補っているが［河野 2022: 225］、オンラインレッスンではそれらが伝えにくくなり、わかりにくくなっていたのである。指導者側では同時に複数の生徒が画面上に表示されるため、個々の画面サイズが小さいことから動きを十分に把握することができず、見えにくさを感じていた。そして、対面では身体的な動きを使って伝えられていたかなりのことを、オンラインでは言語で表現しなければならなくなり、その分レッスンの時間がとられ、先に述べたテンポやリズムがさらに悪くなっていったという。

環境面においてはネット環境と騒音問題に悩まされた。サーキットブレーカー中では家族が自宅にいることから、ネット環境が整っていても同時アクセスによる不具合などがみられた。またシンガポールの公共住宅であるＨＤＢアパートは居住空間が狭いため、身体を動かす舞踊レッスンを受けるにはリビングを使用せざるを得ず、家族との調整が求められた。そしてバラタナーティヤムなどの古典舞踊は足で床を強く踏む動作が数多いことから、近隣住民の苦情を気にしなければならない状況が生まれた。

一方、レッスンのオンライン化によっていくつかのポジティヴな側面も生まれている。一点目はオンラインレッスンによる新たな受講生の獲得である。サーキットブレーカー期間中、インド系子女だけでなく、自宅待機を余儀なくされた仕事をもつインド系の成人女性たち（多くはかつての生徒）が気分転換や運動不足の解消を目的にレッスンに参加するようになった。前述したように、オンラインレッスンでは「教師が自分を見ている」という視線が集中する感覚が薄れている。そのため、生徒のなかには、参加しやすいと感じる人がいた。

ある学習者は、「昔は習っていたけど、社会人になってから忙しくなって途中でやめてしまいました。〔中略〕ロックダウンになって自宅待機が続いたので、オンラインでできることはないかとネットを検索していたところ、バスカーズ・アーツ・アカデミーがオンラインレッスンをはじめたのを知り、受講することにしました。教室に通わなくていいし、他の受講生のことを気兼ねすることなく自分のペースでできるし、やっぱり体を動かしてなかったからかなり忘れているところもあって……オンラインだったら気軽に参加できるし……」と語る（シャルマ氏、オンラインインタビュー、2020/9/23）。「体型もかわり今更教室に通うのは恥ずかしい」と感じていた彼女たちにとって、周りの視線を気にすることなく気軽に参加でき利便性が高いオンラインレッスンは、教室とのつながりの再編やインド文化への再評価をもたらす機会を提供したといえるだろう。

こうした新規の「古参」学習者たちは、サーキットブレーカーが明けてクラス運営が対面に戻ってもレッスンを継続することはなかった。バスカーズ・アーツ・アカデミーのCEOを務めるモハン・バスカー氏は、「ロックダウンという状況下がイレギュラーな状況だったからね。〔中略〕ただ彼女たちは私たちの近々の公演チケットを買ってくれたから、関係の再構築はできたんじゃないかなあ」と述べている（モハン・バスカー氏、オンラインインタビュー、2022/10/25）。オンラインレッスンに参加した古参の学習者のなかには、教室とのつながりを再度求めてオンラインレッスンに参加した者もみられ、「今まで疎遠になっていたけど、グルたちとのつながりを取り戻せたのは嬉しかったですね。とくにこういう時期って、孤立しがちじゃないですか……」と語っていた（ニーシャ氏、オンラインインタビュー、2022/10/25）。ロックダウンの状況下において、外出はもとより人とのつながりの回路となっていた間身体的なコミュニケーションは次々に閉ざされ、かつオンラインへと強制移行され、

「現実の身体どうしの接触」［山口・渡邉 2022: 6］が希薄になっていった。このような状況下に日々を過ごすなかで、古参の学習者のように人々は「つながりたい」という欲求を今まで以上に強く実感し、かつての関係性やコミュニティとの接点を何らかの形で再構築しようとしたのではないだろうか。

もう一つの新たな側面は、レッスン内容の改編による座学の導入である。先に述べた通り、初級レベルや小学生のクラスでは、通常のレッスン内容をオンラインで進めることは困難であった。集中力が続かず、生徒も休みがちとなった。そのため、舞踊自体の指導が難しいと判断したある指導者は、新たな試みとしてタミル語や古代叙事詩の「ラーマーヤナ」、あるいはヒンドゥー文化を教授するようになった。[*24] 彼女は初期レベルや小学生のクラスには、インドで著名なコミック・シリーズの『アマル・チトラ・カタ』を用いてヒンドゥー神の神話やラーマーヤナ物語を解説し、生徒たちの関心を引きながら舞踊とのつながりなどを理解させるように努めた。この試みは保護者の間で好評を博し、指導者は対面レッスンに戻って以降も何らかの形で継続する道を模索していた。

4-3　オンラインでのトークイベントで語る、共有する

COVID-19のパンデミック下において、企業や学術の分野ではオンラインによるシンポジウムやトークセッションが行われていたように、シンガポールのインド系コミュニティでも、いくつかのトークセッションがオンライン・プラットフォームで開催された。シンガポールのインド古典音楽や舞踊の指導者たちの多くはインド系移民一世である。かれらはインドで長きにわたって技芸を習得し、その後実演家として活動する過程でシンガポールでの雇用機会に恵まれ、移住してきた人々である。そのため、インドで活躍している実演家とのつながりを維持している者が多いインドがロックダウンに入った二〇二〇年三月以降、様々なオンライン・トー

クイベントがインドから発信されたが、それらはこうしたインド人指導者たちが仲介する形でシンガポールのインド系コミュニティに拡散していった。

例えば二〇二〇年七月頃から始まったトークイベント〈LET'S TALK ABOUT DANCE〉は、Zoomのプラットフォームを利用して一、二ヶ月に一度の頻度で開催され、ゲスト・スピーカーとしてシンガポールで活動するインド人指導者が登壇したりした。主催者は南インドの著名な芸術機関（カラークシェートラ）の現役指導者であったことから、同イベントはグローバルに拡散する同校出身のOB・OGを通じて紹介され、シンガポールでは前述したバスカーズ・アーツ・アカデミーで指導する同校出身のOBが仲介を務め、指導者や生徒たちがイベントに参加した。

オンラインのトークイベントは、シンガポール国内のインド系移民コミュニティからも発信されていった。舞踊や音楽を習っている、あるいは習っていた個人が企画したトークセッション（たとえば、GNANI ARTS presents Interview with Mrs. Santha Bhaskar、二〇二〇年一二月四日）などには、バスカーズ・アーツ・アカデミーの芸術監督を務めるサンタ・バスカー氏が招聘され、彼女のこれまでの経験や新しい世代への助言などが語られた。

また公的機関によるオンライン・トークセッションも開催された。パンデミック以前にも、ナショナル・ライブラリーなどでは、カフェ・トークとしてシンガポールの伝統的な音楽・舞踊文化（インドの音楽・舞踊を含む）を語るトークセッションが何度も開かれているが、それらはどちらかといえば広くシンガポール人に向けたものであり、参加者の多くは華人系シンガポール人であった。一方、二〇二〇年五月二日、aPART.sgが主催したオンラインイベントは、三世代のバラタナーティヤム指導者に焦点をあて、一九五〇年代から現在までの上演と指導経験を探る対話形式の内容であった（**写真5**）。バスカーズ・アーツ・アカデミーの創設者で芸術監督のサンタ・バスカー氏とその娘で当時アメリカに在住していたミーナクシ・バスカー氏、サンタ・バスカー氏のシンガポールでの愛弟子であるアンブージャン・ティル氏の三名からなり、インドからいかにしてシンガポールに来たのか、一九五〇年代から六〇年代にかけてのシンガポールの芸術シーンの様子や公演の内容、彼女の人生とどのように技芸が次の世代へ受け継がれていったのかなどが遠慮なく率直に語られた。

シンガポールの各種芸術団体が主催する音楽や舞踊の教室では、教授・稽古・創作が活動の中心である。指導者と生徒の交流は密ではあるものの、個人のライフスタイルなどが語られることはなく、まして団体の創設者が歩んだライフヒストリーなど聞く機会はなかった。そのため、このトークイベントを通じて、生徒や保護者たちは自らが通う教室の創設者のライフヒストリーを「共有する」ことができた。移住の経緯や移住後の困難な生活、インド文化との関わりやインド系コミュニティとの齟齬、団体の創設や運営に関する苦労話、かつての生徒と今の生徒の違いや教授法の変化、あるいは若い世代に求めることや舞踊家として生きることなど、トークセッションでは多岐にわたる話題が語られた。参加者は教室の生徒やOGが中心だったが、国外からアクセスする者も含まれ、サンタ・バスカー氏の経験を現在の自分の状況に重ね、質疑応答で涙する者も見られた。

政府が文化芸術政策を進めていくなかで、インドの音楽・舞踊文化は「ナショナルな」ものとして位置づけられ、その伝承と発展にこれまで力が注がれてきた。バスカーズ・アーツ・アカデミーのような芸術団体は、技芸の教

写真 5　aPART.sg が主催したオンラインイベント
(2020 年 5 月 2 日開催)

授を通じてインド文化を継承する役割を果たしてきたが、今回のトークセッションでは指導者の経験だけでなく、インド系コミュニティの歴史やインド芸能の価値づけ、さらにはインド系移民としての経験も参加者の間で共有されていったのである。ともすると、オンラインレッスンやコミュニケーションは、身体性の有無や身体性が脆弱であるといった点がこれまで議論されがちだったが、シンガポールの事例が明示していることは、経験の語りを共有することで、芸術団体の創設者と生徒たちの間に共鳴性やより密で社会的な関係性をもたらし、生徒たちに自らの属性やアイデンティティを再認識する場を提供したという点である。

5. パンデミック後にみえてきたもの

シンガポールでは、二〇二一年後半から各種芸術団体の教室における対面クラスが再開されていった。二〇二二年初頭からは本格的にパンデミック以前の形式に戻り、個人レッスンから再開され、その後徐々にグループ・レッスンへ移行していった。*25 それまでの建物内の換気規制は撤廃され、室内でマスクを外す者も多くみられた。ただし、政府の方針ではワクチン未接種者がクラスにいる場合には、マスク着用がこの時期においては義務づけられていた。

対面クラスへシフトしてから、指導者たちから生徒の様子が聞かれた。例をあげると、保護者の指示のもと、他の生徒や指導者にマスクの着用を求める子や自分自身も着用し続ける子が少なからず見られた。小学生のクラスでは、パンデミック以前はレッスンの前後に指導者にハグを求める子供も少なくなかったが、そうした身体接触を含む交流は再開後見られなくなった。また六〇分のレッスンのうち、前後一〇分は生徒の入れ替えであり、感染対策の一環として次の生徒と接触しないように配慮されていた。レッスン後に教師と生徒との雑談はなくなり、レッスン後の「もう少しクラスにいたい、先生と話したい」という気持ちを共有する時間が失われた。そのため以前よりもレッスン時間が短縮し、互いにどことなく距離を保つようになり、生徒間や指導者との交流が減少し、教室内の活気を取り戻すにはしばらく時間がかかったという（パラヴィ氏、オンラインインタビュー、2022/10/25）。

技術レベルの低下は顕著にみられ、インタビューをした指導者たちは一様に生徒の練習不足を口にした。ある指導者は生徒たちの動きが平面的な印象を強くうけたと述べている。オンラインのレッスンでは生徒は顔だけを映しがちで、全身が見えにくくなる傾向がみられ、二次元の顔中心のオンラインによる双方向のコミュニケーションが繰り返されることで、舞踊を習う生徒の身体性が希薄化していったと捉えることができるだろう。対面レッスンが再開されても空間的、立体的な動きや背面への意識などが欠如し、踊りが正面のみに意識された表面的なものになった、という指導者のコメントは示唆的である。これらは対面レッスンの回数を重ねていくなかで少しずつ改善されたというが、初心者レベルへの指導においてオンラインレッスンを用いることの危うさを指導者たちは指摘する。

芸能と人との関わり合いには、作品の上演や鑑賞はもとより創作過程や教授の場における間身体的なコミュニケーションも含まれる。ポストコロナの状況のなかで、舞台公演が再開された直後、実演家たちからは作品づくりの過程における違和感を訴える声が聞かれた。COVID-19の感染状況に鑑み、現場にはできるかぎり身体的なコミュニケーションを控えるような気配が漂い、どこか殺伐とした雰囲気が感じられると言う。また、かれらのなかには創作過程におけるコミュニケーションの不足を感じるようになり、「膝をつき合わせる」環境が減ったことを口にした者もいた。技芸の習得や創作過程においては、身体を介してインドの文化を習うだけでなく、身体コミュニケーションを通じてインド的な世界観を共有し、強固にしていったのである。その辺の不足部分がロックダウン明けの創作現場にみられた違和感といえるのではないだろうか。

COVID-19パンデミックという未曾有の状況において、芸能やそれをめぐるコミュニケーションの形態はいかなる変化がもたらされたのだろうか。本章はシンガポールのインド系コミュニティにおけるインド芸能の教授に関する一端を紹介した。二〇二三年一月、二年八ヶ月ぶりにフィールドへ戻ることができた私は、インド舞踊の公演が行われる会場で社会における芸能の存在と芸能をめぐるコミュニケーションについて改めて考えさせられた。そこには豪華なサリーに身を包んだインド系移民二世、三世、四世の人々が友人や知人たちとの交流に花を咲かせながら、作品の上演を待ちわびている光景があった。多民族国家のシンガポールにおいて、インド芸能の公演の場は、インド系の人々にとって社交の場であり、人とのつながりを再確認したりネットワークを構築する機会であり、まさにコミュニティの空間に他ならないのである。コロナ禍で明らかになった、「身体性に依拠した、会えない・接触できないという身体性、さらには動けないという身体性とその苦しみ」［山口・渡邉 2022: 25］に対する反動の如く、芸能公演の空間はインド系の人々の華やかな社交の場となっていた。新しいメディアは、オンラインレッスンという形でパンデミック下の文化の継承・維持に大きく貢献した。同時に人々は身体を介した文化継承や身体を介した人と人との対面的な交流が自分と他者をつなぐものであることも認識した。パンデミックの状況はこうした芸能とコミュニケーションという側面を考えさせる場を提供しただけでなく、芸能が存在する場こそが多様な交流のプラットフォームであることを示している。

注

1 音楽学者の岡田暁生は、コロナ状況下でいち早く「感染症対策で忌避される三密（＝密閉・密集・密接）こそが音楽の母胎だった」と上演芸術の本質を指摘している［岡田 2020: iii］。

2 パフォーマンス研究の権威であるシェクナーは、世界の多くの地域で共通にみられる特徴として、鑑賞時に観客は意図的に鑑賞する部分を選択しており、関心と無関心（「選択的無関心」）を使い分けていると論じている［Schechner 2003: 223］。

3 オースランダーは、伝統的にライブパフォーマンスはその場で直接体験されるものであるのに対して、テレビやオーディオ、ビデオなどのメディア技術を通じて広められるライブパフォーマンスを「メディア化されたパフォーマンス」と定義し、それらは録画や配信することでどこでも見られる形に変化していると指摘する。そして、ライブパフォーマンスに起因することが多いパフォーマンスの共同体験は、メディア化された形式でも存在すると述べ、物理空間であろうとデジタル空間であろうと、視聴者間での共有体験が核となると論じている［Auslander 2022］。

4 本章が依拠するデータは、主に二〇一九年三月から二〇二四年三月にかけてハイブリッド式（対面とオンライン）のインタビューと参与観察にて断続的に収集したものである。

5 こうした政府の迅速な対応は、ＳＡＲＳに翻弄された苦い経験に基づいている。二〇〇三年から翌年にかけて発症したＳＡＲＳの感染者数は東南アジア最大の二三八人にのぼり、急成長していた経済に大きな打撃を与えた。国民の間では熱帯地方特有のデング熱をはじめとするウイルス感染への危機意識が高く、ウイルス対策は早い段階で徹底的に封じ込めることが重要であることが広く認識されている［岡本 2021: 69］。

6 金融用語の一種である「サーキットブレーカー」とは、株取引を一時的に停止するときの制度を意味しており、シンガポールではロックダウンという表現が避けられた［岡本 2021: 70］。

7 シンガポールが厳しいロックダウンに踏み切った背景には、建築現場などで働く外国人労働者が住むドミトリー（寮）でのクラスターの発生と急激な感染拡大があった。四月一日付けの感染者は累計で一〇〇〇人だったが六月一日には三万五二九二人に膨れ上がり、その内の九割以上がドミトリーの外国人労働者だったといわれる［本田 2021: 319］。

8 シンガポール政府観光局によれば、二〇一九年時には年間約一九〇〇万人の来訪者があり、観光収入は二七七億シンガポール・ドル（約二兆二一六〇億円）にのぼったが、コロナ状況下の二〇二〇年では訪問者数は前年比の八六％減、観光収入は前年比の七八・四％減となった［Singapore Tourism Board 2021］。

9 インド系芸術団体のバスカーズ・アーツ・アカデミーを例にあげると、二〇二〇年四月以降約一年半にわたって借用施設の賃料の全額ないし半額、さらにオンラインレッスンのためのインフラ費用などが政府によって支援されている（ヴァルサラ・バスカー氏、インタビュー、シンガポール、2024/3/10）。

10 バスカーズ・アーツ・アカデミーの芸術監督は「我々の活動は政府の支援抜きでは成り立たないのが現実で、アーティストたちにこんな手厚い支援をしてくれる国は他にありません」と述べている（シャンタ・バスカー氏、オンラインインタビュー、2022/1/20）。

11 インド系移民の歴史は古く、一八一九年にトーマス・スタンフォード・ラッフルズが初上陸した際、百数十名のインド人傭兵を同伴していたことは広く知られている。

12 歴史学的視点からインド芸能を論じるソネジによれば、南インドのタミルとテルグ地方出身のデーヴァダーシーたちは、移民労働者や植民地行政官らを相手に舞踊を披露していただけでなく、インドと同様に売春にも関与していたことを指摘している［Soneji 2012］。

13 シンガポールにおけるインド芸能の発展に関する詳細は［Rajan 2008; 竹村 2015］を参照されたい。

14 今日、シンガポールが世界有数の国際都市として発展し続けている背景には、政治や経済の分野で活躍するインド系移民三世、四世はもとより、ITや金融、会計などの専門職で台頭する高学歴なインド系新移民や、港湾・建築現場などで肉体労働に従事する南アジア系労働者たちの貢献がある［Kaur 2008; 竹村 2021］。

15 「スマート・ネイション」とは、二〇一四年にリー・シェンロン首相が発表したものであり、デジタル技術とデータを活用して国全体をスマートシティ化し「より良い暮らし、より多くの機会、より強固なコミュニティ」を実現しようとする国家構想のことである。そのなかで特に重要としてあげられているのが、都市生活（Urban Living）、交通（Transport）、健康（Health）、電子政府（Digital Government Services）、企業・ビジネス支援（Startups And Businesses）の五つの分野である［Ho 2017］。

16 寺田はその背景として二つの要因をあげ、一つはインドの経済成長が人の移動を加速させたこと、もう一つは一九六五年の移民法改正によって、それまで課せられていた地域ごとの制限が大きく緩和されたことからアジア系移民が急増したことを指摘している。一九九一年の経済自由化以降、インド経済はめざましい成長を遂げており、なかでもIT産業の世界的な躍進は著しい。こうした動向に波及するように、九〇年代以降から高学歴で専門的技術を有するインド人が北米に移住する動きが急速に進んでいった。北米のIT産業中心地であるシリコンバレーでは、技術者の三分の一をインド系移民が占めるといわれ、管理職や起業家として活躍する者も多くみられるようになった［寺田 2021: 327］。

17 クリシュナムルティは、インド系移民の親たちのなかにはオンラインレッスンがチェンナイを拠点とするグルたちにとって儲かるビジネスなのではないかと懸念している者が多くいることを述べている。オンラインレッスンの流行に乗るのをためらうかれらは、オンラインレッスンが対面の指導と「同じくらい効果的」なのか、「同じくらい良い」のか、などと調査時に尋ねてきたという［Krishnamurthy 2013］。

18 クリシュナムルティによれば、海外公演を頻繁に行うグルのなかには渡航先での活動拠点をオンラインレッスンの生徒宅にしている場合が多くみられるといい、グルクラの新たな形が生成していることを指摘している［Krishnamurthy 2018: 47］。

19 例えば南インドのマドラス（現チェンナイ）では、高カーストのルクミニー・デーヴィがカラークシェートラという芸術機関を創設し、グループ・レッスンを基本とした学校教育制度を導入した。それまでの師弟関係とは異なり、性別、カースト、国籍を不問としたことから、同機関には国内外から多くの生徒が集まった。一九六〇年代末から七〇年代には、すでに卒業生がインド国内外で教室を開いて後進の指導をはじめ、カラークシェートラの様式がグローバルに拡散していった［竹村 2015］。

20 寺田は、チェンナイの音楽家たちは在外インド人（Non Residence Indians）やインド系移民たちとの交流が、海外での公演ツアーやワークショップなどの長期招聘につながる可能性があるという認識が共有されていると指摘する［寺田 2021: 340］。

21 政府の外郭団体であり、二〇一五年にオープンしたインド遺産センター（Indian Heritage Center）は、現代的なデザインの外観が目を惹くが、活動の目的はシンガポールに伝わるインド文化の普及であり、インド系シンガポール人の文化、遺産、歴史をセンター内の展示や各種イベントで紹介している。

22 同作品は二〇一七年にエスプラネードで初演後、二〇一八年一月にニューデリーで開催された〈Ramayana Festival of ASEAN Countries〉において一部上演し、二〇一九年八月には〈Singapore Night Festival 2019: Night Light〉の野外ステージでも一部上演された。

23 COVID-19の感染状況が収束に向かい始めた二〇二二年以降、アプサラ・アーツはオーストラリア、フランス、イギリスへの上演ツアーを行っていることは、《*Anjaneyam*》の評判と無関係ではないだろう。

24 この指導者は以前のインタビューにおいて、「今の子供たちはラーマーヤナの創作作品を上演するにもかかわらず、その内容を理解している子が少ないんですよ。〔中略〕ヒンドゥーの神話や神様の物語を理解していないです。親も子供たちに教えることをしないから困っています。だから演目の内容や意味を理解できていないんです」と語っていた（アンブージャン氏、インタビュー、シンガポール、

25　2017/10/12)。シンガポールの華人系コミュニティの中元節儀礼を調査している伏木香織は、パンデミック下で人々が集団で集まることや共食、往来が禁じられた影響から、それまで継続されていた儀礼が中止・断絶したり、パンデミック後に大きく縮小している事例を報告している［伏木 2024］。パンデミック下における芸能の実態については［Capece et al. 2021］が詳しい。

参考文献

〈日本語文献〉

岡田暁生 2020『音楽の危機――《第九》が歌えなくなった日』中央公論新社。

岡本佐智子 2021「シンガポールにおける新型コロナウイルス対策と外国人労働者」『北海道文教大学論集』22: 69-80。

河野哲也 2022「対話によるコミュニケーション」山口真美、河野哲也、床呂郁哉編『コロナ時代の身体コミュニケーション』勁草書房、pp.211-235。

小西公大 2024「「音楽の力」を取り戻すための試論」小西公大編『そして私も音楽になった――サウンド・アッサンブラージュの人類学』うつつ堂、pp.6-35。

竹村嘉晃 2015「「伝統」を支える多元的位相――シンガポールにおけるインド舞踊の発展と国家」『舞踊學』38: 120-137。

―― 2021「インド系シンガポール人――多民族国家のなかの多様なインド系社会」田村慶子編『シンガポールを知るための65章［第5版］』明石書店、pp.120-124。

―― 2022「インド人ディアスポラとラーマーヤナ――シンガポールにおけるアートマネージメントとローカル／ナショナル／グローバルな表象」福岡まどか編『現代東南アジアにおけるラーマーヤナ演劇』めこん、pp.122-

151。
―― 2023「インド芸能をめぐるコミュニケーションの変容――コロナ状況下のシンガポールを事例に」『フィールドプラス――コロナ状況下のアジアで舞う・奏でる・演じる』29: 6-7。
谷口文和 2015「音響メディアへのアプローチ――身近な経験を歴史的にとらえなおす」谷口文和、中川克志、福田裕大編『音響メディア史』ナカニシヤ出版、pp.1-17。
寺田吉孝 2010「世界最大の音楽シーズン」『月刊みんぱく』二〇一〇年一二月号、pp.20-21。
―― 2021「南インド古典音楽・舞踊の環流」松川恭子、寺田吉孝編『世界を環流する〈インド〉――グローバリゼーションのなかで変容する南アジア芸能の人類学的研究』青弓社、pp.324-352。
戸谷洋志 2023『SNSの哲学――リアルとオンラインのあいだ』創元社。
伏木香織、2024、「COVID-19パンデミック下／後の中元節儀礼――シンガポールの場合」『大正大學研究紀要』109: 278-254。
本田智津絵 2021「新型コロナウイルスと政府の対応――独立以来の危機に、新型コロナの感染拡大」田村慶子編『シンガポールを知るための65章［第5版］』明石書店、pp.319-323。
マーヴィン、キャロリン 2003『古いメディアが新しかった時――19世紀末社会と電気テクノロジー』吉見俊哉、水越伸、伊藤昌亮訳、新曜社。
山口真美、渡邊克巳 2022「コロナ下でのコミュニケーションとポスト・コロナに向けた顔身体」山口真美、河野哲也、床呂郁哉編『コロナ時代の身体コミュニケーション』勁草書房、pp.1-27。
吉田ゆか子 2016『バリ島仮面舞踊劇の人類学――人とモノの織りなす芸能』風響社。
吉見俊哉 2020「パンデミックとグローバリゼーション――コロナ・都市・演劇」後藤高基編『ロスト・イン・パンデミック――失われた演劇と新たな表現の地平』春陽堂書店、pp.194-201。

〈外国語文献〉

Auslander, Philip. 2022. *Liveness: Performance in a Mediatized Culture*. London: Routledge.
Bauer, William I. 2020. *Music learning today: Digital Pedagogy for Creating, Performing and Responding to Music*. New York:

Oxford University.

Capece, Kerdra Claire and Scorese, Patrick (eds.) 2021. *Pandemic Performance: Resilience, Liveness, and Protest in Quarantine Times*. Oxon and New York: Routledge.

Chu, Samuel K., T. K. Davy and Ellen H. L. N.G. 2022. Engaging Students in Creative Music Making with Musical Instrument Application in an Online Flipped Classroom, *Education and Information Technologies*, 27: 45-64.

Connected to India, Indian Heritage Centre's First-ever Digital Edition CultureFest Closes on a High Note, September 29, 2020, https://www.connectedtoindia.com/indian-heritage-centres-firstever-digital-edition-culturefest-closes-on-a-high-note-8313.html（二〇二一年九月二九日アクセス）

Goswami, B. N. 1996. *Broadcasting: New Patron of Hindustani Music*. Delhi: Sharada Publishing House.

Ho, Ezra. 2017. Smart Subjects for a Smart Nation? Governing (Smart) Mentalities in Singapore. *Urban Studies*. 54(13): 3101-3118.

Katz, Mark. 2010. *Capturing Sound: How Technology Has Changed Music*. Berkeley: University of California Press.

Kaur, Arunajeet. 2008. Singapore's New Indians: Attracting Indian Foreign Talent to Singapore. K. Kesavapany and P. Ramasamy (eds.) *Rising India and Indian Communities in East Asia*. Singapore: ISEAS. pp.619-634.

Krishnamurthy, Rohan. 2013. *Virtual Gurukulavasa: Tradition and Innovation in Online: Carnatic Percussion Pedagogy*. Ph.D. Dissertation, University of Rochester.

——. 2018. Virtual Gurukulavasa: Tradition and Innovation in Carnatic Percussion Pedagogy. Kyoko Matsukawa (ed.) *Globalization of Indian Performing Arts in New Media Situation: Dynamics of Cultural Gyre*. Konan University. pp.43-53.

Manuel, Peter. 1993. *Cassette Culture: Popular Music and Technology in North India*. Chicago: University of Chicago.

Rajan, Uma. 2008. The Changing Indian Performing Arts Scene in Singapore. K. Kesavapany and P. Ramasamy (eds.) *Rising Indian and Indian Communities in East Asia*. Singapore: ISEAS. pp.635-648.

Schechner, Richard. 2003. *Performance Theory*. New York and London: Routledge.

Shresthova, Sangita. 2011. *Is It All About Hips?: Around the World with Bollywood Dance*. Delhi: Sage.

Singapore Tourism Board. 2021. *Reset Recover Reignite: Annual Report 2021-2022*. https://www.stb.gov.sg/content/dam/stb/

documents/annualreports/Singapore%20Tourism%20Board_Annual%20Report%202021-2022%20.pdf（二〇二四年五月三〇日アクセス）

Soneji, Davesh. 2012. *Unfinished Gestures: Devadasis, Memory, and Modernity in SOuth India*. Chicago: University of Chicago Press.

Taylor, Timothy D. 2010. *Strange Sounds: Music, Technology and Culture*. New York and London: Routledge.

エッセイ2
カンボジアの大型影絵芝居「スバエク・トム」が作りだす空間、人のつながり
——コロナ下での危機と日本からの支援を通して見えたこと

福富友子

1. スバエク・トムという芸能

カンボジアにはスバエク・トムと呼ばれる影絵芝居がある。「スバエク」は「皮」、「トム」は「大きい」という意味で、すなわち「大きい皮」というその名の通り、牛の一枚皮に細かく穴をあけて作った人形を遣って演じる。野外に幅一〇メートルの大きな白布を立て、ヤシ殻を燃やす炎の光を使い、人形と遣い手の影を映し出す壮

写真1　大きな影絵人形を掲げ、炎を背にして演じる（シエムリアプ、2023年3月28日）

大な影絵芝居である（写真1）。演目は、カンボジアの古典「リアムケー」（リアム王子の栄光、という意味で、インドの古典叙事詩「ラーマーヤナ」のカンボジア版）の物語。スバエク・トムを演じるグループは、首都プノンペンに三つ、伝承地であるシエムリアプ州に二つと少ない。昔は、大規模な火葬儀礼に伴って演じられるものだったが、時代とともにそうした機会は減り、観光化が進んだ一九九〇年代からは主に観光客向けに上演されるようになった。カンボジア人でも実際に見たことのない人が多く、若い人たちには古くさい芸能だと敬遠されたりもしてきた。ユネスコの無形文化遺産に登録されているとはいえ、人々の支持を集めているとはいいがたい状況なのだった。そうしたところで二〇二〇年に新型コロナ感染症の拡大で観光客の来訪がなくなると、上演の機会はなくなり、この芸能の存続がいよいよ危機に陥る状況となった。

ここでは、シエムリアプ州で長くスバエク・トムの上演活動を行ってきたティー・チアン一座がコロナ下で改めて考えた伝統芸能のあり方、彼らの考えを日本から後押しして気づいた、伝統芸能を楽しく支援することについて書きたい。

2. ティー・チアン一座と私のかかわり

私が初めてスバエク・トムを見たのは一九九六年のことだ。当時、アジアの人形劇の日本招聘公演を実施してきた現代人形劇センター（神奈川県川崎市）の塚田千恵美さんが、スバエク・トムの公演実施に向けて動いていた。当時プノンペンに住んで二年ほど経っていた私は通訳として塚田さんに同行し、シエムリアプ州に住む演者のティー・チアンさん（以下、チアンさん）とその家族らの演技を見ることになった。一九一七年生まれのチアンさんは、一五歳でシエムリアプ州に唯一存在したスバエク・トムの一座に入り、知識と技を身につけ優れた演者になった人だ（写真2）。だが、一九七〇年代はじめに起こった内戦とその後のポルポト時代の中で、人形を失い、仲間の座員を失い、その後社会情勢が落ち着いてからもスバエク・トムにかかわる機会のないまま二五年が過ぎていた。そのため一九九六年に私たちが訪れた際は、一九九〇年代に入って新しく結成されたグループに人形を借りてチアンさんと親族らに演じてもらったのである。ブランクの長いチアンさんたちが人形を遣う動きはぎこ

写真２　ティー・チアン前座長。芸能の神に敬意を表す儀礼で
（シエムリアプ、1999年２月）

ちなかった。語りの言葉は難解だし、登場人物の区別はつきにくく、私は「これを日本で演じるの？」という思いで眺めていた。

一年後の一九九七年に実施された日本招聘公演は、チアンさんと親族たち、プノンペンの文化芸術省に所属する芸能者たちとの混成チームで行われた。これは、チアンさんらの昔ながらのゆったりした演技と、文化芸術省の芸能者や演出家による舞台芸術としての演出技術の両方が必要だという、塚田さんの発想によるものだった。私は日本公演に向けたチアン家と文化芸術省の合同練習を見学し続け、日本での公演旅行にも同行する中で、チアンさんが人形に注ぐ愛情や演目に向ける敬意に気づくことができた。文化芸術省の芸能者たちの華やかな演技に対し、チアンさんたちの動きは全体にゆるやかで、演じているというより登場人物そのもののようだと感じられた。とくに、勘を取り戻したチアンさんが人形をもつと、それが王子であれ姫であれ、その魂を吹き込まれて動き出すのだった。

日本からカンボジアへ戻ると同時に、チアンさんたちはプノンペンの芸術関係者の尽力によって約一五〇体の人形一式を送られ、一座として活動を始めることになった。チアンさんの演技にすっかり魅せられていた私は意を決し、スバエク・トムを教えてほしいと頼み、「いいよ、おいで」と言ってもらえた。それでプノンペンの住居を引き払い、チアン家の高床式の家に寝泊まりして演技を習い始めた。

チアンさんは、自分の孫たちや近所の青年たち十数名を募り、毎晩、人形の遣い方や物語を教えた。週に二度は楽団を呼び、音楽に合わせた練習もした。そして、急ぎ足でひととおりの指導をした三年後の二〇〇〇年に、亡くなった。チアンさんがとりわけ気にかけて指導していた孫のソパーンは当時二一歳と若かったが、数年後には座長となり、現在に至る。私は、チアンさんが亡くなってしばらくのちに日本に帰り、以後は年に二度ほど一座を訪れては、一座の練習を見学したり活動に口出ししたり、日本では小学校や市民講座でスバエク・トムを紹介するようになった。

こうして長くティー・チアン一座にかかわり続ける中で、スバエク・トムをおもしろいと思ってくれる友人も増えた。それが、コロナ下で上演の機会をなくした一座の窮状に、日本から何か支援しようと話し合うことにつながった。

3．コロナ下でスバエク・トムのあり方を考える

一座として活動を始めて以来、ティー・チアン一座は海外からの観光ツアーに向けた上演を増やすことを目標にしてきた。野外で火を焚いて演じるため、一一月から四月の乾季の間だけ依頼を受けてシエムリアプ市内の寺の境内などで上演する。この他に、人形の遣い方や楽器演奏を体験するワークショップのプログラムを作り、スタディーツアーの受け入れなどの活動も続けていた。しかし演者の人数が多く大掛かりなステージで費用がかかるためか、芝居自体が難解であるためか、依頼される上演数は年間に一〇回程度あればいいほうで、それも一回が三〇～四〇分の短い演技を求められた。

そのようなところで突然の新型コロナ感染症である。観光客はいなくなり、あっという間に上演もワークショッ

プもなくなった。感染が広がりだした当初は五人以上で集まることが禁止され、村から村への移動も制限されたため、シエムリアプ市内の練習場に座員が集まることすらできなくなった。座員の何人かは感染して自宅で寝込み、あるいは入院した。このまま上演の機会がなかったら、ティー・チアン一座が解散してしまうだけでなく、伝統芸能であるスバエク・トム自体が消滅する、とソパーン座長は強い危機感を抱いた。

シエムリアプのスバエク・トムの根底には、大きな仏教行事の際に寺が一座を雇い上げて演じさせ、寺に集った多くの人々が物語を共有するという意義がある。前述した通り、昔は、高位の僧のために行われる大規模な火葬儀礼で何日もかけて演じられていたものだ。「リアムケー」の物語は、魔王に妻をさらわれたリアム王子が、妻を追って魔物の島に攻め込み長い戦いの末に妻を取り戻すというストーリーとして知られるが、スバエク・トムで演じるのはリアム王子の弟と魔王の息子との戦いを軸とした一連のエピソードで、魔王の息子の死をクライマッ

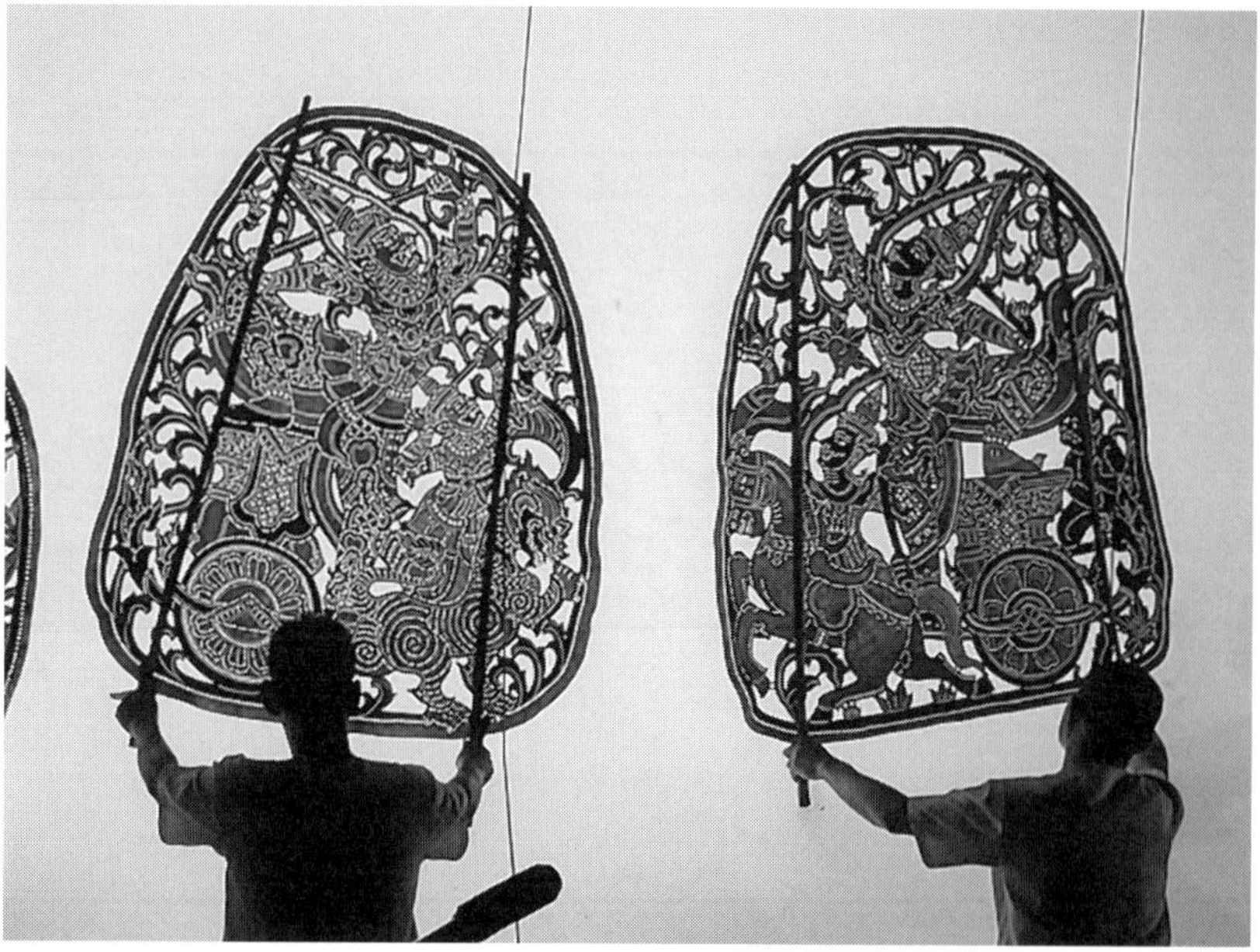

写真３　リアム王子の弟（右）と魔王の息子（左）が戦う場面
（シエムリアプ、2023 年 3 月 28 日）

クスとして終わる。主人公は、戦いの当事者であるリアム王子や魔王ではなく、それに巻き込まれる者たちだ（写真3）。魔王の息子が最後の戦いに出る場面では、いったん演技を止め、供物を並べ経を唱え、労りの言葉をかけて魂を慰める儀式さえ行う。死者の魂を悼むことを多くの人と共有するための芸能なのだと思う。

コロナ下でソパーン座長をはじめ一座に長く在籍する座員たちが強く意識するようになったのは、この伝統芸能を後代につなげるには、カンボジア人自身の支持が必要だということだった。そのためには若い人たち、とくに子供に見せたい、だから小学校で上演したいと考えた。子供のうちに見ることがあれば、記憶に残って、やってみたいといつか思うようになるかもしれない。

4. 小学校公演を支援しよう

二〇二二年一月、ティー・チアン一座からのSOSを受け取っていた私と、東南アジアにかかわる友人で集まり、一座を支援するための作戦会議を行った。マレーシアの影絵芝居を調査している戸加里康子さんと、芸能研究者でバリ・ガムラン奏者の増野亜子さん。企画を進める中で、東南アジア考古学を専門とする丸井雅子さんも加わった。小学校公演のための支援を募ろうと決めて、私たちのグループ名を「カンボジアの小学校でのスバエク・トム上演を支援する有志の会」にした。上演したいなら自主公演すればいい、というのはカンボジアでは難しい。好きなことであっても自腹を切って行う余裕は座員たちにはないし、芸能は適正な報酬をもらって披露するものという意識がある。もとい、たくさんの人形や楽器をトラックに積み込んで大人数で移動し、光源とするために燃やす大量のヤシ殻や樹脂燃料、芸能の神へのお供え物などの購入に費用がかかる。そこで、それら経費や座員の出演料として一回の上演に五〇〇USドルを支援することにした（カンボジアでは国の通貨であるリエルのほかに、USドルも一般に使われる）。一口の支援額は一五〇〇円と決め、支援のお願いを文章にしてそれぞれの友人に声をかける、同時にSNSで賛同者を募った。ありがたいことに五〇名近い人からの賛同があり、三回の上演ができる支援金が集まった。

写真4　人形を掲げて歩く生徒たち
（シエムリアプ、2022年4月2日、ティー・チアン一座撮影の動画より）

初回は、カンボジアが雨季に入る前の四月、ソパーン座長が知人のつてで見つけた小学校で行うことになった。演技時間は、「観客が飽きずに見られ、もう少し見たかったなと思えるくらいの一時間半」（ソパーン座長）に設定された。上演は日が暮れるのを待って夕方六時半から行うことになっていたが、一座は校長先生と相談し、午後四時から一時間程度、人形の遣い方を生徒たちに体験してもらうワークショップを行うことにした。「見て、触れて、持ってみること」で、上演に関心をもってもらえるはずと考えたからだ。人形は高さが一メートルを超えるものが多く重さも一キログラムほどあるため、ワークショップは高学年の生徒たちを対象に行われた。ワークショップのあと生徒たちはいったん家に帰り、夕飯を終えて再び学校に戻って校庭で上演を見る。上演はスマートフォンで撮影し、Facebookでライブ配信されることになった。

ワークショップが始まる時間にFacebookを見てみると、一座は講堂にスマートフォンを設置してこれもライブ配信していた。生徒たちが、先生役の座員に教わりながら体より大きな人形を懸命に掲げて歩いている（**写**

真4）。見ている生徒たちの歓声も聞こえる。ひとしきり歩いたあと、座員が「どうだった？」と生徒にマイクを向ける。生徒は照れながら、小さな声で「楽しかったです」と答えている。ほほえましい！　カンボジアでは、芸術や音楽を授業に入れている学校が少ないので、珍しい体験だったことだろう。

実はこのとき夕方から雨がひどく降り出し、上演本番は延期するしかなくなった。いきなりのハプニングである。というわけで上演は三週間後に仕切り直しとなったのだが、先生たちが宣伝してくれたおかげで生徒の家族や近所の人たち含め数百人が集まったようだ。まず座長が、「スバエク・トムはカンボジアの無形文化遺産です。みんなで関心をもち、守っていく気持ちを持ってほしい」と熱く語る。堅苦しくても言うべきことは言う。それが座長。「教室で人形をもつ練習をしたのは楽しかったでしょう？　今度は火を焚く本物の演技を見てもらいます。この上演ができるよう日本の人たちが支援してくれました」と、ワークショップを生徒たちに思い出させつつ、日本の支援者についても言及する座長は、頼もしい。演目は、取っ組み合いや道化の場面があり、動きに変化が多くわかりやすいエピソードが選ばれていた。

一方、日本側の私たちは物語の内容やスバエク・トムの特徴を書いた資料を事前に支援者のかたがたにメールで配布。上演当日はライブ配信をZoomに組み込み、鑑

写真5　小学校での公演に詰めかけた人々
（シエムリアプ、2023年1月28日、写真提供：ティー・チアン一座）

賞会を行った。有志の会のメンバーで司会や通信状況のチェックを分担し、私が適宜解説を入れた。オンラインで、芝居を直接見るというよりは観客からも一歩引いた位置から眺めると、スバエク・トムが行われる空間全体を見渡している気分になる。座員たちが人々に影絵を一生懸命伝えようとしていることや、人々が思い思いに芸能を楽しみ、芸能が行われる場所にいることを楽しんでいるのが見えてくる（写真5）。人形が動くのに合わせて踊りだす子供がいたり、王子と魔物が戦う場面で歓声が起きたり。ライブ配信のスマートフォンはスクリーン正面に固定で置かれていたので、上演している場所の全体は見えないのだが、子供たちのはしゃぎ声や笑いが絶えず聞こえるのが楽しかった。鑑賞会に参加した支援者の人たちも満足してくれたようだった。

小学校公演は、引き続き六月に二度目を、その後は雨季が明けるのを待って翌二〇二三年の一月に三度目を実施することができた。ただ、ちょっとしたハプニングはつきもので、学校の都合で日にちが変更になったり、近隣の人の「ご飯食べて来るから待って！」で開始時間が遅れたり、ライブ配信に使っているスマートフォンに何度も着信音が鳴り響いたり。支援者としては上演の様子を知るのが一番の目的なので、現地の観客が気にしていないものはおおらかな気持ちで受け止められた、と思う。運営側としてははらはらどきどきだったが。

毎回一時間半ほどになった鑑賞会は録画し、当日参加できなかった支援者にも見られるようにして、それとは別にこの上演と支援活動を紹介する約一〇分の動画も作った。

5. 報告会でフォローアップ

小学校公演の一週間後には毎度、私たち有志と小学校公演を支援してくれた人たち、一座からはソパーン座長とソポル副座長、ほかの座員にも参加してもらい、Zoomで報告会を行った（写真6）。座長たちには、公演の感想や苦労したことを話してもらった。小学校の選定は初回こそ座長のつてで決められたが、二回目以降は飛び込みで交渉したという。先生たちがスバエク・トムを知らなかったり、見ず知らずの一座に来られても……と

写真6　Zoom 報告会でのチアン・ソパーン座長（右）と、クディップ・ソポル副座長（左）（2022 年 6 月 19 日、報告会動画より）

信用されなかったり。一座は文化芸術省から取得した活動証明書――彼らの活動が伝統芸能保存のためのものであると認めるもの――を示し、学校は州の教育局に相談し、教育局から「それはぜひやってもらいなさい」との返事をもらって了承されたりもしたのだそうだ。

また、上演した学校はそれぞれ異なる町や村だったのだが、どうやって評判が広まったのか回を重ねるごとに見る人が増え、三回目には何千人と集まった。校庭に入りきれない人たちが塀越しに大勢見ていて、ティー・チアン一座史上一番の観衆の多さだったのだそうだ。上演後、人形を持ったり写真を撮ったりしてもいいよと声をかけると、子供たちは競って人形を掲げて歩いてみたり、演者と一緒に記念撮影したがる人もいたということだった。ソパーン座長は、「ワークショップをやると関心は確実に増すし、上演をしっかり見てくれるようになる。見る人が増えていって、校庭に入りきれないほどの人であふれたのには感動した」と話した。スバエク・トムは時代遅れ、つまらないとカンボジア人自身に言われてきたりもしたが、実際に見て触れてみれば面白いとわかってもらえるという手ごたえを感じたとのことだった。また、カンボジアで上演しているスバエク・トムを、インターネットを通して日本の人たちも見ていると感じるのは心強かったと言ってくれた。

6．寺院で大勢の人にも見てほしい

子供たちに見てもらいたいという希望と並行して、影絵が知られていない地域で、より多くの人たちにスバエク・トムを見せたいという望みも一座にはあった。それには、寺院で行われる仏教行事に合わせて上演するのがいい。この要望は、新型コロナの状況がだいぶ落ち着き各寺が祭事を再開した二〇二二年の乾季、一一月から二〇二三年四月にかけてKDDI財団の支援で叶えられることになった。KDDI財団は、カンボジアでは長く学校建設等の教育支援を行っていて、ティー・チアン一座とのかかわりとしては一〇年以上前から何度か、建設した小学校の開校式に合わせて上演させてくれたことがあった。二〇一四年には一座の練習場を建てるための費用を援助してくれるなど、スバエク・トムの継承に関心を寄せている。

乾季の寺では、僧侶が語る仏陀の前世物語を聞く法話会、僧衣や日用品を寺に寄進するカタン祭などが行われるし、高僧のための火葬儀礼が行われるのも乾季である。座長たちはこうした仏教行事の予定がある寺に出向き、行事での出し物のひとつとしてスバエク・トムを上演させてくれないかと相談する。同時に、今回は日本の団体が上演にかかる費用を支援してくれるので上演料はいらないけれども、見て気に入ったら次回はぜひ寺で費用を出して上演を依頼してほしいと話し、伝統芸能の継承に対して寺が関心をもってくれるよう促す。

寺公演では、開始前に人形について説明し、物語を追えるよう語り手が朗唱する韻文と散文に耳を傾けてほしいとアドバイスしているそうだ。小学校でのときと同様に、上演後に写真撮影や人形に触れることを勧めると、応じる人は多いという。寺公演をライブ配信していたときがあったのでパソコンで見ていると、この上演後のお楽しみの時間に、ひとりの年配の演者が募金箱を持って「この伝統芸能を未来永劫続けるため、みなさんのお気持ちをお願いしますよ！」と声を張っていた。さあさあ、寄ってらっしゃい、見てらっしゃいというような明るい口調で、ちょっとお金を入れていきたくなる雰囲気を作っている。さすが年の功、上手い。募金されたお金が貯まったら自主公演に使う予定だそうだ。

寺との上演交渉ではおもしろいことがあったと聞いた。ある寺ではスバエク・トムなど今どきやっても人が集まる気はしない、と住職に断られた。ところが、その住職が他の寺の行事に招かれて出向いたところ、ティー・チアン一座がスバエク・トムを演じていて大勢の人が詰めかけている。やっぱりうちの行事にも来ておくれ、と連絡してきたのだそうだ。そんなふうに話が広まって、最近は寺のほうから問い合わせの電話が来るようになったのだとか。支援があってのことだが、祭事に合わせて上演するのはスバエク・トムの本来の姿でもあり、寺や地域とのつながりができるのはうれしいとソパーン座長は言う。

7. 芸能が作りだす空間

カンボジアの伝統芸能は、舞台芸能としてそれだけを見るものではなく、仏教行事や家庭での法事など人が集まる機会に祭主が一座を雇い、誰でもが見られるように披露するものだ。年齢や性別にかかわりなく、同じ地域に暮らす人たちが同じもの共に見て楽しむ場が暮らしの中にときどき提供される。同じものを見て、いいもの見たねという気持ちで家路に着くひとときが暮らしの中にあるのはいいことだと思うし、そこに芸能のもつ力を感じる。また、寺で上演するときは、寺側で食事や飲み物を用意してくれるという。そうしたもてなしは座員たちの気持ちを盛り立ててくれる。

小学校公演については、支援の方法としておもしろいことができたと思っている。一座の希望に沿ったものになったし、賛同してくれた人たちにはスバエク・トムを演じることで生まれる雰囲気を、いくらかでも知ってもらうことができた。言葉を聞き取るのが困難な芸能の楽しみ方としてもよかったのではないだろうか。あるとき小学校での上演後、ライブ配信していたスマートフォンを座員が手に取り観客のほうに向けたとき、人混みに風船売りがいるのが見えて、私は密かに小躍りした。人が集まったら物売りが現れ、子供たちが喜ぶ。スバエク・トムを見るだけが目的でなくても、スバエク・トムがあることで楽しい場ができれば。風船売りは、それができたことの表れに思えた。

8．これからのこと

一座は、二〇二二年度に続き二〇二三年度、そして二〇二四年度もKDDI財団の支援を受けられ、様々な仏教行事が行われる一一月から三月の乾季に寺公演を続けている。小学校での上演支援を行った私たちも、支援を続けている。「カンボジアの小学校でのスバエク・トム上演を支援する有志の会」は、コロナ下の緊急支援として立ち上げたものだったのでいったん解散し、活動は、私が以前からカンボジアの影絵芝居に関する情報を広めるために立ち上げていた小さいグループ「スバエクの会」が引き継いだ。有志の会からのメンバーも加わり、会としても活気が出てきたところだ。二〇二四年に入って再度寄付を募り、三月に再度小学校公演を行うことができた。このときはライブ配信できるような電波のない地域の小学校だったため、上演は録画して支援者に見てもらい、後日の報告会で解説した。ライブ配信を日本から解説つきで見るということが叶わなかったわけだが、そのような地域で上演するのは意味のあることだと、支援した人たちが受け止めてくれていることにほっとした。

二〇二三年以降、外国人観光客は徐々に戻ってきたと言われている。とはいえシエムリアプの町は静かなままで以前のような賑わいはなく、人々の生活状況は回復していないと聞く。観光客向けの上演依頼もまだない状況だ。それでも一座は支援だけに頼らずやっていけるようになることを目指し、上演のたびに寺や小学校に対してお金をいくらかでも出してくれるよう働きかけ、効果は少しずつ出ているという。実際、集まった寄付で自主公演を二〜三度行っている。

さて、一座にはいいことがあった。二〇二三年三月、ソパーン座長が四四歳の若さでカンボジア国王から影絵芝居の伝統保持者として「チャマカーピレアク」という称号を授与され、それを受けて文化芸術省から「人間国宝」として認められたのだ。これによって、少しずつ一座の知名度が上がってきているようだ。国が主催するイベントに呼ばれて上演したり、一座の練習場を会場として、文化芸術省の主催で皮の処理から影絵人形を彫るところまでを総合的に学ぶ講座が開講されたりなど活動の幅が広がっている。座員たちにとっても、誇らしいことだろう。

新型コロナによる打撃は本当に大変なことだが、この時期があって一座は、スバエク・トムの継続には地域の人たちの支えが必要だと再認識できた。したいことをはっきり表明してくれたことで、日本にいる私たちは動きだせた。演じることで人々が集う空間が生まれ人々のつながりができるということ、芸能はそういう場を作り出せることを、楽士を含め約三〇名いる座員たちは実感していると思う。小学校公演支援はこんなふうに、離れたところから人々が少しずつかかわりあって楽しみながら伝統芸能を支援できるという例になるのではないかな、とちょっと大きく考えてもいる。

第V部　新しい表現、新しい場所

第7章　家からつながる
——ステイホーム期のバリ島におけるコメディ

吉田ゆか子

1．ステイホーム期の芸能を考える

本章ではパンデミックのごく初期（二〇二〇年三月〜六月頃）にインターネットを通じて発信された作品や活動に注目する。この時期筆者はバリ島現地に渡航することは叶わなかったが、SNS上に流れてくる友人たちの声や活動の様子から、人々が未知のウイルスに恐怖し、学校のオンライン化など家族や自身の生活様式の変更に迫られ、また観光客激減に伴う経済問題にも直面しつつ右往左往していたことが伝わってきた。

そのなかで芸能の上演機会は激減した。上演を行う主たる機会であった宗教儀礼自体が極めて小規模で行われるようになり、プロ、アマチュア問わずほとんどの芸能関係者はその活躍の機会を失った。観光業が激しく落ち込み、観光客向け定期公演もすべてキャンセルに追い込まれた。未知のウイルスに対する恐怖や不安に加え、芸能活動の場が次々に奪われたことは観客の、そして演者たちに大きな喪失感をもたらしたと考えられる。

なお従来は、バリの芸能は人々の危機に応対する上で重要な役割を担ってきた。共同体の安寧を祈る各種奉納舞踊や、少女たちが憑依されて舞うサンヒャン、村の要所をめぐるご神体のバロンの練り歩きなど、定期不定期に上演される様々な演目がある。歴史的にも地震や疫病といった危機に際して上演され、窮地にあったバリにおいて重要な役割を果たしたことが知られている［e.g. 吉田竹 2013: 163; Sedana 1977: 26］。二〇〇二年のイスラーム過激派による爆弾テロ事件のあとは、寺院祭やそれに付随して上演される芸能が活性化したという報告もある［Jenkins & Catra 2004: 73］。また、芸能は不可視の力に働きかけるだけでなく、人々のなかの怒りや混乱を解きほぐし、秩序を回復する役割も担う。例えば上述の爆弾テロ事件に関連しては、人々の精神的な回復において芸能者の語りが寄与したことも注目された。当時は寺院祭や世俗のイベントで上演される（あるいはテレビで放映される）影絵芝居や仮面舞踊劇のなかで、演者がテロについて直接的にあるいは間接的に言及したという。演者はヒンドゥー教の神話や哲学に基づいて世界の秩序を解説し、世界の、そして自分自身の秩序とバランスを回復することによってこの困難を乗り越えるべきであることを説いたのだ［Jenkins & Catra 2004: 73; Sedana 2005］。

しかし、感染を予防するために他者と距離をとり、家にこもることが特に強く推奨された今回のパンデミックの初期においては、従来の上演形式による芸能の活性化は、少なくとも表立っては見られなかった。[*1] 踊り手や伴奏者グループや僧侶たちが集い通常のような上演を行うことが難しかったからである。

ただし、従来とは違う形での芸能実践の方法は様々に模索された。ネット上でのコミュニケーションは活性化し、YouTube、Instagram、Facebook、TikTokといったＳＮＳ上では、有名無名のパフォーマーたちが数々の映像や画像を投稿した。[*2] 家族で少人数の編成のガムラン、グンデル・ワヤンを演奏する様子、各々の家で録画した歌を編集して合唱の作品に仕上げるといった手の込んだもの、オンラインでの舞踊コンペティションへの呼びかけもあった。後述するようにこういった営みの中には、（爆弾テロ事件後にみられたように）上演を通じて困難に直面する人々の心に働きかけ、癒したり励ましたりすることで、疫病という危機を乗り越えようとするような側面をみてとることもできる。

パンデミック以前から、芸能上演を撮影した写真や動画をＳＮＳ上にアップすることは常態化しており、上演者やその観客たちが、日常的にオンラインのプラットフォームに、上演の様子を公開していた。典型的には寺院祭や世俗的なイベントなどで行われた上演の一部を撮影したものであった。これらの大半は友人たちがたわいのないコメントを寄せる私的な楽しみのためにアップされていた。職業芸能家の中には、コメディ劇の短編などビデオ作品に仕上げてシェアする者たちもいたし、一部には多くの再生回数を稼ぐことで収入を得ることを狙う者もいた。その点からいえば、オンラインで芸能上演を見せたり鑑賞したりする経験自体はコロナ下に特有なものではない。

しかし一方で、「家に居よう（バリ語で *ngoyong jumah*）」と叫ばれ、共演者や観客と会ったり、自由に移動したりすることが難しかったこの時期に特有の表現や、この時期ならではの困難や創意工夫もみられた。本章では家という極めて限定された空間で、即興的に入手可能な人的物的資源を活用しながらブリコラージュ的に編まれた上演について取り上げることで、場所と芸能の関係について考えてみたい。例えば、かつてデンパサールのアートセンターに島内最大の舞台が建てられたとき、ある舞踊劇ジャンルのなかでは衣装や大道具や小道具の重要性が増し、目の動き等の踊りの細部よりも、振付のパターンや群舞のフォーメーション、表現力ゆたかな劇的場面へと重点が移ったことが報告される［Bandem & deBoer 1995[1981]:137-138］。今回のコロナ下において活用された家という上演空間の特性はその上演方法や表現、そして観客たちとの関係にどのように影響したのだろうか。家にいること、そして家からパフォーマンスを発信するという経験は、芸能家たちにとってどのようなものだったのだろうか。こうした問いについて、本章では二つの事例を取り上げながら考察する。二つとも、パンデミック下のバリ島で広く注目を集め、かつ継続的に活動がみられた事例である。また両者にはコメディであるという共通点もある。ステイホーム期に繰り出されたコメディはいかなるものであったか、また笑わせることで芸能は危機の時代にどのような役割を果たしたのだろうか。

これらの事例を議論する前に、次節ではまず、バリにおけるコロナ感染症の広がりとそれへの政府や自治体の対応とその芸能への影響について概観し、パフォーマーそして観客たちにとってこのステイホーム期がどのような時間だったのかを考える。

2. バリ島とCOVID-19

インドネシア共和国の宗教省発表の統計によれば、二〇二〇年のバリ州の人口の八五％以上がヒンドゥー教を信仰する。[*3] ヒンドゥー教の儀礼では神々に捧げるために、あるいは参拝する人々のための余興として、実に多様な芸能が上演される。バリの人々は手の込んだ儀礼を頻繁に開催することで知られているが、そうした活発な宗教活動は、多くの芸能上演の場を提供していた。そのほか、この島を訪れる観光客のための上演も多い。バリ州の最も大きな産業は観光であり、コロナ流行前の二〇一九年は六二八万人の外国人観光客が訪れている。インドネシアで国内最初の新型コロナの感染者が報告されたのは二〇二〇年三月上旬であった（ちなみに日本での感染一例目の報告は一月中旬であり、インドネシアのほうが少しだけ遅かった）。マレーシアからやってきた日本人がウイルスを持ち込んだこと、その日本人と踊りをおどったジャカルタのインドネシア人が初めての感染者となったことなどが大きく報道された。三月一五日にジョコ・ウィドド大統領は「家で働き、家で学び、家で礼拝する時だ」と国民に語りかけ、在宅勤務が推奨され、学校や大学の授業がオンライン化した。この大統領の言葉を受けて、バリ州内でも様々な感染対策が講じられていった。この三月中旬にはバリ島の文化観光の中心地ウブドにおける観光客向けの芸能定期公演がすべて中止となった。三月二五日はバリのヒンドゥー教徒たちの新年ニュピに当たっていたが、その前日の清めの儀礼ムラスティでは参加者の人数を制限することや、その後行う大きなハリボテ人形オゴオゴを担いで回るパレードの延期がバリ州知事より通達された。ニュピはもともと家に籠り静かに過ごす日なのであるが、感染対策の観点から翌日二六日も家で過ごすことが併せて要請された。

四月になると「大規模な社会制限に関する保健大臣令」が制定され、バリ州では儀礼の規模の縮小や延期などが通達された。先ほどのムラスティだけでなく、儀礼全般に、規模の縮小が求められた。バリの儀礼はラメ(*rame*)、すなわち多くの人が集まり賑やかで華やいだ状況に価値を置いてきた。人々は盛大な儀礼を開催してラメな状況を作りだし楽しむのであるが、神々もまたこのラメな状況を好むとされる。儀礼に集う人々はそこに集っている神々と一緒になってラメな雰囲気を味わうのである。そのラメを作り出していた重要な要素の一つが芸能である。色とりどりの衣装で踊る人々、きらめくようなガムランの音色、のびやかな朗誦の声、演技に魅せられ集まってくる観客たちとその熱気、こうしたものが渾然一体となって儀礼の場にラメを生じる。しかし、感染対策がとられるなか、ラメは回避すべき対象となった。そのほか、外出時のマスクの着用や、店舗の営業時間の短縮、帰国者の隔離、村外で活動する者の報告義務といった、移動に係る様々な制限や義務も課せられた。同月上旬には、例外を除き外国人の入国やトランジットが禁止され、国際観光が実質的にストップした(その後、外国からの観光客受け入れを本格的に再開したのは二〇二二年四月頃である)。毎年六月から七月にかけて開催されていたバリ芸能祭の中止も決まり、選抜され出演の準備を進めていた筆者の調査先の村のガムランチームでは大きな失望の声が聞かれた。ウォン・ウォンガン（*wong wongan*）と呼ばれる人型の供物を捧げる珍しい儀礼もみられた。ヤシの葉で編んだ容器の上に色とりどりに着色した米を人型にし、塩、唐辛子、生姜などを加えた供物で、SNS上では各家庭で手作りされた、ゆえに多彩な姿のウォン・ウォンガンの写真が投稿された。各家ではウォン・ウォンガンを捧げ、屋敷寺で供え祈った。バリでは通常家の敷地内に先祖やその他の神々を祀る小さな寺を有しており、住人達は普段からそこで供物を捧げたり、祈ったりしている。コロナ下では、一般の寺院への参拝や儀礼への参加が規制され、代わりにこの家の寺から祈ることが推奨された。大統領が提唱した家での礼拝が実行に移されたかたちだ。

このように、二〇二〇年三月から様々な活動への制限が課せられていき、多くの芸能家たちが四月には活動の場を失った。その状況は二〇二〇年七月に「新しい生活様式のプロトコル」が発表されるまで続いた。七月になってやっと国立芸術大学をはじめとして、各地でマスクを着用しつつ、細々と練習や上演が再開された。その後も感染の広がりの程度に合わせて規制が緩くなったり厳しくなったりしたが、感染の様子を見ながら細々と芸能の活動は続いていたようである。なおワクチン接種が始まったのは二〇二一年一月であった。

本章では、特に芸能活動が困難であり、かつ人々が急な行動変容を求められ戸惑いを抱えていたであろう、この二〇二〇年三月中旬から六月末にかけてをステイホーム期と呼び、注目してゆく。なお、ここでの「ホーム」が何を指すのかについては少し説明が必要であろう。日本の読者は核家族や、同居の親世帯がいる一つの家屋を想像するかもしれないが、典型的なバリの集落においては、塀等で囲まれた一つの広い敷地内に、いくつもの建物があり、親族関係にある複数の世帯が住んでいることが多い。上述の屋敷寺や儀礼用の東屋などは共有しつつ、世帯ごとに別々の寝室用の建物を建て住むことが一般的である。台所やトイレを共有する世帯もある。料理や供物づくりをしたり、テレビや視聴したり、子供をあやしたりといった在宅時の活動は、壁のない東屋や、寝室についたテラスなど半屋外で行われることも多い。感染者が出たときの隔離は、この敷地単位で行われていたようである。都市部では日本のように核家族のみで住まうケースも少なくないが、それを除けば、ステイホームといっても、そのホームはそれなりの広さのある敷地であり、ステイホーム期は核家族だけでなく、叔父叔母や従妹らにも囲まれた生活を送っていたケースが多いであろう。しかしそれでも、本章で見てゆくように、感染拡大防止のために移動を控えることや家に居ることが推奨された日々は人々にとって閉塞感のあるものでもあった。

次節ではその時期に演者の自宅で行われたオンラインの活動事例を二つ取り上げ、その前後の活動とともにみてゆこう。

3. ステイホーム期に発表された二つのコメディの例

上述のようにステイホーム期には様々な配信が行われていたが、本章では、特に島内で注目を集めたもの、そしてある程度継続的に活動がみられたもののなかから、オンライン上演配信と、ビデオ作品の配信の事例をそれぞれ一つずつ取り上げる。

写真1（左）　配信告知
写真2（右）　上演風景（チェラコントン・マスYouTubeチャンネルより。向かって左からトンペル、ソキル、センガップ。2020年4月17日の上演）

3－1　【事例1】チェラコントン・マスの上演配信《一緒に笑おう》シリーズ

3－1－1　配信の舞台と上演内容

チェラコントン・マス（Clekontong Mas）は、パンデミック以前から非常に人気のあった五人組の道化グループである。特に中心メンバーであるトンペル（Tompel）、センガップ（Sengap）、ソキル（Sokir）のステージネームで知られる三人の男たちは、軽快なしゃべりと個性的な道化のキャラクターが人気を博し、あちらこちらの舞台に引っ張りだこであった。そんな彼らは二〇二〇年四月一八日、三〇分ほどのコメディ劇を一台の固定カメラで撮影し、InstagramおよびFacebookにてライブ配信した（後日YouTubeでも公開されている）（**写真1**）。

《家に居よう、一緒に笑おう（Ngoyong Jumah Ajake Mekedekan）》と題されたその即興パフォーマンスは、メンバーの一人、トンペル役のイ・コマン・デディ・ディアナ（I Komang Dedi Diana[*4]　以下デディと表記）の自宅のすぐ裏にある彼らの芸能団（*sanggar*）の敷地にて撮影された（**写真2**）。お馴染みのメイクと衣装で現れた三人と、伴奏のキーボードの奏者一人による、小規模なものであった。バイクメーカーＹＡＭＡＨＡがスポンサーとなり、舞台上にはＹＡＭＡＨＡの文字がある旗が置かれ、上演の途中ではバイク点検サービスの情報なども宣伝された。撮影と中継の機材やスタッフを提供したのもこのYAMAHAであった。

近隣住人数名が遠巻きに見ていたが、基本的には無観客で行われた。もともとはベンチが置いてあった四畳ほどの小さな台を簡易の舞台として用いた。YAMAHAが派遣した一名の撮影スタッフがつき、定点からカメラを回しっぱなしにするシンプルな形での撮影・配信を行った。*5 上演スペースは狭く、それを逆手にとった彼らは舞台に集うなり「距離をとろう（*jaga jarak*）」などと大げさに注意してみせたりした。舞台の狭さやスタッフの少なさ、配信時間の短さからくる制約のためであろう、普段の舞台ではおなじみのコミカルな踊りや歌のパフォーマンスは省略され、上演は話芸を中心に構成された。

上演の中では、COVID-19に大きな影響を受け困窮した自らの暮らしぶりを面白おかしく嘆いたり、突如方々から聞かれるようになった新しい言葉「ハンド・サニタイザー」「ディスインフェクト」「ソーシャル・ディスタンシング」などを巡る言葉遊びをしたりしながら、コロナ下を生き抜くためのアドバイスなどが語られた。例えばトンペルは、物売りに精を出す自身の最近の暮らしぶりを語りはじめ、ソキルとセンガップは驚きながら話の続きを引き出す。

トンペル：今僕は商売しているよ。商いで活動しているんだ。
センガップ：おお……今お前は本当にビジネスしているんだな。
トンペル：TVを売って、えーっとこの前は炊飯器を売った、自転車を売って、それから……
ソキル：おー、なんと。それはすごい。
トンペル：マットレスを売ったこともあるし、一番最近だと靴も売れた。こんなことを僕はしていたんだ。

ソキル：わー！　なんと靴まで売れたんだ！
トンペル：ははは。
センガップ：お前には驚かされるよ。
トンペル：なんで？
センガップ：だってコロナがあるっていうのに、
トンペル：うん。
センガップ：お前が商いをできるなんて。他の店は閉まっているだろう？
トンペル：それで？
センガップ：どこも店は閉まっているのに、お前の商いは順調だ。どこでだ？　商品を仕入れているのは？
ソキル：商品はどこからくるんだ？
トンペル：そりゃ、僕の物だよ。
ソキル：どういう意味？
トンペル：僕のＴＶも売って、僕の自転車も売った。飢え死にするよりはましだろう。
ソキル：ははは！　ぼくも家ではそんな感じだ。

楽しそうに商いの話をするトンペルの様子から、センガップとソキルはビジネスの成功話かと驚き、耳を傾けるのであるが、実際には金に困ったトンペルが自身の持ち物を売り払っていただけだとわかる、というオチである。ここでの文字化されたセリフからはいくらか悲壮なニュアンスが感じられるかもしれないが、実際の演技はユーモラスな雰囲気で行われた。トンペルの語りに自分も似たようなものだと応えたセンガップは、（先ほどの引用部の続きで）家の窓もドアも売ってしまってもう無いと言いつつ、だから友達がやってきた時には「センガップ、元気かー」といいながら簡単に入って来られるとジョークを飛ばす。また、お前は何を売っているのかと聞かれたソキルは、自分は「おっぱい（*nyonyo*）」を売っていると言う。どういう意味かと問われ「*nyodog nyongkok*（ぼーっと座り込んでいる）」と答える下ネタのダジャレが続いた。こうした一連の応酬は自分たちや視聴者たちが陥っている経済的な苦境を取り上げつつも、それを笑い飛ばすようなものであった。

上演には、コロナ下を生き抜くためのアドバイスもところどころで挿入された。例えばトンペルは、皆が感染対策のために家に籠っていて素晴らしいと、その努力を褒めてから、だからといって外から来た人を差別してはいけないとも呼びかける。トンペルはこの「差別する」を意味するインドネシア語の「ムンディスクリミナシカン（*mendiskriminasikan*）」を思い出せず、色々な言葉で言い間違えをする。ムンディスクリディットと言い間違えたところで、センガップがすかさず「それを言うのはやめてくれ。クレディット（*kredit*、掛け売り、後払い）と聞いただけで頭が痛くなる！」と怒ってジョークにするといったように、真面目なメッセージもユーモアで包んで届けられる。

もう一つの例を、ショーの後半部分から紹介しよう。

トンペル：我々がチェラトンコンマスであるならば。
ソキル：うん。
トンペル：こう心がける。
ソキル：心がける。
トンペル：一つ。

ソキル：一つ。
トンペル：自分が食べてゆくこと（*menghidupkan diri*）。
ソキル：そう。
トンペル：人間であるために、偽善的である必要はない。
センガップ：その通り。
トンペル：一つ、自分が食べてゆくこと。
ソキル：そうだ。
トンペル：第二に、どんな方法であっても、他の人を楽しませることができる。
ソキル：その通り。
トンペル：こんなやり方で、私たちは人を楽しませることができる。
ソキル：まさに。
トンペル：これだってムヤドニャ（*mayadnya*、儀礼をすること）のようなものだ。免疫力を高めるために、笑わせてハッピーにして、ハッピーになれば免疫は必ず上がる。体力はより健康的になって、もし喜びがあれば、どんな大きな病でも、負かすことができる。
ソキル：おー、そうなのか。
センガップ：もう一つ、一番大事なのは。
ソキル：何？
センガップ：活動するときにはマスクをすること。
ソキル・トンペル：そうだ。

ソキル：もしこんな風に距離をとれないなら、少し近づくなら、マスクをつけよう。
トンペル：マスク。
センガップ：だけど、マスクは正しくつけないと。
ソキル：どんなふうに？
センガップ：マスクはこんな風につけるんだよ（口を手で覆う仕草）。顎まで下げていてはだめだ。マスクを下げたら、命を失うかもしれない。
トンペル：うん。
センガップ：だけど、もしズボンを下げたら、命が増えるかも。
トンペル・ソキル：ははははは‼

性交をほのめかす下ネタを織り交ぜつつ、道化たちは自分の命を守ること、免疫を上げて感染症に対抗すること、マスクを正しくつけること、をメッセージとして発信した。

3－1－2　コロナに抗する笑い

バリでは道化のシーンが単に面白可笑しいだけでなく、教義に関わることや倫理など何等かの教訓を伝えるものであることが好ましいとされる［Kodi 2006: 123］。笑いに包みながら人々を教育あるいは方向付けできる道化役者たちは、大衆の啓蒙のメディアとして、権力者やそれにあらがう勢力に重宝されてきた歴史があり［e.g. Jenkins 1994; Kodi 2006: 123-124］、また道化自身も自分たちの信念に基づいて、様々な教訓や助言を観客たちに与えてきた。COVID-19の感染拡大が始まる以前からチェラコントン・マスの上演にもそういった教育・啓蒙の要素をみることはできた［e.g. 吉田・田中 2022: 168］。よって今回の上演もそのような方針を継続し、パンデミック下の啓蒙メディアとしての役割を果たそうとしたものといえる。ただし、そこに加えて、笑わせるということ（そして観客にとっては笑うということ）自体の重要性や、免疫を高めるという点においてコメディが感染対策の役に立つのだと訴えたところに、この上演のユニークさを指摘できるであろう。後日デディは、自身が勤務していた大学で開催された国際会議において、コメディが免疫力を高めることとパンデミックにおけるチェラコントン・マスの社会的役割についての論考を他の研究者と共に発表してもいる＊6［Diana et. al. 2021］。当時のバリにおいては、ウイルスが引き起こす身体への影響だけでなく、失職等による生活不安、新しい生活スタイルへの不適応、ウイルスへの恐怖などからくる精神的なストレスの悪影響がしばしば語られていた。笑いをもって、コロナのリスクから自身を守ろうというチェラコントン・マスからの明るいメッセージは、当時のバリの視聴者たちが自身も共有するその苦境を笑いに消化することでなんとか折り合いをつけることを助けたであろう。スポンサーの一つであった地元メディアのトリブン・バリは、この上演について「チェラコントン・マスは、ポジティブな教育と道徳的なメッセージに富むバリの道化の娯楽に飢えていた人々を癒した」と報道している（*Tribun-Bali* 二〇二〇年四月一八日）。

加えてトンペルが、上演を、「ムヤドニャ」、すなわち儀礼をすることとして語っていたことにも注目したい。ムヤドニャはヤドニャの動詞形であり、ヤドニャとは、聖なる犠牲、そして供物や供物を捧げる行為すなわち儀礼を意味する。バリにおいて芸能の上演は、人間に対して見せるものであり、またそこに集ってくる不可視の存在への捧げものである。後日この「ムヤドニャ」の語に込めた意図を問うと、デディは、知識を提供したり、肉体労働をしたり、寄付をしたり、瞑想をしたり、断食をしたりするなど、自己の時間や労力を犠牲としながら奉仕する行為はいずれもヤドニャの形であるというヒンドゥー教の教えを引用した。人々を楽しませたり、悲しみを終わらせてあげるコメディ上演もまた、誠実で聖なる犠牲であり、ヤドニャでもあるのだ（デディ、インタビュー、2024/3/19）。狭義の宗教儀礼を通常のような規模で行うことが難しかったこの当時、教義に基づいて儀礼、ヤドニャの意味を広く捉えなおしながら、上演を通じてヤドニャを実践していたのだ。

バリではその神聖さの度合いで舞踊をはじめとする芸能を三段階に分類している。その三つとは、①最も神聖とされ儀礼そのものである「ワリ」、②儀礼に伴って上演され儀礼を補完するものである「ブバリ」、そして③より世俗的な見世物としての「バリバリハン」、であり、今回のような道化劇はバリバリハンに分類される。しかしバリ人の研究者で芸術大学の学長を務めたイ・マデ・バンデム（I Made Bandem）氏も指摘するように、バリではすべての芸能が多かれ少なかれ神聖なものである［Herbst 1997: 131］。バリバリハンの上演であっても、人間のための余興であると同時に、祈りであり、そこに集ってくる不可視の存在に捧げ、それらを楽しませるものであるからだ。本章の冒頭において指摘したように、COVID-19という疫病、災いに対し、本来立ち向かうことを期待される神聖な芸能は、当時その役割を果たさなかった。その一方で、それほど神聖ではないとされ、ゆえに儀礼に関わらず上演でき、自宅で行ったり配信したりすることが可能なバリバリハンの道化劇が（疫病払いの儀礼に代わって）人々を癒し守る役割を果たしていたのである。*7

3－1－3　上演の経緯と試行錯誤――家からファンとつながるために

次に、チェラコントン・マスがこのライブ配信に至る前の試行錯誤のプロセスについてみてゆこう。本章で着目するのは、トンペル役のデディが連日自宅より行っていたFacebook上でのライブ配信である。それまで毎晩のように島のあちこちに呼ばれて深夜まで舞台に上がっていたチェラコントン・マスの活動は、パンデミックの始まりを境に、ぱったりと止まってしまった。のちの電話インタビューで二〇二〇年三月だけで三〇～五

写真3　チュルルックの仮面をつけたデディ（デディのFacabook投稿動画より、2020年4月13日）

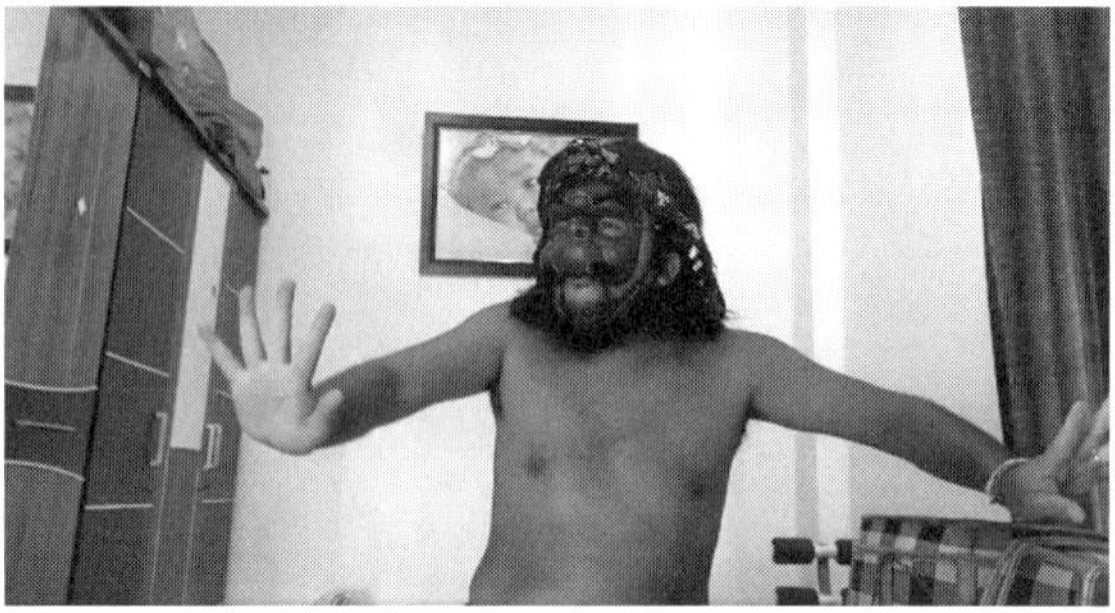

写真4　プナサールの仮面とデディ（デディのFacebook投稿動画より、2025年4月14日）

〇件ほどのキャンセルがあったと述べているから、そのインパクトの大きさが想像できよう（デディ、インタビュー、2021/10/22）。上演機会のほぼすべてを失った頃、彼はFacebookおよびInstagramにおいてファンとの交流を活発化させる。三月二四日、第2節でも言及した、バリの暦の正月ニュピの前日、自宅で日光浴をしながらFacebookで一人ライブ配信をした。日光浴は当時コロナ下のインドネシアで健康維持法として注目／推奨されていたものの一つでもある。いつものトンペルを演じているときの溌溂とした雰囲気とは違い、メイクもしなければ衣装もつけず、ややアンニュイな様子で、しかし親しげに、視聴中のフォロワーが書き込んだコメントを読み上げ、それに応答したりしながらたわいもない一人語りを流していた。フォロワーたちは、ニュピを祝う挨拶や自身も日光浴をしているといった近況、自分がどこの県や村から視聴していることなどをコメント欄に書き込んだ。デディがそういったコメントを一つ一つ読みあげたので、多様な地域の様々な人たちが同時に目・耳を傾けていることが印象付けられた。その日の配信は三〇分程度であったが、デディはその後もこうしたファンとの交流を続けた。四月一三日には途中でチュルルックという滑稽な魔物の仮面を取り出してかぶった(写真3)。おどけた様子でチュルルックの鳴き声を発したりして遊んだ。これは玩具として売られている粗雑な作りの仮面であり、演技のために用意していたのではなく、たまたま身近にあったものである。

その翌日には、チュルルックとは別の、プナサールと呼ばれる役の仮面を用いた(写真4)。座ったままではあったものの、プナサールの歌や演技をデモンストレーションしたりしながら、配信を行った。視聴数はその前日の約三〇〇回から四倍以上の約一万三〇〇〇回にまで増加した(数字は二〇二一年四月二三日時点)。その後の日々も、仮面を変えながら一時間程度の配信を続けていった。彼は普段、儀礼に付随して上演される仮面舞踊劇トペン(*topeng*)の演者でもあったため、上演用の仮面が沢山自宅にあり、また仮面をつけて様々な役柄を演じ分ける芸もお手のものだった。仮面をつけては、その仮面のキャラクターになりおしゃべりをする。そのような演技とも遊びともいえる即興のパフォーマンスで視聴者を楽しませた。

こうした初期の配信は無料であり直接的に収入を得られるものではなかったが、バリでは珍しいプロの芸能家であったデディにとっては、通常の舞台がことごとく休止・延期になるなか、人々とつながり、自分の存在を思い出してもらう重要な場であったであろう。そしてスマートフォン一つで自宅からファンとつながるこうしたパフォーマンスを何度か続けたところ、配信やその観客の反応をみたＹＡＭＡＨＡより「何か今後オンラインで上演できないか」という申し出があった。ＹＡＭＡＨＡは以前から度々スポンサーとして関わっており、チェラコントン・マスの上演にはしばしばバイクや関連サービスの宣伝が盛り込まれていた。こうして実現したのが、先ほど紹介した自宅からの道化劇生配信《家に居よう、一緒に笑おう》であった。ローカルメディアであるトリブン・バリには広報での協力を得た。

3―1―4 配信のその後――場を設けて芸能家を支援する

3―1―1で紹介した、四月一八日の公演の生配信道化劇《家に居よう、一緒に笑おう》はその後「チェラコントン・マスと一緒に笑おう（Makedekan ajak Clekontong Mas）」というタイトルで週一回のペースでライブ配信されるようになる。[*8] デディの自宅で配信をしていると見物人が集まってきてしまい感染対策上悪いということで、のちにYAMAHAが用意したスタジオ内で収録するようになった。相変わらず無観客で行われたほか、政府の出す行動規制に従い、感染への警戒度が高い時期には、マスクやフェイスシールドを着用することもあった。上述したように初回は三〇分ほどであったが、その後は一時間半ほどの配信となり、リラックスした様子の道化三人が、演劇をするというよりも、面白おかしく「だべる」といった内容になってゆく。そしてその中で他の芸能家一人あるいは複数をゲストによび、近況を聞いたり、芸を披露してもらったり、かつての芸能生活について聞きだすということをした。番組中には米や油などの生活に欠かせない食品がゲストへプレゼントとして渡されもしている。ゲストの人選では、すでに年をとった芸能家を優先したという。チェラコントン・マスのケースに限らず、コロナ下のバリでは、現役の芸能家や芸能団が、かつての師匠や共演者である往年の芸能家たちに食料や金銭を届けたりといった支援をする活動も目立った。[*9] 特に孤立しやすい年配の芸能家たちを元気づけ、交流を生み出す場として、この「一緒に笑おう」シリーズは新たな役割を担うようになっていった。

この活動の意図について、デディは以下のように語っていた。

我々がこの活動をする目的は、一つに人々を楽しませ続けること。これが一番。家にいる人も、仕事場にいる人も。そして二つ目は、私達の存在感を維持すること。バリの芸能家として、私の場合でいえば、ボンドレス、コメディアンとして。三つ目は、他の芸能家たちに挨拶すること。我々は彼らを招待して、ハローという。そして彼らがこの間、パンデミックの間どんな様子だったのかを知る。そして支援をする。たくさんではないけれど、私たちチェラコントン・マスからの気持ちと感謝の証として。（デディ、電話インタビュー、2021/10/22）

バリ芸能を牽引する立場にあるデディは、観客だけでなく、コロナ下において自分と同様に（あるいは自分以上に）窮地にあるであろう芸能仲間たちを気にかけ、それらの人々と上演を通じてつながろうとしたのである。*10チェラコントン・マスの公式Facebookアカウントの投稿を見る限り、このシリーズは二〇二二年二月が最後であり、現在は実施されていない。儀礼活動などが通常に戻るにつれ、この人気グループはまたコロナ前のようにあちこちの舞台に呼ばれるようになっていった。次に、パンデミック中に注目された上演スタイルが、パンデミック後も作風として定着し、活動を続けることとなった事例を紹介しよう。

3-2 【事例2】チアーット兄さんによる一人ロガムランのビデオ作品

3-2-1 作品の概要

次に取り上げるのは、生配信ではなく、事前収録され編集を経たビデオ作品である。チアーット兄さん（Bli Ciaaatt）の名前で活動するイ・マデ・ワルダナ（I Made Wardana、以下ワルダナと表記）は、一九九五年にバリの芸術大学を卒業後ベルギーにわたった。そして、二〇一八年までインドネシア大使館のスタッフとして働く傍ら、現地でバリ芸能グループを指導し、自らもバリ音楽の紹介と普及に努めたという、異色の経歴の持ち主である。

本章では帰国後のワルダナによって二〇二〇年三月からYouTubeに公開された、ガムット（*gamut*）と彼が呼ぶ音楽を用いた一連のビデオ作品に着目する。ガムットとは、ガムラン（*gamelan*）と口（*mulut*）を合わせた造語である。本来のガムランは大人数で奏でられる鍵盤打楽器を中心としたアンサンブルであるが、ワルダナの口《くち》ガムランでは、その演奏を自身の声で表現する。ガムランの太鼓、拍子を刻むカジャール、旋律を担うウガル、そしてその装飾を担うガンサ、曲の各要所で鳴るゴングなどのパートを歌い、多重録音する。ルーパー（録音したものを反復再生しながら多重録音できる機材）を使うことも多い。

二〇二〇年四月一七日にYouTubeにアップされた《チアーット、、ガムット（口ガムラン）VSマン・クニュン》と題された四分弱のビデオ作品は、SNSによってバリ内外に広まり、彼の代表作となった。ワルダナは一人二役を演じ、自身の声による口ガムランに合わせてコミカルに踊った。登場する二種のキャラクターのうち一つは快活で自信ありげな男、その名もガムットである。もう一つは恥ずかしがり屋のニョマン・クニュン（省略してマン・クニュンともいう）である。以下にその概要をみてゆこう。なお全体を六つのシーンに分けて説明するが、その区分は筆者が便宜上設定したものに過ぎない。＊[11]

【シーン1】0:00-0:12 家の扉が開いておりそこから姿を見せているガムットは、「ヘイ！　もう一ヶ月も家にいる！」とバリ語、フランス語、英語で画面に向かって嘆く（**写真5**）。

【シーン2】0:12-0:34 タイトルロールの後ゆったりとした口ガムランの音楽が流れ、微笑みを浮かべたニョマン・クニュン（顔全体を覆うタイプの仮面を付けたワルダナ）が、恥ずかしそうにバイクの影から現れ、こちらをうかがう（**写真6**）。

【シーン3】0:34-1:50 ニョマン・クニュンは、先ほどの戸口に移動しており、そこでシーン2から続いている口ガムランに合わせてひとしきり踊る（**写真7**）。あいだで再び扉の影に隠れたりもする。ニョマン・クニュンの首根っこを捕まえて扉の枠の外（家のなか）へと連れ戻そうとする意味ありげな腕が家の中から二回現れ

写真5　シーン1

写真6　シーン2

写真7　シーン3

写真 8　シーン 4

写真 9　シーン 5

写真 10　シーン 6

るが、その手を振り切ってニョマン・クニュンは踊り続ける。

【シーン4】1:50-2:47 画面が二分割され、向かって左にニョマン・クニュン、右にガムットがいる（写真8）。口ガムランの曲調が変わり、パーカッションの声のみになる。ガムットはそれに合わせて主に太鼓のパートを歌い、リズミカルに踊る。*12 マン・クニュンはそれを観ては、自身も踊ってみせる。お互いに歌や踊りを披露し、それに反応する。二人は歌い踊ることで対決をしながら遊んでいるように見える。

【シーン5】2:47-2:57 口ガムランは、明るいメロディーの賑やかなものに切り替わる。ガムットが一人、別の扉を外から覗き込みメロディー部分を歌う（写真9）。

【シーン6】2:57-3:46 シーン5からの賑やかな口ガムランが続いている。画面は再び左右に分割されており、シーン4と同じ場所・配置で、ガムットとニョマン・クニュンが思い思いに歌い踊る（写真10）。

3-2-2 ステイホームから生まれる表現

欧州から戻って二年目のワルダナの知名度は、地元や音楽界を除き、当時それほど高くなかったが、二〇二〇年四月一八日にこのビデオがアップされて以来、SNS上で注目を集め多くの人にシェアされた。二〇二四年二月現在の再生回数は約二二・五万回であるが、違法にダウンロードされWhatsAppなど別のプラットフォームで出回ったケースもみられたため、実際の視聴回数はそれよりも多いと考えられる。感染対策が優先され集団の営みとしての芸能活動が一気に停滞していたこの時期、自宅で一人楽しそうに歌い踊るこのコミカルなビデオ作品には他のバリ芸能関連の投稿とは一線を画すユニークさがあった。以下に述べるようにこの動画には、ステイホーム期の特殊な状況を反映し、またそれを逆手にとったような表現がみられる。

まず、バリガムランは本来大人数が集まって緻密に連携しながら演奏する音楽であり、それを一人の声でやってしまうところに、口ガムランを用いた本作の面白さがある。バリでは音楽は大人数で集団的に演奏されるだけでなく、多くの場合地域コミュニティの活動として位置づけられている。よって練習過程からして、それを見守る集落長や練習時の飲食物を準備する婦人部の面々など多様な人々による働きと連動する。ワルダナのファンだという、作曲家でガムラン奏者のイ・ニョマン・スタマとのインタビューでは、そうした多様な活動を丸ごと抜かして一人でガムランのパフォーマンスをしてしまうワルダナの新規性、ユニークさへの驚きと称賛が語られた。*13

また口ガムランの内容に目をむければ、楽器それぞれの音を声で表現しながらガムランの曲を演奏してゆくという点で、従来のガムラン音楽の形をある程度踏襲しているといえる。ただし歌声は楽器の音の忠実な再現ではなく、むしろ大げさに甲高い声を出したり、間抜けな発声をしたりして、声ならではの表現を作ってもいる。音階はバリのペロッグ音階を用いていたが、ビデオ作品で用いられていた曲はワルダナの創作である。*14

さらに音楽だけでなく演者二人分をワルダナが一人でこなしているというところに面白さがある。シーン3で謎の腕（実はワルダナの妻の腕）が現れた部分を除けば、この作品は、すべてワルダナ一人の演技で構成されている。画面を左右に割って一人二役をやるという動画編集も当時のバリ芸能の映像のなかでは珍しいものであった。

くわえて本ビデオは、家という限られた空間がいかに豊かなパフォーマンス空間になりうるかを示してもいる。すべてのシーンで上半身だけが映る構図となっているのは、家の敷地内で撮影しているため、カメラとの距離が取れないからである。しかし顔のアップが続くことで、結果的に豊かな仮面の顔の表情が捉えられ、また視聴者との親密さも感じさせる効果がある。また、開け放たれた戸口、そしてそれを囲む木枠や扉は、そこから顔をのぞかせたり、体の一部を隠したりするパフォーマンスへとつながった。戸の枠や扉に施された繊細な彫りは、映像を飾るフレームのようでもある。

以上のように、このビデオには、人と集えないことや、家に居なければいけないことといった当時の制約が逆に、前例のない独創的な表現へとつながった面がある。ワルダナ自身、気が滅入るようなステイホームの一ヶ月を経て、そのような環境の中でも創造性を発揮するということを重視していたようだ。本ビデオに添えられたインドネシア語のキャプションには、疫病のただなかでの「創造性」という語がみられる。

マン・クニュンはいつも微笑んでいる（クニュン＝笑顔）優しい男。心を萎えさせるコロナウイルス流行のただなかで創造性を発揮するガムットと、リズム対決をする。一ヶ月家にいて #Stayhome、私たちはたくさんのポジティブなことに出会った。秩序を守って、距離をとって、ソーシャル・ディスタンシング、そして政府の指示に従うことを忘れないで。

ワルダナ自身が語るところによると、二つの対照的なキャラクターは、彼自身の中にある二つの心の働きでもある*15（ワルダナ、舞台トーク、2023/11/29）。苦境の中で口ガムランを歌いアクティブなガムットと、恥ずかしがりで控えめなニョマン・クニュン。後述するようにステイホーム期はワルダナ個人にとっても大きな経済的困難をともなった。そのようななか、活動的で創造的であろうとするガムット、そしてそれに応えて、コミカルに踊りだすニョマン・クニュンのやり取りである本作品の誕生とその流行は、苦境のなかでも「ポジティブ」なものを生み出そうとする彼の、そしてオンライン上の観客たちの思いが後押しした結果であろう。

3-2-3　作品制作の経緯――距離が育くんだ技

ワルダナはその音楽制作や演技だけでなく、撮影、ビデオ編集、発信までも一人で自宅より行った。[*16] こうした多様な技術は、彼が欧州にいたときに学んだものである。上述のように、ワルダナは二〇年以上ベルギーに暮らしており、バリの共同体やバリ内の芸能家たちのネットワークからは隔たれたところで、バリ芸能を実践・紹介していた。一人で様々な楽器のパートを歌うことでガムラン音楽を作るというアイディアも、こうした特殊な環境の中で生まれたものである。本節では上述の作品が制作され得た背景には、バリから遠く隔たれた地でのワルダナの経験があったことを示してゆく。

ワルダナによると、きっかけは、一九九五年にブリュッセルへ渡航した同年、息子のiPadに音楽演奏や多重録音ができるアプリ、Garagebandを見つけたことであり、「これはきっと一人でも演奏できる」と思い至ったという（ワルダナ、インタビュー、2021/6/21）。はじめは遊びのようなものだったが、まず伝統的なガムラン曲である《ウジャン・マス》を作成した。iPadは音楽的な実験をするのに非常に向いていると感じたという。その後、事前録音した口ガムランを伴奏に使ってインターナショナルスクール関連のイベントで仮面の道化劇を一人で上演した。これが口ガムランの舞台の最初となった。ただし、ベルギー在住時、口ガムランはそれほど注目されることはなく、あまり活動は盛り上がらなかった。その制作に力を入れたのは次に述べるように、パンデミック中のことであった。

二〇一八年に帰国したのちワルダナはバリの繁華街クタに外国人観光客をターゲットとしたレストランを開き、また自身の地元を中心に音楽の活動を始める。彼の一族はたくさんの芸能家を輩出しており、地元の芸能文化を牽引していた。ワルダナは家族の協力を得て、地元で衰退していた口琴ゲンゴンの復興に尽力し、二〇一九年にはバリ芸術祭から招待を受けた。その際には、口琴に加え、口ガムランも一曲演奏している。順調だった帰国後の生活が一変したのは、二〇二〇年三月にパンデミックがバリ島を襲ってからである。

このパンデミックで、開業したばかりのレストランは立ち行かなくなった。改めて口ガムランを用いたパフォーマンスの追求に本腰を入れることになったのは、それまでの忙しさから一転、家で過ごす時間が豊富にあったからだという。ワルダナいわく「COVIDが創作のための時間をくれた」(ワルダナ、インタビュー、2021/6/21)。まずは二〇二〇年三月二八日、口ガムランに合わせて、ガムット役で踊る短いビデオ《チアーット! ガムット vs コロナ #stayhome》を発表し、ポジティブな反応を得た。次の作品を望む声もあり、より手の込んだ、そして時間的にも長さのある、前節で紹介したビデオを四月一八日に発表するに至った。ステイホームという制限の元、楽器へのアクセスが限られ、演奏仲間や共演者と集うこともできないなか、速やかに創作活動を再開できた背景には、ベルギーという、同様に簡単にはそれらの物や人へアクセスできない地でなんとかバリ芸能を上演しようと試行錯誤してきたその経験があったからであろう。

3-2-4 配信のその後——口ガムランでつながる

先ほど詳しく解説したビデオ作品が大いに注目を集めたその後、ワルダナは口ガムランを用いた短編ビデオをいくつも制作した。初期のものは、当時の行動制限を反映し、家のなか、あるいは家の前の路地で撮影したものが多い。ワルダナが一人で演じる時もあったが、子供や妻、そして隣人や芸達者な親族たちを出演させることもあった。感染流行が落ち着くと、様々な場所へ出向き、いろいろな人をゲストに迎えて作品を作った。

そうした作品作りのなかで、ワルダナはペロッグ音階だけでなく、スレンドロの音階を試したり、口琴演奏と組み合わせたり、踊り手と合わせるといったことに挑戦している。二〇二〇年八月一五日には《タルナ・ジャヤは口ガムラン(ガムット)で伴奏できるのか?》と題されたビデオがYouTubeへ投稿される。タルナ・ジャヤは、

写真 11　タルナ・ジャヤの踊りの部分

写真 12　イントロ部分

スピード感あふれるエネルギッシュな踊りであり、非常に人気がある。またその伴奏曲は二〇世紀から主流になったガムランの形式であるゴン・クビャールのなかでも特に激しい、難曲の一つである。このビデオでは、タルナ・ジャヤの冒頭四分弱を、口ガムランで「演奏」し、若い女性のダンサーがこれにあわせて実際に踊って見せている（**写真11**）。なおこの曲には、冒頭に楽器演奏のみの長いイントロがついているが、ワルダナの作品ではガムットとマン・クニュンが演奏の手つきや身振りを、面白おかしく演じている（**写真12**）。

動画に添えられたキャプションには、このビデオが、口ガムランをバリ音楽の新しいジャンルとして発展させるための一つの試みであると記されている。今のところ口ガムランを真似してやってみようという他の音楽家は筆者の知る限り現れていない。ワルダナによれば、やってみようとしていた人はいたが、緩急あるガムラン音楽のテンポを合わせて多重録音していくことは難易度が高く、容易く誰でもできるものではない（オンライン・インタビュー、2021/6/21）。他方でワルダナ自身により口ガムランは多様な音楽ジャンルへの応用や、他ジャンルとのコラボレーションが試され、その可能性が探求されている。

感染症の流行が落ち着きをみせ、国境をまたぐ移動も可能となると、ワルダナは欧州へ出向いての活動も始めた。二〇二三年には一ヶ月ほど滞在しながらベルギーや周辺国をまわった。二〇二三年には筆者の招聘により二週間程日本にも滞在した。そこではガムラン演奏や踊りやケチャのワークショップ、舞台上演などを依頼され、そのなかで口ガムランを披露したり教えたりすることもあった。楽器を用いず、ワルダナ一人でも成立する口ガムランは、いろいろな場所、いろいろな場面で（そして低予算で）上演できる手軽さがある。声ゆえに西洋音階を含む多様な音階に応用可能な自由さもある。ベルギーそしてステイホーム期の自宅という、楽器や共演者とは隔たれた場所で育まれた口ガムランは、ゆえに持ち運び可能で、様々なジャンルとのコラボレーションへと開かれた音楽ジャンルとなった。

4. ステイホーム期のへだたりとつながり

普段忙しく外で活躍している芸能者たちにとって、家に居ること、特に長期間にわたって家にこもるという行為は通常、活動の停滞を意味する。実際デディやワルダナにとっても不安や焦燥感を掻き立てるものであった。特に今回は芸能を主に生計の糧としている（糧とするようになった）職業芸能家の事例を取り上げたため、彼らにとっては芸能活動を切らさないことが切実な問題であった。そのような閉塞感の中行われたオンラインでのパフォーマンスの発信は、自身を奮い立たせ、自身と観客をつなぎなおすための営為であった。

ただし芸能家たちにとって、家は単に芸能家たちを閉じ込めるものではなかった。家の外の仕事や人間関係から一度隔たれたステイホームの時間は、彼らにいつもと違った思考や活動の余地を与えた。ワルダナはかつてベルギーで思いつきしかし活動が停滞していた口ガムランに再び取り組んだ。一人二役や戸口を用いた踊りなど、家ならではの表現もうまれた。デディは普段の滑稽な化粧をせず、ミニマルな機材や道具で観客たちを楽しませるライブ配信の形を様々に試した。こうしたプロセスの中で、芸能家たちはいつもと違う技を磨いたり、あるいはいつもと違った自身の側面を観客に見せた。本章で取り上げた二つの事例からは、ステイホーム期の家という芸能空間が、圧倒的に長い滞在時間という、コロナ下に特殊な時間性込みで考察すべき対象であることも理解できよう。

また、ステイホーム期、演者だけでなく観客もまた家にいたという点は重要である。誰もが多かれ少なかれ未知のウイルスへの恐怖や急激な環境の変化に翻弄されていたこの時期である。様々な人・物へのアクセスが遮断された演者たちの苦境は、観客が共有するものでもあった。言い換えれば、ステイホームによって無観客上演やビデオ作品での発信をするしかなかった演者は、観客と物理的に隔てられてはいたものの、置かれた状況の近しさはあった。コロナ下の奮闘や戸惑いをコミカルに描いたこの二つの事例が広く受容された背景には、それぞれが家に居るという当時の特殊な状況とそれゆえの共感があると考えられる。

家という限定された空間のなかで、芸能家らが様々なアイディアを駆使しながら、新しい表現や上演形式に挑戦していったそのプロセスを、同じように家に居るしかなかった視聴者たちは、（同様に閉塞感や苦境やもがきのプロセスにありつつ）リアルタイムで見届けていた。*17 ステイホーム期の家とは、そのように観客とは隔たりながらもつながっている、実験的な芸能実践空間だったのである。

注

1 バトゥアン村のルジャン・ストリや、ケテウェル村の天女の舞（*topeng legong*）など、従来から定期的に行われていた疫病払いと関連する奉納上演を（規模を縮小したりしながら）コロナ下でも継続していた事例はある。しかし、それはパンデミック以前から予定されていた定期的な上演を最低限こなすものであり、COVID-19の感染拡大に応答した上演機会の増加は見られない。

2 おそらく歌の芸能を中心に、ラジオを通じたパフォーマンスのやり取りも行われていたと考えられるが、日本からその実態を把握することは困難であり、考察の対象外としている。

3 Kementerian Agama Republik Indonesia（インドネシア共和国宗教省）ウェブサイトより。

4 敷地は広大であり、チェラコントン・マスの主宰する舞踊団の練習場や大きめの舞台などもあるが、この時は使われなかった。

5 センガップ役のイ・ニョマン・アルディカ（I Nyoman Ardika）は遠方に在住のため、この撮影に参加するためにYAMAHAに出してもらった招聘状を携えて移動した。

6 彼はその後退職しているが、当時は舞踊の教員として大学に職を得ていた。

7 ワリやブバリとされる「神聖な」芸能は、儀礼の一部として上演されるため、儀礼が行われている会場のみで上演が許されている。また神聖な仮面や冠を使ったり、大量の供物を用意しなければならなかったりといった制約があることが多く、上演できる機会は限られている。

8 この道化シリーズのほか、もう一つの活動としてバリ語のポップス歌謡を紹介する《バリの歌をください（Nunas Tembang Bali）》と題した自宅からのライブ配信も五月下旬より定期的に行っていた。色々な曲をかけては、お喋りしたり、視聴者からのコメントを読み上げたりするスタイルになっていった。ディが一人で行っていたが、次第に無料でも出演したいという歌手が現れたり、商品の宣伝をしてほしいという人が現れたりした。そして、商品の宣伝のお礼に物品を貰ったりした。歌手がゲストとして登場し、様々な曲や商品が紹介される番組へと配信は育っていった。

9 同じくコロナ下のバリ島の主に音楽家の状況を考察した増野亜子も、芸能家間の物品の授受や、上演機会の分配による支援の関係を指摘している［増野 2024: 104-105］。

10 こうした活動は、その他の芸能家や知識人の芸能愛好家たちをまきこみ、バリ全体の芸能家たちの連帯を目指す団体「バリ芸能家の集い（Paguyuban Seniman Bali）」の結成と、その団体による、COVID-19感染拡大の収束を祈る儀礼の開催（二〇二一年一〇月六日）へとつながってもいった。

11 本ビデオでは必ずしもそれらの役柄と名前が明示されないが、記述する上でわかりやすいのでこれらの名前を用いる。

12 ガムットの仮面は下半分が開いており喋ったり歌ったりできる。他方ニョマン・クニュンは顔全体を覆う仮面であり、発声することはないが踊りで応じる。

13 「バリ人なら練習するために、クルクルをまず鳴らす。ドゥン・ドゥン・ドゥン・ドゥン。あとで何時から練習をしますよ〔と告知する〕。コーヒーは何杯、食事はいくつ必要で……などたくさんの仕事がある。たくさんの人が集まらないといけない。出来栄えを試すときには集落長、区長が来なければならない。これがバリの伝統的な音楽の活動。〔中略〕しかしワルダナはすべてをやる。全部……クルクルを鳴らし、人を呼んで、飲み物食べ物はどうしようかと〔考えをめぐらせる〕……ハハハ。それらが無いだろう？そういう意味でミニマリストだと言ったのだ」（スタマ、インタビュー、2024/3/18）。なおクルクルとは木製のスリットドラムのことで集落や村の情報伝達に用いられる。

14 バリ島の伝統的な音楽にはゲンジェ（genjek）やチャカプン（cakapung）など、ガムランのメロディーやリズムパターンを用いた、あるいはそれに似たものを歌う声の芸能はいくつかある。しかし、それはどれも大勢で歌う合唱であり、一人の声を多重録音するという形での上演形式は見られない。また、ワルダナによれば、口ガムランは、一つの音形をサンシとポロスという二つのパートで分担して演奏するというガムラン音楽の特徴をそのまま取り入れているところが、それらの芸能と違う特徴である（ワルダナ、舞台トーク、2023/11/29）。

15 ワルダナ自身の経験をより直接的に描いた作品もある。ワルダナはステイホーム期にオンラインで注文を受け、総菜やデザート等を販売する小さな商いを立ち上げた。彼はその経験にも基づきながら、ニョマン・クニュンが自宅の前で小さな売店を設け、販売に苦戦するというストーリーのビデオ作品も制作している（Made Agus Wardana《*Mankenyung berjualan daluman, salad buah dan sayuran -Episode 2*》）。当時のバリでは職を失ったたくさんの人々が自宅でこうした小さな商いをしていた。このビデオは、ワルダナの経験を表すものでありながら、当時の人々の典型的な経験を投影したものでもあったといえよう。

16 厳密には家族のサポートも受けている。撮影は息子の一人が手伝い、また妻の腕が演技に参加している。

17 その点では、（デディ達が行ったような）ライブ配信も、（ワルダナの行ったような）編集した動画作品の配信も、共通しているといえるであろう。ビデオ作品の場合、その制作や編集のプロセスそのものを視聴者はライブで見ることはできない。しかしパンデミックという未曾有の事態にどのような作品をどのように生み出し発表するのか、視聴者は演者のその前例のないプロセスを同時代的に目撃していた。

参考文献

〈日本語文献〉

増野亜子2024「コロナ下バリにおける音楽家の活動と経験——6人の音楽家のインタビューから」『桐朋学園大学研究紀要』50: 97-107。

吉田竹也2013『反楽園観光論——バリと沖縄の島嶼をめぐるメモワール』人間社。

吉田ゆか子、田中みわ子2022「バリ島のコメディ劇における「障害」のある身体を巡る遊戯」山口真美、河野哲也、床呂郁哉編『コロナ時代の身体コミュニケーション』勁草書房、pp.143-174。

〈外国語文献〉

Bandem, I Made and Fredrik E. DeBoer. 1995[1981]. *Balinese Dance in Transition: Kaja and Kelod*. 2nd ed. Kuala Lumpur: Oxford University Press.

Diana, I Komang Dedi, I Made Sugiarta, Ida Ayu Gede Prayitna Dewi, Ni Luh Putu Wiwin Astari, A.A Dwi Dirgantini. 2021. Bondres Clekontong Mas Art Performance as A Media Increasing Immunity During Pandemic. *Proceeding Book of 7th International Conference of Interreligious and Intercultural Studies (ICIIS)*. UNHI Press. pp.282-293.

Herbst, Edward. 1997. *Voices in Bali: Energies and Perceptions in Vocal Music and Dance Theater*. Hanover & London: Wesleyan University Press.

Jenkins, Ron. 1994. *Subversive Laughter: The Liberating Power of Comedy*. New York: Free Press.

Jenkins, Ron and Nyoman Catra. 2024. Answering Terror with Art: Shakespeare and the Balinese Response to the Bombing of October 12, 2002. *MUDRA* special edition 2024: 70-88.
Kementerian Agama Republik Indonesia. *Satu Data Kementerian Agama RI*. https://satudata.kemenag.go.id/dataset/detail/jumlah-penduduk-menurut-agama（二〇二四年七月九日アクセス）
Kodi, I Ketut. 2006. Topeng Bondres dalam Perubahan Masyarakat Bali: Suatu Kajian Budaya. Master's Thesis, Universitas Udayana.
Sedana, I Nyoman. 2005. Theatre in a Time of Terrorism: Renewing Natural Harmony after the Bali Bombing via Wayang Kontemporer. *Asian Theatre Journal* 22(1): 73-86.
Sedana, I Wayan. 1977. *Tari Toepng Legong di Ketewel*. Akademi Seni Tari Indonesia, Denpasar. *Tribun-Bali*, April 18, 2020, Melalui Acara 'Ngoyong Jumah Ajake Mekedekan', Clekontong Mas Hibur & Edukasi Masyarakat Soal Corona. https://bali.tribunnews.com/2020/04/18/melalui-acara-ngoyong-jumah-ajake-mekedekan-clekontong-mas-hibur-edukasi-masyarakat-soal-corona（二〇二四年五月一九日アクセス）

〈映像資料〉

Clekontong Mas Official. *Mekedekan Jumah Bersama Tribun Dan Yamaha | Live Part 1*. 二〇二〇年四月二〇日公開、https://youtu.be/AAhkdeEXjLw（二〇二四年五月一九日アクセス）
——. *Mekedekan Jumah Bersama Tribun Dan Yamaha | Live Part 2*. 二〇二〇年四月二一日公開、https://youtu.be/Zk0tVRwot3M（二〇二四年五月一九日アクセス）
Wardana, Made Agus. *Ciaaattt...Gamut vs Corona #stayhome*. 二〇二〇年三月二八日公開、https://www.youtube.com/watch?v=1xVqg5YLMig（二〇二四年五月一九日アクセス）
——. *Ciaattt...Gamut (Gamelan Mulut) Vs Man Kenyung*. 二〇二〇年四月一七日公開、https://www.youtube.com/watch?v=07G6eokfD3A（二〇二四年五月一九日アクセス）
——. *Gamelan Mulut (Gamut) dengan tarian Bali - Episode 1*. 二〇二〇年六月二五日公開、https://youtu.be/1xVqg5YLMig（二〇二四年五月一九日アクセス）

——. *Mankenyung berjualan daluman, salad buah dan sayuran -Episode 2.* 二〇二〇年七月二日公開、https://youtu.be/iJRNMgFT7xw（二〇二四年五月一九日アクセス）

——. *Bisakah Trunajaya diiringi Gamelan Mulut (Gamut) ? - Man Kenyung.* 二〇二〇年八月一五日公開、https://youtu.be/oYDY-I1VQE0（二〇二四年五月一九日アクセス）

第8章　COVID-19ショックと舞台芸術
――代替を超えて、進化への期待

大田美佐子

1. COVIDショックと劇場文化――劇場と「場」、歴史的視座からの問いかけ

二〇二〇年初頭に始まるCOVID-19のパンデミックでは、国全体を巻き込んだ「緊急事態宣言」の状況下で、夥しい数の劇場での公演が中止、延期になった。*1 興行ができない劇場、生身の人間が舞台に立って表現できない状況を目の当たりにして、社会や人々にとっての劇場、劇場での営みの必要性や価値が問われ、*2「劇場文化」と社会の関係性が問い直される契機ともなった。*3

他方、劇場の興行が認められない閉塞状況を打開するために、多くの新しい試みも生まれた。例えば平時に、劇場という「場」は観客とのローカルな関係性を中心に展開してきたが、「コロナ・パンデミック」の先が見えない危機の打開案のひとつとして、オンライン配信やインターネットを活用した対話などが試みられ、「閉じた」劇場は逆説的にグローバルなネットワークの構築へと展開、拡大することにもなった。舞台上演は誰に

向けられているのか（無観客上演）、劇場は人と人とが出会う「場所」ではないのか（観客のコミュニティー）、集客ができない劇場という「場」は必要なのか（劇場の財政的、物理的な維持、コスト）などの問いが、コロナ下で、あらためて国境を超えてグローバルに考えるべき問題として、つまり「グローバル・イシュー」のひとつとして浮上してきたとも言える。*4 *5

しかしながら、パンデミックで浮上した劇場と社会の関係性や危機管理という一般的な問題を論じることは本章の目的ではない。筆者自身はこの間、歴史研究者として、本論集のもとになったプロジェクト「新型コロナ感染拡大下における芸能に関する学際的研究」の他のメンバーの民族誌学者としての視点や参与観察の記述、報告に大きな刺激を与えてもらった。そのなかで常に思考してきたのは、新型コロナ感染拡大によって、劇場が経験してきたこの特異なプロセスを、制作や劇団などの舞台を作る立場だけでなく、批評やマネジメントなど活動を支える立場、観客など上演に参加する立場など、様々な立場から「記録」することの大きな意義である。記録を残すことが、負の衝撃を受け止める器となり、振り返りの質を高め、問題意識を共有し、新しい創造性へとつながっていく。この未来への「記録」は、過去の「記録」とも連携している。

未知と感じられたパンデミック下では、感染症を扱う小説や歴史書にも注目が集まり、「歴史的視座」が人々の不安軽減に大きな役割を果たすことも示唆された。*6 例えば、二〇二〇年四月には歴史学者、藤原辰史による提言「パンデミックを生きる指針――歴史研究のアプローチ」が「緊急寄稿」として岩波書店のホームページで無料公開された。藤原は、ワクチンや治療薬などの直接的な解決手段を持たない文系研究者、歴史研究者にできる貢献とは、「虚心坦懐に史料を読む技術」を用いて「過去に起こった類似の現象を参考にして人がすがりたくなる希望を冷徹に選別」することであるとして、この論考で一九一八年から一九二〇年まで猛威を奮ったスペイン風邪の教訓からも具体的な提言をしている。論考全体として重要だと思われるのは、歴史を振り返るのみならず、危機の時代には「歴史の女神クリオ」に試されているという意識である。ここで藤原は、武漢で封鎖された日々を日記に綴った中国の作家、方方の言葉「パンデミック下の弱者に接する態度」こそが、文明国家の基準や試金石となることを引用して、「危機の時代はこれまで隠されていた人間の卑しさと日常の危機を顕在化させる」と指摘した。その意味で、パンデミックは社会の現在地を照らし出す。

本章では、パンデミック下で実践された舞台芸術をめぐる試みを、次の節で述べる三つの視点から整理した後、コロナ下の舞台芸術教育における具体的な例として、ミュージカル《地下鉄1号線》鑑賞での学びを振返り、その意義について考察したい。

2. パンデミック下の舞台芸術を語る三つの観点について

二〇二〇年のパンデミック以降、舞台芸術をめぐって起こった具体的な試みを振り返ると、次の三つの観点が浮かび上がってきた。

その一点目は、「喪失の記録と提示」である。新型コロナ感染拡大で生じた運営上の困難をめぐっては、地域ごとに異なる問題とその対策や解決法を探って、演劇界では、当初から積極的にその状況が記録されてきた。公演が中止になった劇作家や演出家たちへのインタビューが公開され、あるいは「COVID-19影響下の舞台芸術と文化政策——欧米圏の場合 報告冊子」のように、各国のコロナ下の文化政策、対応策もインターネットで公開された［「COVID-19影響下の舞台芸術と文化政策——欧米圏の場合」研究会編 2021］。毎年刊行されている日本のオペラ公演に関する年次報告書『日本オペラ年鑑』でも、二〇二〇年、二〇二一年には、新型コロナとオペラの大きな特集とインタビュー（「年表で見る新型コロナ感染症と日本のオペラ界」「コロナ禍での日本の劇場・オペラ団体」）が組まれた。*7 このような非常事態の記録の意味するところを明確に打ち出したのが、二〇二一年六月三日から八月六日まで開催された、早稲田大学坪内博士記念演劇博物館の二〇二一年度春季企画展「Lost in Pandemic ―― 失われた演劇と新たな表現の地平」である。その展覧会の「使命」として中核を成したのは「上演史に生じてしまった空白そのものを記録に残すため」に行われた「中止・延期公演の調査と資料収集」であり、夥しい量の「実現できなかった」公演の可視化であった。刊行された展覧会の図録には、以下のような展示趣旨が綴られている。

本展は、コロナ禍の影響下にある〈いま・ここ〉を演劇という視座から記録し、未来に伝えることを企図したものである。〔中略〕この一年余、何が失われ、何が得られたのか。コロナ流行下の社会を象徴する「新しい生活様式」の実践例は、演劇にとっても無関係ではなく、日常生活と舞台芸術が地続きであることを浮かび上がらせた。種々の制約を超克すべく、新たな表現の可能性も萌している。〔早稲田大学坪内博士記念演劇博物館 監修 2021:18〕

ここで強調されるのは、「記録」することによって「中止の意味」を問いかける力である。

つくり手だけでなく、大勢の観客も含めた人々の思いや、そこにかけられた時間を、なかったことにしない。上演史に生じた空白を空白のままにせず、上演されなかったという事態や、一人ひとりの内にある記憶を、公の記録としてアーカイブすること。〔早稲田大学坪内博士記念演劇博物館 監修 2021: 18〕

二点目は、「これまで見えなかったつながりや問題を可視化する」ことが積極的に行われた事実である。例えば、舞台の裏方同士を結ぶネットワークの可視化などは、そのポジティブな展開のひとつである。二〇二〇年七月二七日から八月九日にかけて開催された日本音楽芸術マネジメント学会の研究会は、オーケストラ、アーティスト、劇場・音楽堂の三つの分科会とシンポジウム「After/With コロナ時代を生きる〜音楽で明日の社会をひらくために」で構成され、事前登録で一般の人々にも無料で公開された。これまで舞台の裏方として交流する機会がなかった様々な地域の舞台制作者たちがオンラインで一堂に会し、上演や運営に際する危機感や問題解決の試みを報告し、共有する機会を通じて、あらためて舞台制作者同士のネットワークの重要性がクローズアップされた。*8

また、コロナ禍で起きたＢＬＭ（Black Lives Matter）などの社会問題は、オンラインの学会や研究会などを通じて、舞台芸術業界そのもののあり方にも広く批判の目が向けられる契機となった。例えば、二〇二一年五月一二日から五月一五日まで、ニューヨークで開催された一九四〇年代五〇年代の黄金期のミュージカルに関するシンポジウム「Stagestruck 会議」*9もオンラインで配信され、ブロードウェイの舞台で演じていたミュージカル俳優や『Black Opera』などの研究書があるナオミ・アンドレ教授などの研究者を招いて「ブロードウェイとウエストエンドにおける黒人の描かれ方と経験」をテーマにした討論の機会が設けられた。重要な論点のひとつとして、ブロードウェイにおけるアフリカ系米国人のエージェントの数がひとつしかなく、構造的にも環境的にも人種的な不平等が存在することについて議論された。コロナ禍で劇場運営が困難になり、雇用者と被雇用者の間にある構造的な問題がこのような機会を得て「当事者」の対話のなかで顕在化したことは、ブロードウェイの未来への変化を予感させた。また、その顕在化した問題意識を背景にニューヨークのメトロポリタンオペラでは、二〇二一年一〇月の劇場再開の演目に、初めてアフリカ系アメリカ人の作曲家が取り上げられ、テレンス・ブランチャードの作品《Fire, Shut up my bones》が上演された。[*10] また、コロナ下では多くの舞台がオンラインで配信されたが、オンラインを活用してファンとの交流を深める試みも行われた。[*11]

三つ目の観点は、「代替を超えて進化を目指す――新しい手法や発想をかたちにする」ことである。ここでは、上演できなかったことを、「記録」することで未来に開くという一つ目の観点をさらに展開させ、オンラインで試みられたオリジナルのプロダクションを指す。

例えば、二〇二〇年四月末に行われた三谷幸喜作《12人の優しい日本人》（一九九二年東京サンシャインボーイズ版）の朗読劇としての配信［平野 2020］は、発話者が升目の中に配置されるZoom特有の画面構成を利用し、裁判劇の「台詞」に観客がより集中できる環境を生み出した点で、オンラインを演劇表現のアドバンテージとして利用した発想の転換が新鮮かつ秀逸であった。また、Zoomの構成を利用した演劇表現では、大阪を拠点に活動するエイチエムピー・シアターカンパニーがオンライン上に仮想舞台「仮想劇場ウィングフィールド」を作り、《ブカブカジョーシブカジョーシ》（二〇二〇年大竹正典作／笠井友仁演出）を上演し、大きな反響があった。この心理劇では、役者一人一人が隔離された個室から発信し、その映像をひとつにまとめて提示するので、演者と舞台と観客との独特な関係性が生まれた。[*12]

コロナ下「ならでは」の新しい発想は、舞台の「創作」だけではなく、舞台作品のプロモーションにも反映された。感染が拡大した二〇二〇年は、ベートーヴェンやクルト・ヴァイルといった作曲家たちのメモリアル・イヤーでもあった。メモリアル・イヤーはプロモーションの絶好の機会であり、多くの演奏会が企画されていただけに、新型コロナの影響は大きな打撃であった。そのなかでも、ベートーヴェンの年末恒例の第九演奏会では、この状況下で演奏会自体を成立させるために、臨機応変に対応した。例えば、合唱の人数を一二名まで絞ったケース（日本テレマン協会）や、プロの歌手による二四名の合唱団で演奏した日本センチュリー交響楽団、参加者がリモートレッスンに参加して動画を投稿した「サントリー一万人の第九」など、様々に工夫したケースが報告されている。[*13] 思えば、第九の日本初演時の楽器編成なども万全なものではなかったが、そのような演奏にも時代性と状況を映し出す大きな意味があったことを想起させる。オペラなどでは、舞台に人が密集しないように、舞台装置や大掛かりな衣裳をつけない「演奏会形式」に変えるケースもあった。その設えの変化については、「新しい響きの可能性を探る」貴重な機会として、ポジティブに受け止める演奏家もいた。

また、二〇二〇年に生誕一二〇年、没後七〇年を迎えた作曲家クルト・ヴァイルのケースでは、鳴物入りで準備されていたニューヨークでのリバイバル・ミュージカル《ラブ・ライフ》が中止になったが、ニューヨークのヴァイル財団はパンデミック下にヴァイルの小編成の作品情報を積極的に提供し、上演を支援した。その結果、コロナ禍でのオンライン配信を含めた「パンデミック仕様の」オリジナルプロダクションが次々と製作され、世界中に配信された。イギリスのロイヤル・オペラハウスやイタリアのミラノ・スカラ座など、オペラ界をリードする世界的に有名なオペラハウスで、歌うバレエ・スペクタクル《七つの大罪》とソング劇《マハゴニー》[*14]など、ブレヒトとヴァイルのダブルビルが取り上げられ、オンライン配信されたことは大きな話題にもなった。二つの演目を合わせても元来一時間一五分程度なので、通常のオペラ座のプログラムには採用されがたい演目であり、コロナ禍の事情と尺にあったプログラムだったと言える。くわえて、リーズ(Opera North)やアムステルダム、ニューヨーク(New York City's Lyric Opera)[*15]などの中堅小規模なオペラカンパニーが製作した舞台では、Zoomをプラットフォームに組み入れた視聴者参加型や人種混交の配役などを模索し、原作で意図されていた社会性を組み込んだ、独創性にあふれクオリティーの高いものとなった。また、そのような新しい試みが、国境を超えた観客を対象に展開されたという点も重要である[大田 2020b]。パンデミック下の上演で想起されたのは、亡命作曲家であったクルト・ヴァイル自身が歩んだ道でもあり、彼はユダヤ系ドイツ人の作曲家としてー九三〇年代に入るとナチスのプロパガンダによって攻撃を受け、ナチスの迫害によって亡命を余儀なくされたが、様々な障壁にもめげずにむしろ創作の力に変えて、粛々と舞台に作品を送り続けてきた。[*16] ヴァイルが亡命前後やアメリカの作品のなかで示した発想の転換、作品で表現される「レジリエンス」は、コロナ下に立ち上がったこれらのオリジナルプロダクションでのヴァイル作品の上演とも結びつき、作品の源泉に立ち戻ったコロナ禍の製作者の気概をも感じさせた。

3. コロナ下の大学で――ご当地化ミュージカル《地下鉄1号線》からの学び

次に、大学の「舞台芸術教育」で、先述した三つ目の観点「代替を超えて、新しい発想や手法をかたちにした」ものとして、舞台上演を取り上げた例を紹介したい。[*17] 筆者の担当した授業「シアトリカルアート論」[*18] は、毎年、中心となる作品をベースに舞台芸術の歴史を学ぶが、例年、必ず最低一度は劇作家、演出家、俳優などをゲストに迎えて、現場との関わりのなかで、作品を解釈し直す学びができるような構成を試みている。受講生を引率し、兵庫県立芸術文化センター、西神中央ホールでの実際の観劇を組み入れたこともあったが、通常の授業時間で舞台鑑賞を行うには様々な制約もあり、映像での舞台芸術鑑賞も積極的に取り入れてきた。そのうえで、二〇二〇年以降は、コロナ以前からすでに映像での舞台芸術鑑賞の手軽さに慣れた受講生たちにとって、劇場に与えたCOVID-19のインパクトからどのような学びを得るのかも大きな課題となった。そこには、すべての人がパンデミックに直面したという状況下において、受講生もまたパンデミック下の「当事者」として、舞台芸術と自分たちの日常生活との乖離していた関係性を、新たな視点で捉え直すこともできるのではないか、という期待感も狙いもあった。

3–1　座学——資料で現状を捉えて考える

神戸大学ではひと月遅れの二〇二〇年五月に新学期が始まった。まずはアクチュアルな出来事を捉えて議論の土台にするために、「コロナ禍で芸術文化と向き合う」ための情報と「現状を捉えて未来を思考する」ためのテキストをオンラインで事前に配布して共有した。前者には、e Bravoの無料ライブ配信スケジュール、新国立劇場の「巣篭もりシアター」、そしてオンラインのレビュー誌、メルキュール・デザールでの能登原由美の報告「緊急特別企画／クラシック音楽とネット配信：オーケストラの試み」［能登原 2020］を共有した。後者としては、坂本龍一のインタビュー［坂本 2020］、日本ポピュラー音楽学会によるアンケートと集計結果［日本ポピュラー音楽学会 2020］、ドイツの文化政策を考える藤野一夫の論考［藤野 2020］、劇作家で演出家の平田オリザによる上演可否をめぐる発言が話題となった番組「イベント・自粛・破綻　文化を守れるか」（NHK「クローズアップ現代」、初回放送二〇二〇年四月二二日）、そして先述した藤原辰史の論考「パンデミックを生きる指針——歴史研究のアプローチ」（B面の岩波）を共有した。そのアクチュアルなテクストを通した学習は、生のパフォーマンスを前提とした舞台芸術を学ぶうえで、受講生に「（場としての）劇場とは何か」を考えてほしいという狙いがあった。というのも、全面オンラインの生活にあって、すでに「（場としての）劇場は前提としなくてもいい」と考えるラディカルな思考さえ予想できる状況が生まれていたからである。

配布資料を読み、任意の動画を鑑賞した四五名の受講生からのフィードバックでは、まず、コロナ禍で学生自身が置かれた状況についての報告や訴えを書いた者が多かった。例えば、「朝起きてから夜寝るまで声を出さないことがあり、人とのコミュニケーションが取れないなかで気が滅入る状況」と自粛による閉塞感に苛まれた学生などである。ただ他方で、家から出られないなかで、たとえオンラインでも舞台を鑑賞することによって「救われた」または「作品と出会う新しい機会を得た」と感じた者も多かった。配布資料のテクストでは、坂本龍一の発言「これまでどんな危機においても、人類はアートや音楽や詩を手放さなかった。アートや音楽や詩はちゃんと残っていく。それだけが唯一の希望だ」を印象に残った言葉として引用した学生が最も多く、藤野一夫による論考で、手厚いと賞賛されたドイツの劇場支援の報告を読み、劇場の興行ができないことによって、日本の劇場文化の継続への影響、その打撃を心配する声も数多くみられた。

3-2 コロナ下で出会う「イマーシブシアター」——《地下鉄1号線》

そうしたなかで、二〇二一年五月に試みのひとつとして、ドイツ発のミュージカル《地下鉄1号線》の上演をテーマに取り上げた。この作品の原作《Linie 1（地下鉄1号線）》は、東西ドイツの壁崩壊前の一九八六年四月三〇日にベルリンの下町にある小劇場、グリップス劇場で初演されたロックミュージカル（副題はMusikalische Revue）である。台本はドイツの作家、フォルカー・ルートヴィヒ、音楽はビルガー・ハイマンで、グリップス・シアターの専属バンドNo Ticketsによって演奏された［シンチンガー 2013: 19］。原作のミュージカルは、ドイツの音楽劇として、ブレヒトとヴァイルの《三文オペラ》の次に成功した作品と評され、二〇二三年一二月には、座席数三六七のグリップス劇場で二〇〇〇回目の上演が行われたという。その模様はニューヨーク・タイムズの批評家A・J・グッドマンが記事にしている［Goodman 2023］。グッドマンによれば、この作品の人気の秘密と特徴は、ミュージカル《オズの魔法使い》のような人間の成長のシンプルな物語と、コマーシャリズムに流されない陰影ある都市の描き方だと指摘する。今ではドイツを超えて、フィンランド、スペイン、カナダ、ブラジル、インド、香港、韓国など多くの国で、原作を翻案にした独自のバージョンが製作され上演されているという。

原作は二部一四場からなり、二〇一五年に出版された第一〇版では、巻末に五曲の歌の簡単な楽譜、コード譜がついている。観客が歌えるようにとの配慮で、人気ミュージカルであることの証左でもある［Ludwig 2015］。物語では、ロック歌手の恋人を探して、地方から大都会ベルリンに出てきた一〇代の少女が、地下鉄を中心に様々な人々に出会い成長していく。一一人の役者によって、八〇ものキャラクターが演じられ、その上演スタイルは、二〇世紀のベルリンのカバレットの雰囲気を帯びている。それぞれのキャラクターには初演から五〇年前の第三帝国の都市ベルリンの陰影が織り込まれているといい、人々の記憶、文化的記憶にも働きかける。

> ベルリンの地下鉄というアンダーグラウンドで幸せを求める少女は、マリアや街頭歌手との職業をめぐる会話、乗り合わせた中年女性とのドイツ現代史の講義、そして老人のヘルマンやシャルタンの生き抜く知恵に触れて成長していく。その意味において、少女は古典的なドイツ文学の教養小説の主人公であると見ることもできる。現代的なレビュー形式によって古典的な時間の流れが加速され、ベルリンの地下鉄一号線の一日がいわばカバレットの舞台と化したとも言えよう［猪俣 2003: 59］

コロナ禍で制作された日本版の《地下鉄1号線 The new world》は、二〇二一年二月六日から三月三一日まで大阪で開催された「ハルまちフェスティバル」のプログラムとして、三月二一日に天王寺公園で上演された。翻訳・台本はドイツ文学者の市川明、翻案演出は市川と舞台《ファウストの恋人》でもタッグを組んだ中立公平、作・編曲と指揮は西村友、演奏はOsaka Shion Wind Orchestraであった。役者は森田かずよ、マリー・ハーネ、甲賀雅章、万姫、春野恵子など、ダンサー、舞台俳優、ミュージカル俳優、浪曲師など演者のジャンルはバラ

写真１　イマーシブな舞台に観客を誘う（井上嘉和氏撮影）

写真２　マスクと衣装が一体化した「新世界」界隈の多様な住人と少女
（井上嘉和氏撮影）

ハルまちフェスティバル《Musical 地下鉄１号線 The new world》企画・製作・共催：一般社団法人 KIO、主催：文化庁 / 公益社団法人日本芸能実演家団体協議会 / 一般社団法人フェスティバーロ、文化庁令和二年度戦略的芸術文化創造推進事業「JAPAN LIVE YELL project」

写真３　新世界の多様な住人と少女（井上嘉和氏撮影）

写真４　高い場所へと向かうラストシーンへ（井上嘉和氏撮影）

エティーに富み、オーディションで選ばれた総勢一六名から構成された。日本版に付けられた副題「The new world」は、大阪市南部の下町にある繁華街、新世界を指し、観客は「天王寺動物公園新世界ゲートから大阪市立美術館前に移動しながら観劇」した。コロナ下の制限を想定して野外で行われる「イマーシブシアター（体験型演劇作品）」として上演された。写真にあるように衣装（担当は白子侑季）はマスクと一体化したもので、時に奇抜な印象を与える。

ドイツ語版の主人公「ベルリンの地下鉄というアンダーグラウンドで幸せを求める少女」は、日本語版では、沖縄から一夜を共にしたロックスターを追いかけて大阪に降り着いたという設定。沖縄から来た見知らぬ少女に大阪の様々な人々が関わりあい、物語が展開していくが、ロックスターとの関係性や少女の未来など、その結末は希望を伴い「開かれて」いる。観客はワイヤレスヘッドホンを装着して、音楽や歌を聴きながら役者の後についてリアルな街中、広場を移動する（**写真1**）。音楽はヘッドホンのなかで流れているので、街の普通の人々には音は聞こえず、ダンスのような視覚的な動きとして捉えられている。その折りに、登場人物たちの奇抜な衣装は、一般の人々とは違う「異界」の雰囲気を漂わせる（**写真2**と**写真3**）。本番は対面の野外上演で三回予定されていたが悪天候のために中止になり、中止までの現地での様子を報告した演劇学の田中里奈は、観客が音楽をヘッドホンで聴きながら参加する方法について、観客自身が能動的に受け止める力の重要性を以下のように指摘している。

天王寺公園の人々の中に紛れている演者たち（もちろんめいめいにマスクを着用している）のパフォーマンスを観るだけでなく、彼らの声にならない言葉や歌声、そしてオーケストラによる演奏を、観客はワイヤレスヘッドホン越しに聞く。〔中略〕イヤホンを付けて周囲の音を遮断した状態で、イヤホンから聞こえてくる音と雑踏の中の人々

とを結び付けていく行為は、覗き見の愉しさと、文脈を能動的につなぐ体験レベルの強さとが同居している。［田中 2021］

3-3 「イマーシブシアター」の舞台裏――ドラマトゥルク市川明を迎えて

二〇二一年六月一日には、イマーシブ版の台本作成と翻訳、ドラマトゥルクを務めた独文学者の市川明をゲスト講義に迎えた。雨のために中止となった本番の前日に録画した一時間の上演が、後日にYouTubeで配信、公開されたので、受講生たちはその動画を視聴し、事前にグループワークで感想を話し合い、質問を用意した。市川は視聴した学生からの感想と質問を事前に読み、応答するかたちで授業が進められた。

上演動画を観た受講生からの質問では、原作と異なる設定の変更、つまり舞台を天王寺動物公園や新世界に設定したことや、主役の少女を沖縄出身という設定にしたことについて。また、あえて役者の表情を隠してしまうようなマスクと一体化した派手で奇抜な衣装にした理由について、リハーサルの方法などの技術的な側面や、翻訳の工夫や困難について、イマーシブシアターとしての上演を企画した理由についてなど、多くの質問が提出された。

六月一日にオンラインで行われた市川の授業では、学生からの質問に答えるかたちで、舞台の設定を中心に、以下の点について明らかにされた。

- 舞台設定に大阪の天王寺動物公園や新世界を選んだ理由について、都会でありながら人情味が深く、様々な人々が行き交い、人物の面白さが際立つ様子を表現できると考えた。
- 主人公を沖縄の少女にした理由は、沖縄が基地問題など現実に直面した状況を、他人事としてでなく捉えてほしいという思いから。

・マスクと一体化した衣装が奇抜であるのは、役者の個性が消えるギリギリまで攻めた衣装を狙ったから。*19

そのうえで、この舞台を成立させている「翻訳」については、「作品に自らの解釈を突き合わせ、第二の作者であらねばならない」と説明し、大阪を舞台にした理由の背景には「演劇は模倣でなく、記号の芸術で観客の想像のなかでその意味が理解される」という美学があり、「答えを求めず、観客が能動的に主体的に考える演劇のあり方を目指す」ことが重要であると解説した。観客が能動的に主体的に考える演劇という点には特に、劇作家ブレヒト研究者としての市川自身のこだわりが顕れているように捉えられる。また、音楽と台詞部分のバランスについては、「敢えてセリフですべてを説明せずに、歌を優先し、解釈は鑑賞者に委ねる」など、歌を媒介として、観客が主体性を持ち観劇することの重要性を示唆した。これまで多くの作品に翻訳者、ドラマトゥルクとして関わってきた市川は、*20様々な国々で上演されてきたこの作品の中に日本の人々にとって示唆に富む様々な「記号」を仕掛け、また「イマーシブシアター」という仕掛けを通して、「自分たちの物語」として「体感」し、主体的に考えてもらうことを狙っていたのではないか。

授業後の受講生たちによるフィードバックでは、多くの受講生が市川の応答、潤色の意図を聞いたうえでもう一度動画を観てみたいと記した。これは、一期一会の舞台の学習にとって、録画が有効であることの証左である。また、関心が最も高かった舞台設定に関して、先に挙げた意図を聞いて納得したという受講生は多く、自らの体験を照らし合わせて「あべのハルカスの綺麗さと、新世界で生きる人々の対称性や登場人物のキャラクターなど様々な条件が大阪という舞台とぴったりだった」と強く共感する意見や、「故郷は決して生まれ育ったことではなく、いかにその場所を愛しているかが重要」という市川の発言を引用し、「現在、国籍によって差別を受け、生きづらさを感じている人たちが、国籍、年齢、生活状況に関係なく人々が入り混じり、助け合う世界観を《地下鉄1号線》は持っている」と指摘した感想もあった。

また、観客と演者の境界線を揺らす「イマーシブ」な上演のあり方を動画で経験した学生からは、次のようなコメントがあった。

芸術は、予め筋道を立てて作り上げるものではなく、必然の流れの中で生まれることもあるのだと分かった。したがって、同じ作品であっても、時代背景の中で、変化していくことは当然だと思った。全体として、芸術に対する凝り固まったイメージが取り払われた。*21

市川が講義で強調した「観客の主体性」についてのフィードバックでは、観客の主体性と《地下鉄1号線》の物語が相互に影響しあうことについての気づきを綴った受講生もいた。

芸術の鑑賞には答えは存在せず、私たちが思い思いに想像をすることによってその芸術は深みを増していくのだろう。《地下鉄1号線》は歌を多くし、説明を少なくすることによって、解釈を私たち観客にゆだねるということであったから、私たちが様々な解釈をし、想像をどんどん働かせることによって、《地下鉄1号線》は多種多様な意味を持ち、深みが増していくのだろう。そういう意味で、大阪版《地下鉄1号線》は私たちの現状（答えを一つだと考え、すぐにその答えを求めようとする姿勢）を打開し、この世の中を改革するための作品であるのだろうと私は考えた。

《地下鉄1号線》鑑賞後のフィードバックには、コロナ下で、特に「参加する」という行為の能動性が失われつつあることについて、切実な不安を吐露する以下のような学生の声もあった。

人々が、芸術だけじゃなくて政治でも議論でもなんでも、「何かに参加する」という勇気とチャンスを失っている気がする。それによって、コミュニティがどんどん閉鎖的になっている気がする。SNSとかで、「こんなイベントします！」とか「応援してください！」とかよく見るけど、「やりたい」ことがどんどん浮かぶ人と浮かばない人の差が激しくなっていると思う。夢を描ける人と描けない人がどんどん分断されていっている気がする。それによって、「自分の人生を自分でコントロールしている感覚」を失う人が多く出てきているようにも思う。私自身もその状態にある。完全に勢いがなくなっている自分がいる。

パンデミック下で教室に来られなかった学生にとって、観客が劇中に巻き込まれていく参加型としての「イマーシブ」な舞台映像からのインパクトはより大きく響いた。《地下鉄1号線》の鑑賞とその後の市川の講義を聴いた後には、この上演が「コロナ禍」で行われたことの意味について解釈する学生も多かった。

演劇と音楽について新たに考えることが生まれ、また、コロナ禍であるから演劇は控えようという消極的な姿勢でいるのではなく、コロナ禍であるからこそ、もっと積極的に攻めていこうという考え方は消極的な姿勢でいた私にとってはそういう考え方があるのかと目から鱗の話だった。すべてが新たな発見につながる話で、非常に楽しんで授業を受けることができた。

以上のような受講生の質問と授業のフィードバックの例から、上演動画を鑑賞し、視聴者同士の対話を深めたうえで、制作者に質問をするというプロセスが、コロナ下の現状と舞台芸術の表現との相互の関係性を感じ、問い、考える点で、充実した鑑賞に結びついていたことが確認できた。

その後、コロナの影響が続いた二年の間にミュージカル《地下鉄1号線 The new world》はまったく異なるかたちで展開し続けた。まずは、二〇二一年一二月三〇日に大阪のザ・シンフォニーホールでオーケストラシアター「一夜だけのスペクタクル」として、台本・翻訳、音楽、演出はイマーシブ版と同じ布陣で上演された。音楽がヘッドホンのスピーカーから流れていたイマーシブ版とは異なり、観客を入れた公演は、オーケストラや合唱が存在感を増して、俳優、ダンサーと舞台上で共演した。そのなかで、あらためてカバレットとミュージカルの間にある西村友の音楽の洒脱さが際立った。パンデミックが収束していった二〇二三年一二月七日から一〇日には、劇団往来による「舞台版」として、作曲には松武一輝を迎えて、三二二名収容の近鉄アート館で六回の上演が行われた。この舞台版では、大阪の《地下鉄1号線》が実際に御堂筋線を指すところから、舞台セットには地下鉄の車両を設え、俳優によって演じられる車掌アナウンスの妙技も臨場感にあふれ、イマーシブ版とは異なる「ローカル性」を追求した舞台となった。観客は、実際に御堂筋線の「天王寺駅」を降りて劇場に入り、劇場では観客席全体が御堂筋線の車内のように感じられるという臨場感、観客席を含めて空間に作り込んだローカル性がこの舞台の醍醐味であった。天王寺動物公園と新世界を舞台に設定しながら、「個性がなくなるギリギリのところで」設えられた衣装で、どこか「異界」から舞い降りたような非現実感を纏った登場人物の「イマーシブ版」とは切り口の異なるローカル性である。《地下鉄1号線 The new world》は、同じ作品がパンデミックを契機として、次々とかたちを変えて上演されるという貴重な一例を示した。そして、展開した《地下鉄1号線》すべての舞台に、作品に対する強いこだわりを持って関わっていたのが、翻訳者でドラマトゥルクの市川明であった。

二〇二四年一月八日未明、《地下鉄1号線 The new world》をコロナ下で舞台に飛翔、展開し続けた市川明大阪大学名誉教授が急逝された。《地下鉄1号線 The new world》の舞台設定について、筆者との授業後の対話では市川は「作品で言うとやはりバンビ（少女を気遣う登場人物の一人）の存在は大きく、自分のことしか考えない人が多い中でおせっかいなほど少女のことを心配し、少女のために飛び回る姿は印象的です。しかも彼らがホームレスや街娼と仲良しで、みんないい人と観客が思ってくれれば大阪の印象もよくなるのではと思います」と語っていた。東西分断時代のベルリンを舞台として作られたこの作品世界の根底には、グローカルな普遍性を持つ、都市を生きる人々のつながり、寛容さや相互扶助の精神がある。パンデミック下で希薄になった人間のつながりに訴え、大阪を舞台にしたグローカルな展開は無限に広がっていく可能性をもっていた。四〇年続いたベルリンの舞台のように、日本版も市川明監修の下でこれからも粘り強くかたちを変えて再演され、市川自身、コロナ下からのレジリエンスを証明する伝説の舞台にする夢を語っていただけに残念でたまらない。ここに心からの追悼の念を込めて、日本に、大阪に、確かな足跡を刻んだ《地下鉄1号線 The new world》の上演をめぐる学びを「記録」する。

4. まとめ——普遍的な問いから進化へ

本章で「新型コロナ感染拡大における舞台芸術」に関して、事実に即して整理した三つの観点「喪失の記録と提示」「これまで見えていなかった問題を可視化する」「代替を超えて進化を目指す——新しい手法や発想をかたちにする」は、いずれも舞台芸術にとってはコロナ下の「応急処置」的なものではなく、持続して必要不可欠となっていく視点であると考える。エイチエムピー・シアターカンパニーの《ブカブカジョーシブカジョーシ》を演出した笠井友仁は、その制作にあたり、「わたしは「演劇」を、俳優、スタッフ、観客が同じ時間、同じ場所に集まり、人の営みや社会を表現することだと考えている」〔二〇二〇年五月一九日号 ステージナタリー 笠井友仁コメントより〕としてこの状況下でも意識的に「仮想空間」に「場」を設けて、演劇を作り続けることを模索したという。このようにコロナ下の進化は、「演劇」の原点を希求する発想でもあった。

また、《地下鉄1号線／The new world》の上演の試みは、マスクと一体化した衣装やイマーシブな野外上演そのものがコロナ下で「喪失」した世界の記録ともなっていて、日本の都市、大阪や沖縄の光と影を照らし出した。「無観客上演」ではなく観客を伴った野外の「イマーシブ」な上演として、劇場を離れて舞台芸術の可能性を追求し、演者、劇の観客、街を行き交う一般の人々との新たな出会いの場を作ろうとした（実際には天候には恵まれなかったものの）。その上演が配信された映像を観て、オンラインのなかで話しあった学生たちは、劇場とは別の場所で「観客のコミュニティー」を体現していた。しかしながら、野外の上演は時間と空間面で制約が多く、イマーシブシアターにはハプニング的な、フェスティバル的な起爆力はあっても、劇場という固定した場とはまた異なる現実的な課題がある。その意味では、劇場が抱える財政的、物理的な維持、コストについて、未来の劇場のあり方を考えるためにも、これらの試みはコロナ下の劇場公演の「代替」というより舞台芸術の可能性を広げ、「希望」を繋いだ試みとして評価できるのではないか。そして、授業での受講生たちの作品への理解度を振り返ると、コロナ下という環境が、作品の内容そのものと相互に響き合い、上演自体が問いかける力と観客が主体的に作品に向かう力の双方を高めているようにも感じられた。

これらの例を見ると、コロナ下で明らかになったことは、目の前にある現実に即した問いに対して、舞台を作る側、観る側各々の思考の力が鍛えられ、舞台芸術はそれぞれに新しい「かたち」を探して生き続ける強さをもつ、ということだったのではないか。その点では、コロナ禍（あえて「下」ではなく「禍」と呼ぼう）に行われたあらゆる試みは、「代替」ではなくすでに「進化」を遂げているとも評価できるのではないか。

注

1　二〇二〇年四月二二日にNHK「クローズアップ現代」で放送された特集番組「イベント自粛の波紋 文化を守れるか」など、メディアでも積極的に番組が組まれ、劇場関係者、音楽家などのインタビューが発信された。

2　音楽学者の岡田暁生は、二〇二〇年九月に出版された『音楽の危機――《第九》が歌えなくなった日』（中公新書）などでこの問題を扱っている。

3　新型コロナ感染と現況を分析した先進的な例として、日本音楽芸術マネージメント学会が開催したオンラインによる一般参加者に開かれた夏の研究会や、日本ポピュラー音楽学会による「新型コロナウイルスと音楽産業JASPM緊急調査プロジェクト二〇二〇」での調査分析の結果公表などが挙げられる。

4　グローバルイシューとは、現代社会が地球規模で共有する様々な課題のことを指す。

5 エンターテイメントにおける「Impact of COVID-19」についての様々な記事が発信されてきた。オンライン事典のWikipediaにもImpact of the COVID-19 pandemic on the performing artsという項目が立てられている。

6 「感染症を扱う小説や歴史書にも注目」好書好日、『朝日新聞』二〇二〇年四月二二日。

7 日本オペラ年鑑はオンラインと冊子の両方で刊行され公開されている。筆者が担当している連載「関西地域のオペラ活動」でも、滋賀県立芸術劇場びわ湖ホールの無観客上演の配信事業と、兵庫県立芸術文化センターで行われた、コロナ時代に劇場運営に必要な科学的知見についての実験と対話のプロジェクトについて報告した［大田 2020a: 128-129］。

8 日本音楽芸術マネジメント学会第一二回夏の研究会。

9 ジャズのピアニストで歌手のマイケル・ファインシュタインが設立した「The Great American Songbook Foundation」が主催したオンラインと対面での会議。

10 ニューヨークのメトロポリタン歌劇場は、コロナ後の再開第一弾として同歌劇場初のアフリカ系アメリカ人作曲家の作品、テレンス・ブランチャード《Fire Shut Up in My Bones》を上演した（https://youtu.be/Dk8aQVVbgEs、二〇二五年二月一四日アクセス）。

11 アメリカ建国の歴史を人種混合キャストで描くメガヒット・ミュージカル『ハミルトン』のオンラインでのファンとの感動的な交流は大きな話題になった。「ブロードウェイ・ミュージカル《Hamilton》、Zoomでファン・サービス」は、SGN=Some Good Newsという一般報道の悲惨さへのアンチテーゼとして立ち上がったニュースメディアでのサプライズ企画である（https://youtu.be/oilZ1hNZPRM?t=514、二〇二五年二月一四日アクセス）。

12 「パワハラの悲劇を乾いたタッチで戯画化。誇張した身体表現で、コミュニケーション不全のなか、心が壊れていく様を活写。小さな画面に映し出される人間模様。その閉塞性が、組織内の閉塞感を描く作品テーマと合致。俳優とスタッフの、熱意溢（あふ）れる労作の舞台」と評された。九鬼葉子「演劇評」『日本経済新聞』二〇二〇年六月五日。

13 「第九 新様式の響き——コロナ禍 人数絞る歌唱動画上映」（青木さやか 文化部）、読売新聞、二〇二〇年一一月二七日。

14 スカラ座のプロダクションはクルト・ヴァイル財団の援助を受けて、二〇〇一年三月一八日にストリーミング配信された。ロイヤル・オペラハウスでも同じ作品のダブルビルがストリーミング配信されている。また、アムステルダムでも二〇二一年三月一八日にオンラインのフェスティバルが開催され、そのなかで《七つの大罪》（四〇分）が上演された。

15 ブレヒト／ヴァイル《三文オペラ》（City Lyric Opera オンラインプロダクション、トレイラー、https://youtu.be/J9rGZCJzTtY、二〇二五年二月一四日アクセス）。

16 困難な状況に直面してなお新しい発想で作品を創造して乗り越える点については、二〇二二年に出版された評伝で扱った大きなテーマのひとつでもあった［大田 2022］。亡命前に、ドイツで実現できない企画をあえてリストアップして出版社に伝え、亡命後に次々とかたちを変えて実現したヴァイルの「空想の力」について論じた。

17 玉川大学で教鞭を取る演出家、演劇研究の多和田真太良は、論考「試されているのは誰なのか——コロナ禍の大学で「演劇を学ぶ」ということ」のなかで、「オンラインで演劇を創る」という実験的な学修や、対面で稽古をして無観客でオンライン配信された《三文オペラ》（大岡淳 日本語訳）の「公演」に向けての試行錯誤の日々を記録している［早稲田大学坪内博士記念演劇博物館 監修 2021: 247-251］。

18 二〇二一年度前期の「シアトリカルアート論」はオンラインで四五名の学生が受講した。この章の授業での記録、フィードバックは個人が特定されないよう配慮し、匿名で引用する。

19 実際、コロナ下でイマーシブシアターを実現した背景には、多くの野外公演を手掛け、ドラマトゥルクの市川との信頼関係を構築してきた演出の中立公平の存在があった。奇抜な衣装になった背景には、美的な理由だけでなく、「少ない時間や交流も少ない状態で、どのようにしてクオリティーを高めるか」という制作上の課題があったという。そのため、リハーサルをオンラインで行い、セリフと歌を録音したうえで「リップシンク」をするのは不可能と判断、あえて全員にマスクをつけるという演出を施したという。そのうえで「現実の風景に溶け込みすぎてしまうと、観客の集中を奪うと考え、衣装は少し現実から浮いたものにしなければならないと考えて、マスクの制作をアーティストに依頼」したという（二〇二四年二月二六日、筆者からの書面の質問への応答から）。

20

ドラマトゥルクは、作品と上演を実現する演出家や俳優、作品を鑑賞する観客の狭間で、上演の意味を問い、説明する役割を担う。演劇学の藤井慎太郎は、ドラマトゥルクの役割はドラマトゥルギーの変化であり、時代とともに変化すると述べている一方、その活動の特徴を機能面から論じている。劇作家、演出家、研究者、最初の観客としての役割などの側面についても論じている［藤井 2014: 16］。

21

この受講生の発言では、演出家の中立公平が物語の展開と場所の関係性に強いこだわりを持っていたことを想起させる（**写真4**参照）。「場所の持つ磁力というものが、作品に大きく作用しました。事前にロケーションを行い、一番低いところから始まり、一番高い所へ向かって終わっていくというような場所の流れを考えました。ただしその後主人公はどこに行ったかわからないように観客の目線から消してしまうことを最終の場面としました。これも主人公のその後を観客に委ねるというラストの展開をあえて規定しないための試み」と発言している（二〇二四年二月二六日、筆者の書面の質問への応答から）。

参考文献

〈日本語文献〉

猪俣正廣 2003「フォルカー・ルートヴィッヒと金敏基の『地下鉄1号線』」「文化論集」23: 47-70。

大田美佐子 2022『クルト・ヴァイルの世界——実験的オペラからミュージカルへ』岩波書店。

—— 2020a「関西地域のオペラ活動 二〇二〇」『日本オペラ年鑑 二〇二〇』文化庁／学校法人東成学園（昭和音楽大学）、pp.121-133、https://www.tosei-showa-music.ac.jp/opera/albums/abm.php?f=abm00011164.pdf&n=128-133p_ohta_2020.pdf（二〇二五年二月一四日アクセス）。

—— 2020b「コロナ禍の試み——師走に考えるヴァイル生誕一二〇年、没後七〇年」『Mercures des Arts』二〇二〇年一二月一五日号、https://mercuredesarts.com/2020/12/14/trial_under_covid19-120anniversary_kurt_weill-ohta/（二〇二五年二月一四日アクセス）。

坂本龍一 2020「「確実に世界は変わる」 危機的状況下の文化・芸術、そして自身のこれから」『Encount』二〇二〇年四月一六日、https://encount.press/archives/39686/?fbclid=IwAR3wz9YDr5coXnNuq92t6k0k5T5MZgBvQgznJ0WDYkwwFg4U5Ka7tsvxAPY（二〇二五年二月一四日アクセス）。

シンチンガー エミ 2013「ベルリン グリップス・シアターとその音楽劇「地下鉄1号線」」『東京医科歯科大学教養部研究紀要』43: 15-26。

田中里奈 2021「ハルまちフェスティバル「Musical 地下鉄1号線 The new world」」『Mercures des Arts』二〇二一年四月一五日号、http://mercuredesarts.com/2021/04/14/haru-machi-festival-musical-linie-1-the-new-world-rina-tanaka/（二〇二五年二月一四日アクセス）。

日本ポピュラー音楽学会「新型コロナウイルスと音楽産業 ＪＡＳＰＭ 緊急調査プロジェクト２０２０」https://covid19.jaspm.jp/archives/450（二〇二五年二月一四日アクセス）。

能登原由美 2020「緊急特別企画／クラシック音楽とネット配信——オーケストラの試み」『Mercures des Arts』二〇二〇年四月一五日号、http://mercuredesarts.com/2020/04/14/classical_music_on_internet-notohara/（二〇二五年二月一四日アクセス）。

平野亜矢「三谷幸喜の傑作をZoomで 俳優陣の熱演を1万5000人がライブ視聴」『日経クロストレンド』二〇二〇年五月二七日、https://xtrend.nikkei.com/atcl/contents/watch/00013/01011/（二〇二五年二月一四日アクセス）。
藤野一夫 2020「新型コロナ危機に対するドイツの文化政策」『ベルリン中央駅』二〇二〇年四月二三日、http://berlinhbf.com/2020/04/23/5807/?fbclid=IwAR2wi9GTkbRWmqbo3kdQhxM84nb18_drKgnLzQTUvyEQtDFOD1HLwk9dgsU（二〇二五年二月一四日アクセス）。
藤原辰史 2020「パンデミックを生きる指針――歴史研究のアプローチ」二〇二〇年四月『B面の岩波新書』https://www.iwanamishinsho80.com/post/pandemic（二〇二五年二月一四日アクセス）。
藤井慎太郎 2014「演技とドラマトゥルギー――現代演劇におけるドラマトゥルギー概念の変容に関する一考察」『早稲田大学大学院文学研究科紀要』3: 5-20。
早稲田大学坪内博士記念演劇博物館 監修、後藤隆基 編 2021『ロスト・イン・パンデミック――失われた演劇と新たな表現の地平』早稲田大学坪内博士記念演劇博物館。
「COVID-19影響下の舞台芸術と文化政策――欧米圏の場合」研究会 編 2021「COVID-19 影響下の舞台芸術と文化政策――欧米圏の場合」（早稲田大学演劇博物館春季企画展二〇二一年）二〇二一年五月一七日、https://prj-kyodo-enpaku.w.waseda.jp/research/file/report_covid-19_urgent_research2_2021.pdf（二〇二五年二月一四日アクセス）。

〈外国語文献〉

Goodman, A. J. 2023. Berlin's Subway Musical Captures the Soul of the City. *New York Times*, December 8, 2023.
Ludwig, Volker. 2015 . *Linie 1 -Musikalische Revue (Textbuch)*, Grips Theater Berlin,（第10版）.

エッセイ3
疫病退散の芸能化
――新作能《アマビエ》の挑戦

鈴木正崇

1．新作能《アマビエ》からコロナと芸能を考える

1-1　コロナと芸能

コロナが蔓延した時に、緊急事態への対応として不要不急という言葉が浮かび上がった。不要不急とは、元々は戦時体制下で、国家存亡の危機にあって、政府の判断で、様々な事業や企画に対して中止ないしは休止を命ずる時に使用する概念である。今回のコロナ禍は、総力戦体制に逆戻りした観があった。二〇二〇年三月以降、不要不急の言説が飛び交って、芸能もその対象とされ、中止や延期に追い込まれた。日本の伝統芸能とされる能も例外ではなかった。その中にあって、能楽師の上田敦史氏は、能の伝承を現代に生かすために、インターネット上で広まった妖怪のアマビエを新作能に仕組んで、危機を乗り越える試みを展開した。本稿は、危機の逆転に挑んだ上田氏の挑戦を紹介して芸能の力について考察する。

アマビエは、新型コロナウイルス蔓延の初期の段階で登場した。疫病に対抗する妖怪として、愛らしい姿と、自分の姿を書き写せば、疫病から逃れるという予言で一挙に広まり、疫病退散の守護霊に変貌し、SNSを介して拡散した。初見は京都大学図書館所蔵の瓦版で、弘化三年（一八四六）肥後（熊本県）の海にアマビエが現れ、「病がはやった時は、私を写し、人々に見せよ」と言い残して海中に消えたと記す。[*1] アマビエは、護符から商標に至るまで幅広く展開した［鈴木 2020］。アマビエ・ブームの特徴は、絵画表現で、イラストレーターやクリエイター、一般の人々の発想を刺激し、想像力を高揚させたことである。他方、演劇に仕組む試みは、さほど多いとは言えない。その中にあって上田氏は新作能《アマビ

エ》を制作して上演にまで漕ぎつけた。アマビエの芸能化では唯一と言えるかもしれない。新型コロナウイルス感染症の平癒を祈願する新作能はユニークな試みであった。上田氏という演劇人の見解を通して疫病退散の芸能化の意義を考えてみたい。*2

1-2　作者上田敦史氏のこと

新作能の原作者、上田敦史氏は小鼓奏者で、一九七三年生まれで和歌山市出身、田辺青耀会代表で能楽師の上田悟氏（大阪府和泉市）の次男である。父と兄も金春流太鼓方という能楽師の家で育つ。上田氏は太鼓方の父のもと、幼い頃から子方として参加していたが、一九九〇年一月、篠山市春日神社元朝能《翁脇鼓》で初舞台を踏み、一九九二年の高校二年生の時に現人間国宝である大倉流小鼓方一六世宗家 大倉源次郎氏に師事して本格的に修行を始めた。《石橋》《猩々乱》《道成寺》《翁頭取》などを披く。二〇〇一年に独立し、二〇一七年に国の重要無形文化財総合認定保持者に認定された。海外公演（ヨーロッパ・アメリカ・カナダ・シンガポール・韓国・バチカンなど）にも多数出演している。二〇一四年三月に、自然と調和した生活を志して丹波市に移住した。小中学校で「学校に能・狂言がやってくる！」と題して体験授業を実施し、田楽ライブ「農ライフ能ミュージック」などのイベントを開催して、「半農半能」を目指した。ただし、現在は「能」が忙しくなり「農」の時間がなくなってしまったという。二〇一九年に能楽劇団「新丹波猿楽座」を始動して総監督を務める。*3 丹波市在住者として、地元の歴史・文化・人物・史跡などを題材に、能・狂言の新たな台本を書き起こし、子供達や各文化団体と連携して、地元の魅力を発信しようとした。手始めに地元の戦国武将の赤井直正の武勇と無念を描いた新作能《直正》を制作した。子供新狂言《ちーたんと丹波竜》を作って一年がかりで練習して地元で上演して好評を博した。この活動が認められ二〇二一年には関西丹波郷友会の「輝こう丹波っ子・丹波すくすく大賞」を受賞した。

以下、上田氏のエッセイから新作能作成に至る経緯を記しておく［上田 2022: 47-59］。試練に直面したのは、二〇二〇年のコロナウイルス感染症の拡大の時期である。二〇二〇年四月七日に東京、神奈川、埼玉、千葉、大阪、兵庫、福岡の七都府県に緊急事態宣言が出されて、四月一六日に対象が全国に拡大され、多くの人々が自粛生活を余儀なくされた。演劇は不要不急と見なされ、上田氏が担当する予定であった四月、五月、六月の能の舞台はすべて中止に追いこまれて、自宅に籠って無為に過ごす状況に陥り、一時は能楽師で生計をたてることを諦めることまで考えたという。しかし、能楽師として生きていきたいという想いは強かった。その当時、SNSで偶然にアマビエを知り、海の神様として描いて、童話のようなわかりやすい新作能にしようと思い立ち、ほとんど一日で丸ごと一作を書いてしまったという。新作能《アマビエ》の誕生である。新作能《アマビエ》は大きな反響を呼び、芸能の新たな展開として注目を集めた。

2.「アマビエ」ブームと新作能の誕生

2-1 「アマビエ」の到来

アマビエは二〇二〇年に突如登場して一挙にブームを引き起こした。拡散の始まりは、二月二七日に妖怪掛け軸専門店「大蛇《おろち》堂」が、Twitterで「流行り病がでたら対策のためにわたしの姿を描いて人々にみせるように」と、アマビエをアレンジした絵と共に呟いたことである。ハッシュタグが次々に立ち上がり、アマビエをモチーフにしたイラスト、漫画や動画が投稿され、有名な漫画家やイラストレーターも参加して一挙に広まった。妖怪イ

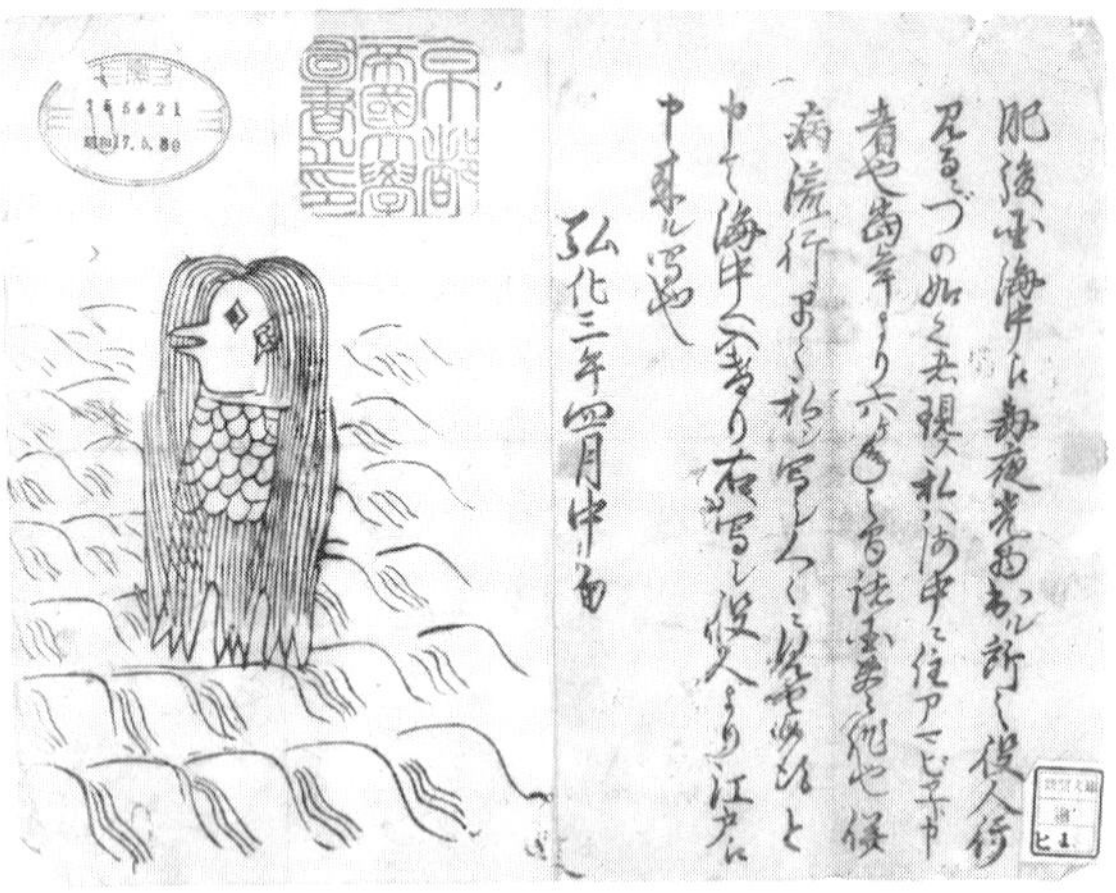

写真１　瓦版のアマビエ。京都大学図書館蔵

ベントを企画運営する「妖店百貨展」が、クリエイターの絵を見て、三月三日にアマビエの伝承や姿を投稿すると二万九〇〇〇回以上リツイート（転載）され、三月には「祭り」状態となった。Twitterが現代の瓦版の役割を果たしたのである［鈴木2020: 208］。

アマビエの初出は、京都大学図書館の貴重資料デジタルアーカイブの弘化三年（一八四六）の瓦版で絵と詞書がある*4（**写真1**）。二次使用自由で拡散は容易であった。原文は「肥後国海中え、毎夜光物出ル、所之役人行見るニ、づの如之者現ス、私ハ海中ニ住アマビヱト申者也、當年より六ヶ年之間諸国豊作也、併病流行、早々私ヲ写し人々ニ見セ候得と申て、海中へ入けり、右ハ写シ役人より江戸え、申来ル写也　弘化三年四月中旬」とある。

熊本の海で毎夜光る物が出るので役人が行ってみると、アマビエと名乗るものが出現し、「我は海中に住む」「今年より六か年の間、豊作。しかし病が流行するので、早く我が姿を書いて見せなさい」と予言して海中に入った。役人が写して江戸に伝わったという。瓦版の絵を見ると、アマビエは長い髪の毛で、嘴があり三本足で、浪間から現れた姿で描かれている。鱗があるので、現在は人魚に似ていると解釈されることが多い。ただし、アマビエは京大の瓦版が唯一の用例で、類似例の多くはアマビコ（尼彦）で誤記の可能性が高い。

2―2　新作能《アマビエ》の誕生

新作能《アマビエ》は、インターネット情報から生まれた。上田氏は、外出自粛期間にネットを検索していて、疫病退散の力を持つという妖怪であるアマビエを知ることになる。詳しいことはわからないので創作の余地があると考えた。絵画表現ではなく、新作能で描けないかと考えた。西宮市在住の版画家、渡辺トモコさん（四九歳）が手掛けたアマビエのポストカードをネット上で見てイメージを膨らませ、「ちょっとかわいい能楽作品ができるかもしれない」と考えた。ピンチをチャンスに変えようと、空いた時間で新作能に取り組み、五月中旬に戦術のように一日で書き上げたという。主役はアマビエである。物語は疫病退散を願う大臣の語りで進行する。海からアマビエが現れ、「私の姿を心にとどめよ。苦難は常に世にあるが、力を合わせ乗り越えようとする人の力を信じる」「私の姿を書き写して世の中に広めれば、疫病が退散する」と語った。その通りにすると、疫病は収束した。大臣は感謝の舞楽を奉納する。アマビエは再び海に帰って幕を閉じる。見所は、アマビエが自らの姿を人の目に焼き付けようと舞うシーンで、アマビエをイメージした装束をまとった能楽師が演舞する。アマビエを妖怪ではなく「ワダツミから遣わされたカミ」として描こうと試みた。

新作能《アマビエ》が広まったきっかけは、上田氏が遊び心で、写真をとってネット上で、台本を手にもってこんなものができましたと紹介したことである。『神戸新聞NEXT』二〇二〇年六月二七日付で「アマビエ主役で新作能「今こそ芸能が頑張らねば」」と題して記事になった。*5 すぐにマスコミ関係者から取材が殺到し、これ以後、急速に仕事が増加した。コロナによる影響は半年くらい続いたが、新作能の制作で多忙な日々をおくることになった。

新作能《アマビエ》制作の動機は、「舞台があると新作を作る暇がなく、自粛生活は悪いことだけではなかった。苦難も心を一つにすれば乗り越えられるという前向きなメッセージを届けたい」ということであった。コロナ下なので、最初は舞台で上演する気はなく、子供向けの能にして動画配信してみようかと思った。現在、地元の丹波で、子供たちに日本文化を教えているのでその事業の一環に組み込もうとしたのである。コロナは悪いことばかりではない。アマビエが色々な所に現れて疫病退散を願ったら面白いのではないかと考えた。「新作能「アマビエ」プロジェクト」として文化庁の文化芸術活動の継続支援事業に採択され、各地での早期の上演が可能になり、無観客での上演を試みることになった。

3. 新作能の上演 ——《アマビエ》と《尼比恵》

3-1 上演の試み

台本はできても、観客を前にしての上演は、コロナ下では難しいので、上田氏は舞台に代わるものとして動画映像の制作に取り組むこととし、西宮市内で撮影して動画配信で無償公開を検討した。仲間たちに声をかけ、準備と打合せを経て、西宮能楽堂で、八月一八日に初稽古を行った（**写真2**）。装束は、アマビエが月に照らされて輝く様子をイメージした黄色の水衣で表現し、「着付」には金箔の三角の鱗模様、「半切」（袴）には豪華な青海《せいがい》波《は》の着物を使用して海からの出現を表した。能面は人知を超えた存在を表す「泥眼《でいがん》」を使った。白目に金泥を塗り金色の目が光る女面で、鉄漿《かね》（お歯黒）をつけた歯の先も金色である。漆黒の長い黒髪が垂れ、怪しさや神聖さを醸し出す。長髪は、版画家渡辺トモコさんのアマビエ画に因んでいる。装束は全体的につやがあり神秘さを漂わせる演出である。

写真2　新作能《アマビエ》初稽古（西宮能楽堂、2020年8月18日、© (株)伝楽社）

二〇二〇年九月四日に西宮市の西宮能楽堂で無観客で初演した。これ以後、資金援助を得て九月から一〇月にかけて新型コロナウイルス感染症の平癒を祈願して六回公演を行った。シテは梅若基徳氏・上野朝義氏・武富康之氏の三名（いずれもシテ方観世流）で、装束や舞などの具体的な演出はすべてシテに一任された。これは定番の能の上演ではありえない、新作能だから可能になったことである。上演するたびに演者は装束や面を変えて行うので、アマビエは多種多様になる。シテの個性でまったく異なるものになる。各地に様々なアマビエが出現して、疫病退散を願う。定番の能とはまったく異なる新しい演出方法である。

一〇月一三日午後四時からは、和歌山県田辺市扇ケ浜のカッパークの野外ステージで無料公演として上演された。新型コロナ感染予防のため、来場者の検温をした上で、座席数を八〇に限定して間隔を空けて座らせた。文化庁の文化芸術活動の継続支援事業である。上演会場は海辺を選んだ。アマビエは妖怪と神の狭間の存在で、肥後の浜辺に現れたとされるので、出現地に見合う海辺を選択した。時間は一六時からで夕暮れ時である。夕暮れ

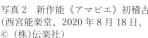

写真3　篠山市春日神社能楽殿での《アマビエ》(2020年10月18日、©(株)伝楽社)

は「たそがれ時」ともいう。たそがれは「誰そ彼」の意味である。視界の淡いの中に現れるモノに対して呼びかける。西向きの日没時の海辺は神や妖怪の出現にはふさわしい絶好の舞台であった。

上田氏は冒頭の挨拶で「アマビエは妖怪とされるが、海の神様の使いとしてやってきて、その力でコロナが収められたと考えた」と新作能の概要を説明し、「さまざまな情報に振り回される人の様子を見て、その方が怖いと思った。《アマビエ》のテーマは自分の内側に向けてアマビエの姿を写そうということ」と述べ、自分自身を見失うことなく、人を思いやる心を持ってほしいと呼び掛けた。後日公開するための動画収録が目的だと説明した。

能楽師一一人が登場し、謡と笛や小鼓、大鼓が鳴り響く中で主役のアマビエが登場する。役人が、夢に現れたアマビエの「わが姿を描き写して世に広めよ」とのお告げ通りにすると疫病が退散した。これに感謝し海辺で舞楽を奉納していると、海からアマビエが現れ「これからも力を合わせて乗り越えていくように」と語り、海に帰る。海のそばのステージで、日が暮れゆく中での上演で、境界の場所と時間は、アマビエ出現の絶好の場であった。舞楽の音に誘われて登場するアマビエは、インターネットや絵画から抜け出て、虚構から実在のモノになった。性別不明のアマビエは女性に特化し、妖怪から来訪神に変貌を遂げたのである。

新作能《アマビエ》は、九月から一〇月にかけて関西の各地で、コロナ禍の収束、疫病退散、無病長寿の祈りを込めて、能楽堂、屋外ステージ、神社で上演された。上演地は、九月四日西宮市西宮能楽堂、九月二二日和泉佐野市りんくう公園石舞台、一〇月五日姫路市大塩シーサイドパーク、一〇月一三日田辺市扇ケ浜カッパーク、一〇月一八日篠山市春日神社能楽殿（写真3）、一〇月二二日丹波市𡵸部《いそべ》神社拝殿であった。石舞台は無観客で上演の録画だけを行った。新作《アマビエ》はYouTubeでも公開され、二〇二一年から二〇二三年の間に六万回視聴、「いいね」が七六八ついた。*6

能楽堂での観客を入れた本格的な公演は、二〇二一年三月二〇日の「能楽特別公演」で、大阪府文化芸術創出事業として大阪市中央区上町の大槻能楽堂で観世流《アマビエ》として演じられた。新型コロナウイルス感染防止のため、座席の消毒、観客の検温と手指のアルコール消毒、コロナ追跡シートの記入を徹底し、開演直前まで非常口を開放し、換気を行った。座席は一席ずつ間隔を空けての使用とした。第一部は狂言《梟》（大蔵流）と能《葵上古式》（観世流）、第二部は新作能《アマビエ》と能《土蜘蛛》（観世流）であった。*7 新作能の《アマビエ》が古典の能・狂言と共に本格的に能楽堂で演じられたことの意味は大きい。新作能としての公認を得たのである。

3-2 《アマビエ》から《尼比恵》へ

新作能《アマビエ》は、《尼比恵》に変わった。「尼比恵」の表記を始めて使用したのは、丹波市春日町春日文化ホールで二〇二一年一一月二〇日に開催された「新猿楽座特別公演」である。前場・後場を合わせた完全版の初演であった。謡曲の名称は漢字使用が通例なので、片仮名表記のアマビエを変えて、謡本は『尼比恵』として制作された（写真4）。上田氏によれば、尼比恵の表記は、『読売新聞』の二〇二一年五月一一日付の報道に基づいている。*8 二〇二〇年一月に宇治の平等院の塔頭で、封筒に入ったアマビエの絵を描いた御札が発見され、「疫病

退散　尼比恵」と書かれていたので、平等院はコロナ蔓延期の六月に複写して檀家に配布したという。御札の真偽については論議があるが、上田氏は表記を気に入ったので漢字表現は定まった。「尼比恵」は創造的誤読とも言える。

謡本『尼比恵』の曲柄は五番目[*9]、季節は春、所は九州肥後国天草、役別は、前シテ・釣人、後シテ・尼比恵、ワキ・役人、間狂言・浦人で太鼓がつく。概略は以下の通りである。[*10]

写真4　謡曲「尼比恵」

世界中が恐ろしい疫病の猛威にさらされ、先の見えない不安な日々。ある役人の夢の中に肥後国天草の海中に棲む、海神の使い尼比恵と名乗る異形の者が現れ、今世に流行る疫病を祓う術を与えるので、これより天草に来るようにと言う。夢から覚めた役人はその教えに従い、有明海の天草を訪れると、海の彼方に不思議な光を見る。通りがかった釣人にその光の事を尋ねると、あれは当所有明の神秘不知火《しらぬい》だと言い、景行天皇の九州巡幸の故事や人ならぬ者が灯すという不知火の謂れを語る。また弘化の世にも今と同じく災厄が人々を苦しめたが闇の世の光の如く、その人ならぬ者が現れ、人々を癒す灯となったと言うかと思うと、自身より光を放ってその者こそ我、この海に棲む尼比恵であると明かす。この異形の姿を写し、世に広めるように言うと、波の底に帰って行くのであった。役人は早速言われたように尼比恵の姿を写し、世に広めると次第に疫病も収まり、世界に再び平和な日々が訪れたのであった。

そしてある月の美しい夜、人々は海辺に集い、尼比恵に感謝を捧げるための宴を催す。その音楽に惹かれて光り輝く尼比恵が再び出現し、我が姿を写すべしと、夜の浜辺で舞を披露するのであった。このような危機に直面している時こそ、雑言に惑わされないで、悪口を戒めて、心の平安を失わず、お互いを思い遣ることのできる、この海のような美しい心の水面にこそ、我は映り留まり、災禍を退けることができるのだと尼比恵は人々に告げ、再び深い海に還っていく。

最後にコメントがつき、制作の意図が明らかにされている。[11] 以下の通りである。「災禍が収まった後に皆で感謝を捧げるという設定は、それが実現されるように祈りを込めた予祝の言霊を用いて、平和な世界を引き寄せたいとの思いである。真に恐れるべきは疫病よりも苦難に直面した人の心が荒んで憎しみや争いの種を生んでしまうことではないだろうか」。

新作能《尼比恵》ではまったく新たな物語が紡ぎ出され、新たな演出が加えられた。《アマビエ》からの大きな変化は四点である。①曖昧な性別のアマビエは女性に特化した。②アマビエは妖怪から来訪神に変貌した。③後場の尼比恵の舞が見せ場となった。④前場と後場の構成で尼比恵の起源が語られ、歴史化が進行した。尼比恵は海神《わだつみ》の眷属となり女性の来訪神に変貌した。演出の観点から言えば、前場と後場の構成によって本格的な能の形態を整えたと言える。前場では尼比恵の教えに従って天草を訪問し、不知火に遭遇し、景行天皇に遡る由来や弘化年間の昔話を聞かされる。地名や年代が明示されたのである。上田氏によれば、当初の謡本は後場のみで前場は後から書き上げたという。筆者の見解であるが、アマビエは元々はアマビコ（尼彦）で男性形で、尼比恵の表記は女性形と考えることもできる。漢字表記は女性性を明確化した。アマビエの物語は、伝統的な能の形態をとることでインパクトのある芸能に変貌し、視覚と聴覚と身体を通して強く疫病退散を訴えかけたのである。[12]

4. 上演のその後

4-1 企画展への展開と《やすらゐ》の再発見

新作能《アマビエ》に関しては企画展も行われた。神戸女子大学古典芸能研究センターでは、コロナ下での疫病芸能をテーマにして、二〇二〇年一〇月一二日から一二月一四日までの間に特別講座「疫病と社会——風俗・

歴史・文学・芸能」を五回開講し、併せて展示室では、民俗芸能研究者の喜多慶治の蒐集資料を中心として「喜多文庫所蔵資料展5「疫病を鎮める――京都のやすらい祭」を行った。大山範子氏は関連企画として、アマビエをテーマにすることを企画して上田氏に相談を持ち掛けて、二〇二一年一月七日から二月一九日まで、ミニ展示「祈・疫病退散！――新作能《アマビエ》紹介」が実現した。[13] 上田氏が二〇二〇年中に関西の六ケ所で開催した新作能《アマビエ》の写真資料や映像を展示したのである[14]（写真5）。コロナ下で観客者は少なかったが、インターネット上での反響は大きかったという。

写真5　企画展「祈・疫病退散！――新作能《アマビエ》紹介」

筆者が注目したのは、《アマビエ》に先行する芸能として、新作能《やすらゐ》（夜須良為《やすらゐ》）が紹介されたことである。直前の展示「疫病を鎮める――京都のやすらい祭」の謡本と版木が引き続き展示された。京都の今宮神社では、毎年四月に桜と共に散り広がる疫神を花傘に集めて疫社《えやみしゃ》へ封じ込めて、一年間の無病息災を願う「やすらい祭り」が行われる。疫神退散の新作能《やすらゐ》は、「やすらい祭り」を題材にした新作能でコレラが流行した明治一五年（一八八二）に創作された。[15] 当時は近代医療は確立しておらず、疫病退散に対して多くの人は民間信仰に頼った［小松編 2021］。《やすらゐ》初演は赤痢の流行がピークに達した明治三〇年（一八九七）であった［大山 2021: 92-93］。展示された金剛流謡本『夜須良為』は明治三一年（一八九八）に今宮神社から刊行されている。疫病退散の願いを籠めて新作能が作られて演じられた。初演は明治三〇年、二度目は明治三一年、三度目は大正七年（一九一八）である［大山2021: 100］。大正七年・八年は、スペイン・インフルエンザ（スペイン風邪）の大流行の時で、国内の死者は三九万人から四五万人に達したという［速水 2006］。この時に合わせて、疫病退散祈願の《やすらゐ》が久しぶりに上演されたのである。一九六八年一〇月二三日には、今宮神社復活一〇周年御旅能で演じられたが、疫病退散が目的ではなかった。その後、二〇一四年から今宮祭（五月初旬）の時期に御旅所能舞台で開催される地域イベント「能舞台フェスタ in 今宮御旅所」の第三回（二〇一六年）以降に京都大学や同志社大学の能楽部の学生が演じている。ただし、今宮神社とゆかりの深い曲として演じるだけで、疫病退散の機能は失われた。今回のコロナ下では演じられなかった。芸能による疫病退散は、薩摩の「疱瘡踊り」をはじめとして各地に伝承されているが、近代において疫病退散を目的とする新作能が演じられたのは、《やすらゐ》に次いで、《尼比恵》は二度目であった。時代と文脈は異なるが、疫病に対抗するために、芸能の力が発揮されたことの歴史的意義は大きい。医療技術が進んでも、今回の新型コロナ感染症のように、治療や予防が確立されていない段階で、どのように身体的に精神的に対応するかという問いかけが浮かび上がったと言える。

4-2 創作能という挑戦

上田氏は、新作能《尼比恵》の公演以来、事業が拡大してきたので、二〇二一年五月に伝統芸能を活用したふるさと観光資源の企画・開発・制作を行う株式会社伝楽舎を起業した（丹波市氷上町石生）。大阪府立東住吉高校芸能文化科非常勤講師を務めて学生に能の魅力を伝えようとしている。丹波市に移住した理由は、自然に恵まれていることもあるが、丹波は中世藝能の「丹波猿楽」に縁がある土地で、現在でも市内の複数の神社で翁三番叟が行われているが、地元の能は衰退してしまったことへの危機感がある。上田氏は、現状をみて、伝統を蘇らせて次世代に継承し、能の復興を通して新しい地域おこしに取り組もうと考えた。*16 能楽文化を広め、根付かせるべく、小中学校で能楽教室を開催するなどの取り組みを開始した。拠点となる「新丹波猿楽座」には、中学生以下の子供達一五人が参加して練習や演能に取り組んでいる。

上田氏は世阿弥の「能の本を書くこと、この道の命なり」との言葉に従い、後世に残せる形の新作能制作を心がけているという。二〇二二年一月までに一〇作品を作成した。自信作は一〇作目の《光秀》で、否定的な評価を受ける明智光秀を地元の丹波で復権しようとする試みであった。*17 目標は「未来にも残せるような地域の文化財産となる能の本を書くこと」[上田 2022: 64] で、題材はできるだけ地元に伝わる歴史や伝承からとり、舞台で総合芸術として創出する。地元の人たちから受け入れられれば、未来に継承される伝統として生き残っていくのではないかと考えている。上田氏は新作能《尼比恵》の創作過程で、「企画制作」の面白さに目覚め、文化の発信の重要性に気づき、「荒れすさむ心」を和ませる芸能の効用も感じ取った。コロナ禍は新たな創作に挑む大きな転機となった。疫病退散の芸能が、意外なところで地域おこしや伝統の継承を促すきっかけとなった。コロナは主役を演じたのである。危機を転じて、新しい形の文化運動の生成につながっていくのかもしれない。

謝辞

創作能《アマビエ》に関しては、上田敦史氏と大山範子氏から多くの情報と資料の提供を受けた。御協力に感謝申し上げたい。

注

1　京都大学附属図書館蔵『新聞文庫・絵』p.84、https://rmda.kulib.kyoto-u.ac.jp/item/rb00000122/explanation/amabie（二〇二五年二月一四日アクセス）。

2　上田氏には二〇二三年一〇月に面談で直接に話をうかがった。

3　伝楽舎ホームページ、https://dengakusha.com（二〇二五年二月一四日アクセス）。

4　京都大学附属図書館蔵『新聞文庫・絵』p.84、前出。

5　『神戸新聞NEXT』によれば、当時は「海彦」という題名であった［真鍋 2020］。

6 https://www.youtube.com/watch?v=-okw1gDZVDA（二〇二四年一月六日アクセス）。

7 大阪文化芸術ＥＦＳ、https://osaka-ca-fes.jp/2020/report/nohgaku/（二〇二五年二月一四日アクセス）。

8 『読売新聞』二〇二一年五月一一日、https://www.yomiuri.co.jp/culture/20210511-OYT1T50138/（二〇二五年二月一四日アクセス）。

9 異類が登場する能で、鬼畜、天狗、神体などがシテになることが多く囃子に太鼓が入る。切能ともいう。

10 上田敦史 2021『尼比恵』丹波能楽振興会。

11 上田敦史 2021『尼比恵』丹波能楽振興会。

12 田中キャサリンさん（兵庫県立大学）は《尼比恵》の英語版を作成した。今後は海外への発信も展開するかもしれない。

13 神戸女子大学古典芸能研究センター、https://www.yg.kobe-wu.ac.jp/geinou/07-exhibition1/img2021/2021a.pdf（二〇二五年二月一四日アクセス）。

14 当時は、「尼比恵」の表記は使われていなかった。

15 明治維新後、最初のコレラ流行は明治一〇年（一八七七）である。明治一二年にも大流行が起こって一〇万人の死者を出した。政府は明治一三年（一八八〇）に「伝染病予防規則」を制定して封じ込めを図ったが成功せず、度々コレラなど伝染病の流行が起こった。

16 上田氏は、将来は丹波市に能楽堂を建てたいという希望をもっている。

17 「光秀」の初演は二〇二二年三月にかつての居城の福知山城で行った。同年一一月には新作「貂の皮」を発表した。丹波赤井家に伝わる宝物、珍獣貂の皮の雌雄一対の槍鞘を巡る物語。赤井直正と豊臣秀吉の家臣の甚内との駆け引きを描く。

参考文献

上田敦史 2021『尼比恵』丹波能楽振興会。
―― 2022「丹波に能の種をまく」平野隆彰編『丹波発 次の生き方としての「田舎」――田舎は最高』2、あうん社、pp.47-59。
大山範子 2021「明治の新作能〈やすらゐ〉について」『神戸女子大学 古典芸能研究センター紀要』15: 92-102。
小松和彦編 2021『禍いの大衆文化――天災・疫病・怪異』KADOKAWA。
鈴木正崇 2020「疫病と民間信仰――祭礼・アマビエ・鼠塚」玄武岩、藤野陽平編『ポストコロナ時代の東アジア――新しい世界の国家・宗教・日常』勉誠出版、pp.203-220。
速水融 2006『日本を襲ったスペイン・インフルエンザ――人類とウイルスの第一次世界戦争』藤原書店。
真鍋愛 2020『神戸新聞ＮＥＸＴ』二〇二〇年六月二七日、https://www.kobe-np.co.jp/news/sougou/202006/0013460824.shtml（二〇二五年二月一四日アクセス）。

あとがき

最初の新型コロナ感染者が日本で報告されてから既に五年が経過した。本書に登場する「ソーシャル・ディスタンス」や「活動自粛」は過去のできごとになり、少なくともパフォーミング・アーツの実践状況に限っていえば、あの頃のような閉塞感や不安を感じることは少なくなっている。しかし、感染症そのものはまだ完全に収束しておらず、特に高齢者や持病のある人々、医療機関や介護施設の関係者には相変わらず強い危機感があり、数年に及んだ感染対策の社会的・経済的影響は今も続いている。おそらく多くの人々が、昨日と同じ日常が無条件に保証されているわけではない、という感覚を心のどこかに持ち続けているのではないだろうか。そう考えると、社会全体が危機にさらされたとき、音楽や芸能はどのように状況に応答したのかを記録・分析し、芸能の力について考察することの意味は、現在も失われていない。

本書は東京外国語大学アジア・アフリカ言語文化研究の共同利用・共同研究課題「新型コロナ感染拡大下における芸能に関する学際的研究」およびそれと連動する科研費プロジェクトの基盤研究（B）21H00643『コロナ状況』下で育まれる芸能——危機への応答・身体性をめぐる交渉・社会との関係」として実施された研究会の成果として生まれた。

研究会では文化人類学、音楽学、舞踊学等それぞれの領域で音楽や演劇、古典芸能等のパフォーミング・アーツを研究してきた研究者が、対面、オンライン、あるいは両者のハイブリッド形式で集まり、それぞれの研究における新型コロナ感染症の影響について報告し、議論した。時にはゲスト・スピーカーを交えて、活発な意見交換が行われた。研究会の概要と登壇者の発表タイトルは以下の通りである。

第1回研究会 ◇◇◇ 二〇二一年四月二四日（土） 場所：オンライン会議室

吉田ゆか子「趣旨説明」
阿部武司、大田美佐子、小塩さとみ、神野知恵、鈴木正崇、竹村嘉晃、長嶺亮子、前原恵美、増野亜子、武藤大祐、吉田ゆか子「研究紹介」
参加者全員「全体討論と今後の方針」

第2回研究会 ◇◇◇ 二〇二一年八月九日（月） 場所：オンライン会議室

前原恵美「コロナ禍における日本の伝統芸能の状況推移」
神野知恵「伊勢大神楽と地域の人々の相互関係性――コロナ禍前後での一貫性と変化」

第3回研究会 ◇◇◇ 二〇二一年一一月二一日（日） 場所：オンライン会議室

小塩さとみ「緊急事態宣言により音楽活動はいかに制限されるか――学校の音楽活動と地方都市におけるコンサート活動を事例に」
増野亜子「空間，場所，環境――コロナ下日本におけるインドネシア芸能活動の耐久力を考える」

第4回研究会 ◇◇◇ 二〇二二年四月二四日（日）　場所：アジア・アフリカ言語文化研究所／オンライン会議室

吉田ゆか子「コロナ状況初期におけるバリ芸能――ステイホームの創造性と即興」

竹村嘉晃「オンラインで学ぶ、語る、共有する――コロナ禍のシンガポールにおけるインド系芸能団体の活動と生徒とのかかわりあい」

第5回研究会 ◇◇◇ 二〇二二年七月一〇日（日）　場所：オンライン会議室

大田美佐子「Covid-19ショックとその歴史的視座――劇場での舞台公演に関連して」

庭山由佳（特別ゲスト）「コロナ禍とロシアウクライナ侵攻を経た、ドイツの劇場の実践と文化支援」

第6回研究会（フィールド調査座談会） ◇◇◇ 二〇二二年一一月六日（日）　場所：オンライン会議室

座談会テーマ：コロナ状況下あるいはアフターコロナにおけるフィールドワークの難しさ・課題・面白さ等

吉田ゆか子「バリ・ジャカルタ」

神野知恵「韓国」

鈴木麻菜美（特別ゲスト）「トルコ・欧州」

前原恵美「古典芸能・保存技術」

武藤大祐「ストリップ劇場」

阿部武司「東北民俗芸能」

鈴木正崇「御柱祭」

第7回研究会　◇◇◇　二〇二二年一二月一〇日（土）　場所：アジア・アフリカ言語文化研究所、オンライン会議室
長嶺亮子「コロナ下の台湾における防疫と芸能」
阿部武司「コロナ禍の祭礼と民俗芸能〜東北地方の現状〜」
参加者全員「執筆計画・相談」
参加者全員「今後の相談」

第8回研究会　◇◇◇　二〇二三年五月二一日（日）　場所：アジア・アフリカ言語文化研究所、オンライン会議室
吉田ゆか子「研究会今後の予定についての相談」
武藤大祐「コロナ禍とストリップ劇場――「本質的に不健全」な芸能の現場」
鈴木正崇「コロナ禍を飼いならす――アマビエと御柱祭」
参加者全員「今後の相談」

第9回研究会　◇◇◇　二〇二三年七月二日（日）　場所：オンライン会議室
吉田ゆか子、阿部武司、大田美佐子、小塩さとみ、神野知恵、竹村嘉晃、長嶺亮子、前原恵美、武藤大祐、増野亜子「全体討論」

本論集には、諸般の事情により共同研究者全員の論考をおさめることはかなわなかったが、阿部武司氏（東北文化財映像研究所）と神野知恵氏（当時国立民族学博物館、現在岩手大学）の両氏は、本研究会の議論を深め、広げ

る上でも大きな貢献をされたことをここに記しておきたい。阿部氏は、東北地方の民俗芸能を取材し、コロナ下における芸能実践の状況について報告した。その成果としての映像資料は、阿部武司のYouTubeチャネル、Japanese folk performing arts 東北文映研ライブラリー映像館（https://www.youtube.com/user/asaproabe）において視聴することができる。また、神野氏はコロナ下でも活動が持続された伊勢神楽について調査した。その成果は、国立民族学博物館に収められている、映像民族誌「それでも獅子は旅を続ける〜山本源太夫社中 伊勢大神楽日誌〜」として公開されているほか、神野知恵氏の単著『旅するカミサマ、迎える人々——伊勢大神楽と「家廻り芸能」』（二〇二五年、大阪大学出版会）等に収録されているので、是非参照されたい。

この研究会はコロナ下で企画され、その時その時の感染者の増減や緊急事態宣言等の影響下で実施された。感染症対策等の社会的影響が一段落した、現在（二〇二五年二月）から振り返ると、研究者も他の芸能の関係者と同じようにコロナ下の状況に飲み込まれ、右往左往していたことが改めて感じられる。そして実演者や制作者と同じように、状況に翻弄されるだけでなく、自らの持ちうる手段——ここでは調査や研究という手法——によって状況に抗ったり適応したりしながら、互いのあいだにつながりを保ち、つながりを築こうとしてきた。危機的状況を乗り越えるレジリエンスは、人と人のつながりの中に求められたのである。芸能の研究や調査は、調査者自身だけでなく、実践に関わるさまざまな人々——実演家、制作者、楽器製作者、観客や愛好者——の協力なしには成立しない。通常以上に互いの状況や健康を気遣いあいながら実施された調査の体験は芸能実践と研究のつながりを深めたのではないか。そこでの試行錯誤の成果は、今後の研究の視点や手法にも意識的・無意識的に大きな影響を与えることになるだろう。調査協力者の皆様には、貴重な経験談や情報を共有してくださったこと、それによって調査者に思考の素材だけでなく、同時に希望や励ましを与えてくださったことに深謝する。

なお本書の表紙のデザインはインドネシアの伝統的なろうけつ染め、バティックの技法で製作された布の一部をモティーフにしている。その布はコロナ下に急逝されたインドネシア・チレボンのバティック作家・賀集由美子さんと、インドラマユのバティック職人・アアットさんが共同制作した作品で、伝統的なバティックの文様に包まれるように、コロナ下で多くの人に愛された日本の妖怪アマビエ（アマビコ）がユーモラスな姿で描かれている。感染症の影響下でも人々が創造性を失わず、むしろそこから生き生きとした何かを生み出したことを記録する、本書にぴったりだと思い、大きな布の中からアマビエ部分をピックアップして、表紙に登場してもらうことになった。作者のお二人だけでなく、バティックの所有者の吉岡里奈さん、このバティックの掲載について相談にのってくださった、賀集さんのご友人の方々、そしてこの布をもとに素敵なデザインに仕上げてくださった装丁の中本那由子さんにも、この場を借りてお礼を申し上げたい。

本書を編むにあたっては春風社の韓智仁さんにも大変お世話になった。改めて感謝の意を表する。また、本書の出版にあたり上述の科研費および東京外国語大学フィールドサイエンスコモンズ（TUFiSCo）にも支援いただいた。関係者の皆さまに感謝申し上げる。

二〇二五年一月　編者

執筆者一覧

＊は編者

吉田ゆか子（よしだ・ゆかこ）――――＊　序章、第７章
東京外国語大学アジア・アフリカ言語文化研究所・准教授
専門は文化人類学
主な著作に『バリ島仮面舞踊劇の人類学：人とモノの織りなす芸能』（風響社、2016 年）、「バリ島のコメディ劇における「障害」のある身体を巡る遊戯」（共著、山口真美、河野哲也、床呂郁哉編『コロナ時代の身体コミュニケーション』、勁草書房、2022 年）、『東南アジアで学ぶ文化人類学』（共編著、昭和堂、2024 年）。

前原恵美（まえはら・めぐみ）――――第１章
独立行政法人 国立文化財機構 東京文化財研究所・無形文化財研究室長
専門は、日本の伝統芸能、無形文化遺産、文化財保存技術
主な著作に、『常磐津林中の音楽活動の軌跡：盛岡市先人記念館所蔵林中本を手掛かりに』（武久出版、2013 年）、「江戸祭礼と歌舞伎をめぐる三味線音楽演奏者の動向：常磐津節を中心に」（『江戸総鎮守 神田明神論集 1』神田神社、2017 年）、「新型コロナウイルス禍と伝統芸能と保存技術」（早稲田大学坪内博士記念演劇博物館監修、後藤隆基編集『ロスト・イン・パンデミック：失われた演劇と新たな表現の地平』春陽堂書店、2021 年）。

鈴木正崇（すずき・まさたか）――――第２章、エッセイ３
慶應義塾大学・名誉教授
専門は、文化人類学
主な著作に、『山岳信仰：日本文化の根底を探る』（中央公論新社、2015 年）、『熊野と神楽：聖地の根源的力を求めて』（平凡社、2018 年）、『女人禁制の人類学：相撲・穢れ・ジェンダー』（法藏館、2021 年）、『日本の山の精神史：開山伝承と縁起の世界』（青土社、2024 年）。

増野亜子（ましの・あこ）――――＊ 第３章
東京芸術大学・お茶の水女子大学・非常勤講師
専門は、民族音楽学、音楽人類学
主な著作に、『声の世界を旅する』（音楽之友社、2014 年）、『民族音楽学 12 の視点』（共編著、音楽之友社、2016 年）、「バリの歌舞劇アルジャにおける有形と無形：冠、身体、ストック・キャラクター」（『国立民族学博物館研究報告』46(2)、2021 年）、『コンクール文化論：競技としての芸術・表現活動を問う』（共編著、青弓社、2024 年）。

武藤大祐（むとう・だいすけ）――――第４章
群馬県立女子大学文学部・教授
専門は、舞踊学、美学
主な著作に、『バレエとダンスの歴史：欧米劇場舞踊史』（共著、平凡社、2012 年）、“Choreography as Meshwork”（T. DeFrantz and P. Rothfield (eds.) *Choreography and Corporeality*、Palgrave Macmillan、2016 年）、『現代ストリップ入門』（共編著、書肆侃侃房、近刊）。

小塩さとみ（おしお・さとみ）――――第５章
宮城教育大学教育学部・教授
専門は、日本およびアジアの伝統音楽
主な著作に、『日本の音 日本の音楽』（アリス館、2015 年）、『民族音楽学 12 の視点』（共著、音楽之友社、2016 年）、『ビジュアル 日本の音楽の歴史』（共著、ゆまに書房、2023 年）。

長嶺亮子（ながみね・りょうこ）――――エッセイ１
沖縄県立芸術大学芸術文化研究所・共同研究員
専門は、民族音楽学・漢民族の音楽文化や伝統劇
主な著作に、「日治時期始政三十年紀念表演活動和廣播節目中的藝能」（国立台北芸術大学音楽学院『関渡音楽学刊』第十八期、国立台北芸術大学、2013 年）、「戦前・戦中台湾のコロムビアレコードの音から歌仔戲（ゴアヒ）と新興劇の音楽の繋がりをさぐる」（劉麟玉、福岡正太編『音盤を通してみる声の近代：日本、上海、朝鮮、台湾』スタイルノート、2024 年）、「「うたう」から「漂う」仏教音楽へ：電子念仏機を通して作られる音空間」（八木百合子編『モノからみた宗教の世界』春風社、2025 年）。

竹村嘉晃（たけむら・よしあき）――――第６章
平安女学院大学国際観光学部・准教授。専門は芸能人類学、南アジア地域研究。
主な著書に、『神霊を生きること、その世界：インド・ケーララ社会における「不可触民」の芸能民族誌』（風響社、2015 年）、“Conflict Between Cultural Perpetuation and Environmental Protection: A Case Study of Ritual Performance in North Malabar, South India”（Pallabi Chakravorty, Nilanjana Gupta eds. *Dance Matters Too :Markets, Memories, Identities,* Routledge、2018 年）、「インド舞踊のグローバル化の萌芽：ある舞踊家のライフヒストリーをもとに」（松川恭子、寺田吉孝編『世界を環流する〈インド〉：グローバリゼーションのなかで変容する南アジア芸能の人類学的研究』青弓社、2021 年）、「インド人ディアスポラとラーマーヤナ：シンガポールにおけるアートマネージメントとローカル／ナショナル／グローバルな表象」（福岡まどか編『現代東南アジアにおけるラーマーヤナ演劇』めこん、2022 年）。

福富友子（ふくとみ・ともこ）――――エッセイ２
東京外国語大学、上智大学、慶應義塾大学・非常勤講師
専門は、カンボジア語
主な著作に、『旅の指さし会話帳 19　カンボジア【第 3 版】』（情報センター出版局、2016 年）、『カンボジアを知るための 60 章【第 3 版】』（共編著、明石書店、2023 年）。

大田美佐子（おおた・みさこ）――――第８章
神戸大学大学院人間発達環境学研究科・教授
専門は、音楽学・音楽文化史
主な著作に、“Marian Anderson's 1953 Concert Tour of Japan: A Transnational History”（共著、*American Music* 37(3)、2019 年）、“US Concert Music and Cultural Reorientation during the Occupation of Japan”（共著 、Charles Hiroshi Garrett and Carol J. Oja（eds.）*Sounding Together*、University of Michigan Press、2021 年）、『クルト・ヴァイルの世界：実験的オペラからミュージカルへ』（岩波書店、2022 年）。

索引

【あ行】

【か行】

【さ行】

【た行】

【な行】

【は行】

【ま行】

【や行】

【ら行】

【わ行】

【英数字】

装丁使用作品
アマビエをモチーフに伝統的なバティック（ろうけつ染め）の文様が描かれている布。
インドネシア・チレボンのバティック作家・賀集由美子さんと、インドラマユのバティック職人・アアットさんによる共同作品。

コロナ下《か》での芸能実践《げいのうじっせん》——場《ば》とつながりのレジリエンス

二〇二五年三月二〇日 初版発行

編者 吉田ゆか子《よしだゆかこ》 増野亜子《ましのあこ》

発行者 三浦衛
発行所 春風社 Shumpusha Publishing Co.,Ltd.
横浜市西区紅葉ヶ丘五三 横浜市教育会館三階
〈電話〉〇四五・二六一・三一六八 〈FAX〉〇四五・二六一・三一六九
〈振替〉〇〇二〇〇・一・三七五二四
http://www.shumpu.com ☒ info@shumpu.com

装丁・口絵デザイン 中本那由子
印刷・製本 シナノ書籍印刷株式会社
乱丁・落丁本は送料小社負担でお取り替えいたします。

ISBN 978-4-86110-910-2 C0036 ¥3500E